Catching up with Time

Modern **F**rench **I**dentities

Edited by Jean Khalfa

Volume 145

PETER LANG
Oxford · Bern · Berlin · Bruxelles · New York · Wien

Ashwiny O. Kistnareddy and
Alice Roullière (eds)

Catching up with Time

Belatedness and Anachronies
in Francophone Literature and
Culture

PETER LANG
Oxford · Bern · Berlin · Bruxelles · New York · Wien

Bibliographic information published by Die Deutsche Nationalbibliothek
Die Deutsche Nationalbibliothek lists this publication in the Deutsche
Nationalbibliografie; detailed bibliographic data is available on the Internet at
http://dnb.d-nb.de.

A catalogue record for this book is available from the British Library.

Library of Congress Control Number: 2022913854

Cover image: Wassily Kandinsky, *Circles in a Circle* (1923). Oil on canvas.
In the public domain.
Cover design by Peter Lang Ltd.

ISSN 1422-9005
ISBN 978-1-80079-337-8 (print)
ISBN 978-1-80079-338-5 (ePDF)
ISBN 978-1-80079-339-2 (ePub)

© Peter Lang Group AG 2022

Published by Peter Lang Ltd, International Academic Publishers,
Oxford, United Kingdom
oxford@peterlang.com, www.peterlang.com

This publication has been peer reviewed.

Contents

Figures

ALICE ROULLIÈRE AND ASHWINY O. KISTNAREDDY

Introduction: Catching up with time

Abstract domains such as time are shaped by metaphorical mappings from more concrete and experimental domains such as space.[1]

As cognitive linguists have demonstrated, space constitutes this 'inescapable metaphor' for any attempts to tackle narratives, be they fictional or historical, insofar as they deal with the abstract notion of time.[2] In looking at belatedness we should recognize the spatial metaphor that not only opens up considerations of a 'time out of joint' but also stands between us and the literary and artistic experiences of being late. What space can best render the inherently elusive concept of belatedness? Turning to Dipesh Chakrabarty's characterization of a historicist structure of time, the waiting room emerges as an emblematic metaphor. Through the historicist lens, social and political practices in South Asia illustrate a conception of time as an integral overarching frame containing various perspectives of time, hierarchized and hurtling towards the development of modernity, thus not only consigning some nations to the 'waiting room of history' but also converting history itself into a waiting room.[3] According to what Lera Boroditsky would term the 'ego-moving schema' used to describe time, one arrives at the waiting room as

---

1   Lera Boroditsky contrasts 'ego-moving schemas' and 'time-moving schemas' used to describe the movement of time through spatial metaphors; see 'Metaphorical Structuring: Understanding Time through Spatial Metaphors', *Cognition*, 75 (2000), 1–28 (p. 26).

2   We borrow this term from Simon Kemp, 'The Inescapable Metaphor: How Time and Meaning become Space When We Think about Narrative', *Philosophy and Literature*, 36:2 (2012), 391–403.

3   Dipesh Chakrabarty, *Provincializing Europe: Postcolonial Thought and Historical Difference* (Princeton, NJ: Princeton University Press, 2007), p. 7.

a static space that is intrinsically built to contain an overflow, to delay the progression to the next stage. The waiting room is where one dwells: in French 'demeurer' is derived from the Latin 'mora' (delay). The 'demeure' that is the waiting room, emblematic of the historicist hierarchization of time, thus can also open up a space for a time that moves in unexpected ways and where the very awkward flow of time comes under scrutiny.

Belatedness, as a subaltern temporality, is the axis upon which hinges the Western historicist structure of time and postcolonial reviews of modernity. As such, it belongs to both postmodern and postcolonial revalorizations of Western cultures. Resisting the narrative whereby history leads us all in the same direction but some arrive earlier than others depends on finding new loci of enunciation to counter the anthropological notion of 'denial of coevalness'.[4] Postcolonial modernity opens to a temporal approach that grasps for what Walter Mignolo terms 'pluritopic semiotics'.[5] The postmodern interest in time thus accompanies spatial decentring and revalorization of subaltern epistemologies. These interrogations were at the heart of the two-day conference on 'Delays/Les retards' which we organized at the University of Cambridge in April 2019. Our main aim was to bring together PhD candidates and Early Career Researchers who were working on time, and especially, on the nature of 'delays', and create conversations around what such a concept, omnipresent in Anglophone historical and literary studies, could signify in the Francophone context. The two days brought together a range of papers that threw up a range of questions and, crucially, enabled the group of scholars and the audience to reconsider time and anachronies as notions that are particularly apt to address literature, philosophy and films in French. Underpinning our project was the will to acknowledge that delays and asynchronicity provide a centripetal force in the reflections prevalent in the works studied that constitute themselves as a radical experience of the impossible integration of

4   Johannes Fabian, *Time and the Other: How Anthropology Makes Its Object* (New York: Columbia University Press, 2014), pp. 37–69.

5   This term, now used by Mignolo in most of his works can first be found in Walter D. Mignolo, *The Darker Side of the Renaissance: Literacy, Territoriality, and Colonization* (Ann Arbor: University of Michigan Press, 1995), pp. 10–21.

time. The variegating interpretations of delays which the speakers offered fostered a creative assemblage of papers that critically interrogate the pluritopic significance of delays and the prominence accorded to neighbouring concepts such as anachronism and belatedness.

In envisaging this volume, we wanted to push these interrogations further by juxtaposing chapters that would gesture to a renewed interest in rethinking time and its valence in the contemporary world. As we selected the chapters for this volume, many subthemes emerged: notably reflections on the acts of writing and reading, autobiographical writing, trauma and temporality, non-linear time and non-Western temporalities. Beyond the extant literary scholarship on individual writers, thinkers and filmmakers whose works are examined in this collection, this work advances the scholarship on temporality more broadly. The chapters assembled here speak to the range of spatial and temporal qualities entailed in the notion of belatedness. Thus, temporal delays can be interpreted within the same framework as spatial difference and concomitant factors. The multifarious ways in which the contributions have interpreted and interrogated both space and time add to the current debates revolving around the links between time and literature. Through a discussion of a range of materials including philosophy, film, theory and forms of the novel (fiction, autobiographical narratives, etc.), the volume fosters a new platform for a multifocal discussion of belatedness and anachronies in Francophone literature and culture. The contributions to this volume offer conceptual insights into the notion of 'delay' that remains singular to the literary and artistic configuration in which belatedness arise. We remain committed to the idea that delays are not illustrated by the texts and films evoked here but, rather, that anachronism is embodied and problematized in form and language. All contributions contend with negative implications of belatedness: authors, artists and philosophers who engage in the act of looking back or forward all gesture towards temporal lag, and belatedness is constantly reaffirmed as constitutive of our human experience of space and time.

Postmodern time and belatedness

Significantly, with the exception of Courtier's chapter, which focuses on a medieval text but is read through the lens of postcolonial theory, most of the chapters in this volume focus on works produced in the mid-twentieth century, at the time when thinkers place the beginning of what has been termed 'postmodern time'. David R. Dickens and Andrea Fontana, building on Frederic Jameson's notion that postmodern time destroys historicity, define postmodern dealings with temporality as a subjectivation of time that also resists any kind of integration. The corollary to the destruction of the waiting room of history is the effacement of temporality on the individual who then lacks a sense of temporal continuity.[6] The notion of subjective time is also at the heart of Tatyana Fedosova's 'Reflection of Time in Postmodern Literature' in postmodern texts, with postmodern principles entailing 'playing with the text, with time, and with the reader'.[7] Despite the lack of systematic study on postmodern discourse on time, fiction writers shape a postmodern time that resists the assimilation of diversities through various strategies such as the construction of choral narrative voices. Joseph Francese's comparative study of Italo Calvino, John Barth, Toni Morrison, E. L. Doctorow and Antonio Tabucchi, shows how literary aesthetic movements such as high modernism can converse with postmodern principles whilst retaining some conventional control over the authority of the narrator.[8] Writers take advantage of this lack of definition to offer radical and malleable postmodern reproductions of time that nonetheless coalesce around identifiable strategies:

6   David R. Dickens and Andrea Fontana, 'Time and Postmodernism', *Symbolic Interaction*, 25:3 (2002), 389–96 (p. 389–93).

7   Tatyana Fedosova, 'Reflection of Time in Postmodern Literature', *Athens Journal of Philology*, 2:2 (2015), 77–88 (pp. 78–79).

8   Joseph Francese, *Narrating Postmodern Time and Space* (New York: SUNY Press, 1997).

Many writers prefer a progression without chronology, using the so-called polychrony, a heterogeneous temporality and chronological distortions (anachronies). For this purpose, they break the sequence, put things out of order, locate events from the present back into the past, describe a variety of temporal experiences, produce new experiences of time, temporal and causal relationships become indistinguishable.[9]

The potent possibilities of such a conceptualization of time are central to this collection of chapters as each contributor offers their own interpretation of belatedness and anachronies and examines their chosen work to identify the ways in which writers, thinkers or filmmakers showcase the plasticity of temporalities.

The chapters gathered here develop the notion that Francophone literature and films offer valuable insights to our understanding and experiences of anachronism. Thus, they contribute to critical debates on the philosophical question of time by showcasing the import of postmodern and postcolonial dealings with time in the Francophone context. Inspired by various conceptual framings of belatedness, these emergent scholars of literature and film shed new light on the complexities of 'looking back' through writing and visual media. By investigating the ways in which literary and cinematographic works frame and replay the impossible task of catching up with time, the past and the present are not simply redefined as illusory constructs but are also transformed. The apparently shallow and negative construct of belatedness creates fertile grounds for political and artistic explorations at the intersection of identity studies, philosophy and history.

This volume resonates with recent explorations of time in contemporary literature that were partially or indirectly inspired by phenomenology.[10] Studies of time begin with the constatation that living in contemporaneity is to experience a permanent temporal lag that we encode in interpretative practices. In *The Time that Remains* (2006), Giorgio Agamben offers a commentary of Paul's messianic letters which runs counter to the history of

9   Fedosova, 'Reflection of Time in Postmodern Literature', p. 86.
10   A useful review of key philosophical texts on the concept of can be found in Santoianni, Flavia, ed., *The Concept of Time in Early Twentieth-century Philosophy: A Philosophical Thematic Atlas* (Cham: Palgrave MacMillan, 2016).

the Church which canonized them.[11] Discussing Agamben's text, Antonio Cimino argues that 'Agamben's innovative approach lies precisely in his attempt to overcome a purely philosophical analysis, so that he highlights the fascinating intersection of linguistic, anthropological, and historical elements that are at the core of Paul's apostleship'.[12] Agamben applies elements of the biopolitical to read Paul's letters. This interpretation of Paul's letters takes them out of their time and into the realm of twentieth- and twenty-first-century readings, thereby allowing for the potential of non-synchronous readings to manifest itself. Similarly, the recent resurgence of time as a focal point in thematic analyses in non-Western literature is underpinned by a political interrogation of non-contemporaneity of events and movements. In *Reading India Now*, Ulka Anjaria underlines the fact that the contemporary itself is 'implicitly seen as the time inhabited by the West'.[13] Non-Western countries are forever trapped in the past and perennially attempting to catch up with the West, thereby prompting Anjaria to shift the focus to India itself in her analysis. This last example illustrates how phenomenological foragings in time studies shadow a political 'repossession' of the materiality of time, as something that can become manifest between multiple identifications.

The materialization of the asynchronism of time through poetic experimentations with narratives, materiality and intermediality also acquires a philosophical meaning. Filippo Menozzi has argued that 'literary dislodgements of the chronological order of narrative are not simply experiments with form'.[14] Probing the presence of the past within the present and the future within the present, Menozzi calls for non-synchronism as a means of 'recognising the fundamental concordance, cohesive recuperation and

---

11   Giorgio Agamben, *The Time That Remains: A Commentary on the Letter to the Romans* (Stanford, CA: Stanford University Press, 2006).

12   Antonio Cimino, 'Agamben's Political Messianism in "The Time That Remains"', *International Journal of Philosophy and Theology*, 77:3 (2016), 102–18 (p. 116).

13   Ulka Anjaria, *Reading India Now: Contemporary Formations in Literature and Culture* (Philadelphia: Temple Press), p. 14.

14   Filippo Menozzi, *World Literature, Non-Synchronism, and the Politics of Time* (Cham: Palgrave Macmillan, 2020), p. 34.

antagonistic intimacy of the different times that inhabit the present'.[15] As with many critics before him, Menozzi goes back to the notion of *Kairos* as being anti-chronological and therefore vital to his concept of non-synchronicity in the texts he examines. This 'temporal turn', and time studies itself, are indebted in particular to Martin Heidegger, Jacques Derrida and Agamben, and revolve around an agnostic use of the messianic concept of *Kairos* (or *Augenblick*) which refers to the appearance of Christ at the end of times.[16] Writing about *Kairos* in *The Time that Remains*, Agamben stresses the fact that 'the messianic world is not another world, but the secular world itself, with a slight adjustment'.[17] The messianic concept of *Kairos* thus holds together the projection into the future and the experience of incommensurable delay of the 'arrivant' (to speak in Derridean terms).[18] In the poststructuralist existential openness to the undecided figure of what will come we are tending towards a future that should have already happened, is always yet to come and late, having already been asserted as what needs to come. In this instance, Menozzi follows Antonio Negri who describes the Greek word 'kairòs' as

> the moment of rupture and opening of temporality [...] the modality of time through which being opens itself, attracted by the void at the limit of time [...] If so kairòs will, in the first place, represent that modality of time, that hic temporis, that point which excludes from its definition both the flux and the catastrophe of time.[19]

For Menozzi, 'kairòs subverts both the instant and duration, while it also involves a radical reimagining of time beyond the linear succession of past, present and future'.[20] It is precisely the non-chronological,

15 Menozzi, *Non-Synchronism*, p. 194.

16 Thomas Allen, *Time and Literature* (Cambridge: Cambridge University Press, 2018).

17 Agamben, *Time*, p. 69.

18 Derrida's conception of messianic time is inspired by Levinas. References to messianicity can be found in many of Derrida's books in particular *Spectres de Marx* (Paris: Galilée, 1993), pp. 145–50 and, *Apories: mourir, s'attendre aux 'limites de la vérité'*, pp. 64–66.

19 Antonio Negri, *Time for Revolution*, trans. by Matteo Mandarini (London: Bloomsbury, 2003), p. 156.

20 Menozzi, *Non-Synchronism*, p. 199.

non-linearity and the non-synchronous that this volume focuses on as each chapter explores the delays that mark their chosen work. Indeed, *Kairos*, as with the principles of postmodern time, with which we began this analysis, provides a means of understanding the delays in the texts, philosophies and films as forms of non-synchronicity, of temporalities which are anti-chronological and yet occur within the contextual framework at play. It enables us to understand how medieval texts can be read through postcolonial theories (Courtier), the extent to which medieval poetry impacts modern poetry (Abdi), and the ways in which the act of reading represents a delay on the act of writing even as an implied reader is ever present in theory (Cambria).

French philosophical approaches to anachronism

The term 'anachronism' and its variant 'anachrony' represent the coalescence of artistic dealings with *Kairos* and the non-linearity of time. In France, this terminology appears most prominently in scholarly debates on historical epistemology. Anachronism, as Jacques Rancière reminds us, is an umbrella term that stands for 'une faute contre la chronologie en général' although in a narrow sense it refers to the act of putting a fact too early.[21] To explicate the significance of the enduring presence of the term 'anachronism' against nineteenth-century sub-notions such as 'parachronism' or 'prochronism', Rancière delves into the other meaning of 'ana' which signals positionality. Rather than being simply a horizontal movement of deregulation of time, anachronism is also a vertical concept in that it connects time as 'régime de vérité' of an epoch to a time without chronology, the pure present of the eternal truth.[22] Rancière distinguishes between scholars who work within the remit of historical time and poets who distance themselves from the succession of time and chronology

---

21   Jacques Rancière, 'Le concept d'anachronisme et la vérité de l'historien', *Sommaire*, 6 (1996), 53–68 (p. 54).
22   Ibid., pp. 54–56.

to attain a higher realm. Turning towards Aristotle, Rancière highlights that there is 'une supériorité théorique de la poésie, qui institue une connexion vraisemblable entre des événements fictifs, sur l'histoire qui dit exactement qu'il y a eu tel événement vérifié, puis tel autre et encore tel autre'.[23] For Mark Robson, discussing time in Rancière's writing, time can never be possessed. Indeed, he explains: 'One of the most telling elements in Rancière's recent work has been his concentration on the way in which different conceptions of art rest fundamentally on different conceptions of time' and that Rancière understands these as 'competing temporalities'.[24] The crucial aspect which one should not forget remains that time is an interval during which events occur and that if one understands time as something which has the power to give or take away from individuals, this involves giving time agency. Of particular significance is the value of narrative time and the ways in which a *récit* is told (Otosaka, Laumier) and what this demonstrates about the state of art and its relationship with the world.

From history to history of art, the epistemological notion of anachronism is embodied by immanent anachronies manifested by art. French art critics often begin their reflections on art and time by realizing that there is no 'timely man': the concordance of time does not exist for artists, who are not contemporaneous to their own time.[25] Furthermore, a work of art amalgamates and exhibits different temporal influences and is thus, according to Georges Didi-Huberman, 'un montage de temps hétérogènes formant anachronismes' that reveals a fundamental plasticity that cannot be reduced to notions of 'styles' or 'epochs'.[26] In light of this impasse of 'euchronism' (the use of the past to interpret the past), interpretative practices change and invite historians to a paradigm shift that

---

23　Rancière, 'Le concept d'anachronisme et la vérité de l'historien', p. 56.

24　Mark Robson, 'Jacques Rancière and Time: "le temps d'après"', *Paragraph*, 38:3 (2015), 297–311 (p. 300).

25　Rancière, for example, refers to Emerson's quotation for the asynchronicity of the present and the inexistent 'timely man' in 'La modernité repensée', in Jacques Rancière, *Les temps modernes: Art, temps, politique* (Paris: La Fabrique, 2018), pp. 58–60.

26　Georges Didi-Huberman, *Devant le temps* (Paris: Editions de Minuit, 2002), p. 16.

would be able to discover more objects by integrating the anachronism inherent to the experience of time and artistic production. This has led some historians, such as Nicole Loraux, to plead for an 'anachronisme contrôlé' that understands that history consists of modern anachronistic questions asked from historical sources and materials.[27] Loraux, Rancière and Didi-Huberman think dialectically about anachronism insofar as the fecundity of this moment of illogical and heterochronic intuition is resolved and integrated in a reconceptualization of history and politics. For example, through Ralph Waldo Emerson and Karl Marx, Rancière analyses the political significance of artwork as creating a 'temps sans hiérarchie' to counter a distribution of time separating fiction (the causal chain of events) and chronique (the contingent succession of events). In this way, Rancière rethinks the notion of delay as vector of a paradoxical modernity since art aims to 'utiliser le pouvoir d'anticipation tiré du retard même du présent pour construire un futur inédit'.[28] The constatation of heterochronicity thus feeds into a philosophical rationalization of the radical essence and purpose of art. Didi-Huberman defines anachronism as an existential feature by deploying the multi-layered notion of *Nachleben* or *survivance* inspired by Amy Warburg's anthropological art history. By thinking of the image as a ghost and a symptom of a paradoxical life of art, Didi-Huberman defends the invaluable nature of art. The *survivance* and temporal open-end of art contradict the Western metaphysics that assign value to what firmly belongs to the past, a dead object unravelling a historicist approach to art.[29] Many of the contributions to this volume begin with a constatation of delays and heterochronicity in various forms that then invite us to rethink epistemological paradigms to relate to literature, art and history.

Controlled anachronism can generate new objects and conceptually ambitious heuristic pathways, but it also highlights the urge to control or dialectically rein in the transgressive and explosive potential of anachronism. Anachronism is a moment where links are forged without

27   Nicole Loraux, 'Éloge de l'anachronisme en histoire', *Espace Temps*, 87–88 (2005), 127–39.

28   Rancière, *Les temps modernes*, p. 64.

29   Georges Didi-Huberman, *Sur le fil* (Paris: Editions de Minuit, 2013), pp. 15–17.

analytical method: it is a Proustian involuntary memory, an evocative intuition, an aberrant parallel between objects or concepts that do not belong to the same time. Didi-Huberman sees this as a moment that does not withstand analysis but remains fecund in its invention of new objects.[30] This fulgurant and evocative experience is a thought *à contre-temps* in the musical sense of the term, insofar as it breaks the rhythm of the development of thinking. In the opening chapter titled 'Rattrapage' in *Le tempo de la pensée*, Patrice Loraux compares Aristotle and Rimbaud's ways of expressing the idea that humans like to complexify obvious matters by creating pointless contradictions. Fascinated by the dense and evocative power of Rimbaud's poetry, the philosopher exclaims:

> Je te rattraperai au tournant ô poème! Je te ferai payer ton insouciance en matière de garanties opératoires et démarches étayées. Mauvaises pensées de la pensée philosophante, il y a du ressentiment là-dedans. Je te ferai voir, même si tu n'en veux rien savoir, la possibilité philosophique que tu représentes, je libérerai en toi de force le philosophique enfoui et négligé.[31]

This ironic address, creating a grandiloquent fight between discursive philosophical thinking and instantaneous images, points out two important characteristics of the result of anachronism that is described as a way of 'catching up' on the temporal over-determination of a poetic image. Caught between fascination and bitterness, this exclamation highlights the sense of belatedness and hubristic self-centred ambition created by the experience of anachronism. 'Le retard' is the negative register of anachronism: heavy with fractures, failures and inadequacies, the notion of backwardness and belatedness reminds us of our uncomfortable dealings with time. Our volume offers insights into the darkness of literary gestures that aim to catch up with the temporal lag inherent to the act of writing, seeing or thinking (Collamati, Grace, Cambria, Rowlands), or as an ethical *rattrapage* of a fracture in time left by personal or collective trauma (Otosaka, Laumier). All contributions grapple with negative implications

30   Didi-Huberman, *Devant le temps*, pp. 20–21.
31   Patrice Loraux, *Le Tempo de la Pensée* (Paris: Seuil, 1993), p. 25.

of 'le retard': authors, artists and philosophers who engage in the act of looking backward or forward all gesture towards temporal lag, and belatedness is constantly reaffirmed as constitutive of our human experience of spaces and time.

New approaches to belatedness in Francophone literature and film

This volume, offering recent readings of Francophone works of art and literature, bridges the French interest in artistic and political anachronism with the postmodern/postcolonial reviews of Occidental historical epistemology of time. Although the contributions take different points of departure, they all engage with the process of writing or film-making and the problematic chronology it entails.

The first two contributions focus on the delays informing the acts of writing and reading. Chiara Collamati suggests that Sartre's conception of being is always 'en retard' in light of his concept of hysteresis, a physical property of magnetic or elastic matter that has a delayed reaction to external triggers. Through hysteresis, Collamati bridges Sartre's ontological understanding of the viscosity of time and socio-historical analysis of the place of the author in their time. Domenico Cambria's contribution takes a Derridean stance on the 'retard de l'écriture', which he locates both in the act of writing and the act of reading, encapsulated in the book itself that allows for both ends of the spectrum of the temporality of reading/writing to meet. Both contributions highlight the asynchronicity experienced by the person who engages in the act of writing, either as 'author' in Sartre's philosophy analysed by Collamati, or as 'writer' in Cambria's contribution. These two different philosophical angles give more definite contours to the notion of delay as part of the consciousness not only of living but also writing: the book materializes the tension between projectionality and belatedness at the heart of the concept of *Kairos* as it involves reader and writer in a same temporal process.

Building up on the role of the writer-author, the second pair of chapters turns to autobiographical writings insofar as they reflect on the purpose of retrospective narratives. Alice Laumier's chapter examines Annie Ernaux's *Mémoire de fille*, a memoir in which Ernaux revisits a traumatic event of her youth. The conscious delays adopted by the narrative voice unearth not only the circumstances of her rape but also the delayed consequences that have accompanied Ernaux throughout her life. Laumier's analysis illuminates how Ernaux's writing comes to grips with the complex temporality of trauma and the ripple effects the delayed vocalization of this event has had on her writing. Lili Owen Rowlands examines Didier Eribon's mode of writing as a strategy to accept his social origins in *Retour à Reims*. Owen Rowlands argues Eribon moves beyond the traditional recourse to psychoanalysis, autofiction or even Bourdieusian auto-analysis through a self-narrative that is best described as autotheory. Eribon's delayed reckoning of the clash between his working class and homosexual identities finds a powerful expression through queer theory, which allows processes of subjectivation to escape sociological determinism. Both Ernaux and Eribon, as analysed in these two chapters, critically engage with the otherness exemplified by language which is always at odds with and asynchronous to the present memory of the past, enacting a meta-literary dimension characteristic of French contemporary self-narratives. These contributions show how contemporary autobiographical forms confront in new poetic and theoretical ways the belatedness that characterizes the traditional need to revisit the past.

The next two contributions focus on the plasticity of memory as represented in a novel and a film. Diane Otosaka's chapter explores Laurent Binet's novel *HHhH* in which the narrator grapples with writing a historical novel about the resistance-led 1942 'Opération Anthropoïde' that aimed to assassinate Reinhard Heydrich in Prague. The narrator's interrogations on ethical and truthful writing to relate historical and traumatic events lead to the intermingling of different temporal strata throughout the novel. Otosaka's analysis demonstrates how historical fiction is permeable to collective memory that takes the form of personal memories in the case of the narrator investigating Heydrich's assassination. Michael Grace's chapter also examines memory in Chris Marker's film *La Jetée* in light of Catherine

Malabou's philosophical exploration of contemporary materialism: in *La Jetée*, as explained by Grace, the succession of still images encapsulates the tensions of Malabou's conception of the cognitive experience of time, at the intersection of biology and philosophy. Since Deleuze's *Cinéma II, L'image-temps* (1985), film has become a privileged medium for critics to think 'a time out of joint' and the complex relationship between still images, movement and time. Reading Marker through Malabou's materialist emphasis on the neuronal and poetic cinematographic activity of the brain open new avenues to think an embodied time outside of the deconstruction paradigm.

Sky Herington's study of Congolese playwright Sony Labou Tansi's *Conscience de tracteur* and a later play, *La Gueule de rechange*, interrogates the Western notion of a perceived delay in Africa through a postcolonial lens. The chapter underlines 'albeit belatedly', their contribution to both Sony's oeuvre and their significance for Francophone African literature more broadly. Centring on the time lags between writing, publication and staging, the lack of detail in the available records of these performances, Herington suggests the ways in which the play is to be imagined as a staged performance, implying yet another instance of a fulfilment that is yet to come.

Sana Abdi takes us through what she calls un 'détour médiéval' towards Sufism, which twentieth-century Franco-Tunisian writer and thinker Abdelwahab Meddeb evokes as the version of Islam which is more apt for the current world of capitalism and consumption. Her reading presents the enactment of Sufism's ethics and aesthetics in the works, thereby bringing the medieval context to the contemporary in a form of anachrony, wherein the present and the past not only coexist but affirm each other's poetics. Similarly, Rebecca Courtier sets up a dialogue between the medieval text *La Fille du comte de Pontieu* and twentieth-century theorist Frantz Fanon's *Peau noire, masques blancs*.[32] Abdi's and Courtier's contributions displace and change our perception of literary works through what seems to be anachronistic writings. contributions displace and change our perception of literary works through what seems to be anachronistic writings.

---

32   Frantz Fanon, *Peau noire, masques blancs* (Paris: Seuil, 1952).

In a period marked by uncertainty, psychological temporal dislocation caused by an ongoing pandemic that has compelled us all to rethink what time means when our routine is consistently changing and the present is bookended by a pre-pandemic time and a 'post' which we are yet to see arrive, this book offers a means of reconsidering the notions of anachronies and belatedness productively. The texts gathered in this volume offer important examinations of the ways in which artistic manipulations of time can lead to a different perception of time as non-synchronous and anti-chronological. The range of media (philosophical essays, film, plays, novels, autobiographical narratives) and periods testify to the enduring significance of so-called delays and the need to rethink these anachronies. This volume connects different attempts to subvert linear time, at times allowing events and temporalities to coexist or compete and sometimes calling for the mind to stretch itself to experience the uneasiness of time by attempting and failing to encompass diverse spaces and temporalities concomitantly. In our own way, we have sought to understand the positioning of anachronies and belatedness and the ways it is continuously at the forefront of successive meditations and reflections on time and (non)synchronicity. The chapters in this volume attest to the need to understand that time is unfixed and flexible, that it can be tested, contested and reshaped in various ways. This plasticity of time would thereby accommodate for multiple co-temporalities and multiple interpretations which are productive to reconsider the political tensions underpinning cultural productions in the Francophone world, and perhaps in the world at large.

CHIARA COLLAMATI

À temps, c'est-à-dire tard. L'hystérésis comme outil d'intelligibilité dialectique chez Sartre

Introduction

Parmi les aspects les plus connus de la philosophie de Jean-Paul Sartre il y a sans doute la définition de l'existence humaine comme 'liberté' et 'projet'. Dépourvue de toute intériorité substantielle ou identité avec soi, la conscience (ou pour-soi) se constitue dehors, comme transcendance, manque, néant. Contrairement à la plénitude massive de l'être qui 'est' en-soi, la conscience se caractérise par son 'avoir à être': par une fuite continuelle au-delà du présent vers ce qu'elle n'est pas encore, vers une possibilité à venir.[1] On retrouve le même élan projectif dans la structure dialectique de la praxis: dès le niveau le plus élémentaire de son activité, l'organisme transforme le champ matériel pour le dépasser en vue de la satisfaction de ses besoins. Une telle conception de l'existence semblerait impliquer, comme son complément nécessaire, une théorie de la temporalité où la dimension du futur est non seulement productive, mais aussi prioritaire par rapport au présent et au passé. En effet, nombreuses sont les lectures qui identifient la pensée de Sartre à une 'philosophie de l'avenir pur', dans laquelle une liberté souveraine pourrait faire abstraction, toujours et à sa guise, des contraintes extérieures.[2]

---

1   Cf. Jean-Paul Sartre, 'Une idée fondamentale de la phénoménologie de Husserl: l'intentionnalité' [1939] repris dans *Situations, I* (Paris: Gallimard, 1947), pp. 29–32. Et surtout: *L'être et le néant. Essai d'ontologie phénoménologique* (Paris: Gallimard, 1943, dorénavant abrégé EN).

2   Selon Louis Althusser, par exemple, la vision sartrienne de l'histoire est à la fois téléologique et théologique, car la praxis y figure comme 'un petit dieu, toujours "en situation" dans l'histoire, doté du pouvoir inouï de "dépasser" toute situation

Cette contribution vise à déconstruire l'image d'un Sartre 'futurocentré' qui serait incapable, par conséquent, de penser la complexité des processus historiques et le poids des conditions matérielles. En reconnaissant la nécessité d'une 'théorie de l'espace-temps à dimensions multiples',[3] Sartre s'efforce de construire une conception stratifiée et différentielle de la temporalité, en mesure de saisir les contrecoups, les décalages et les retards qui dérangent le mouvement vectoriel du passé vers le futur. Cela signifie s'intéresser à ce qui freine l'élan projectif de la praxis tout comme à la façon dont le temps est vécu par les individus. Pour 'rendre compte de la véritable réalité sociale', dit Sartre, il faut saisir la 'profondeur temporelle' des événements:[4] l'analyse de la structure socio-économique doit s'articuler à une enquête sur les expériences subjectives du temps, sur la manière singulière dont les acteurs perçoivent leur rapport au passé et à l'avenir.[5]

En choisissant comme focale la notion d'hystérésis (du grec ὑστέρησις: 'le venir en retard' et, par extension, 'ce qui manque'), notre parcours cherche à montrer la complexité de la conception sartrienne du temps: on commencera par analyser les occurrences du terme dans *L'être et le néant*, où il désigne le retard ontologique de la conscience par rapport à l'être. On s'intéressera ensuite à la manière dont la *Critique de la raison dialectique* décrit, à travers l'hystérésis, la temporalité plurielle qui structure toute praxis collective, en représentant un danger mais aussi une ressource pour l'efficacité de

---

et de dominer toute servitude, de résoudre toutes les difficultés de l'histoire et d'aller vers les surlendemains qui chantent de la révolution humaine et socialiste: [chez Sartre] l'homme est par essence un *animal révolutionnaire* parce qu'il est un animal *libre*', *Réponse à John Lewis* (Paris: Maspero, 1973), p. 21. Un reproche similaire à la conception sartrienne de la conscience et à la manière dont sa "temporalité futuriste" se répercute sur la vision de l'action politique avait été formulé par Maurice Merleau-Ponty: cf. 'Sartre et l'ultra-bolchevisme' dans *Les aventures de la dialectique* (Paris: Gallimard, 1955), pp. 136–280.

3   Sartre, *Questions de méthode* (Paris: Gallimard, coll. TEL, 1986), p. 101. Dorénavant abrégé en QM.

4   QM p. 62.

5   Cf. QM, p. 86, note 1. 'On doit comprendre, en effet, que ni les hommes ni leurs activités ne sont *dans le temps* mais que le temps, comme caractère concret de l'histoire, est fait par les hommes sur la base de leur temporalisation originelle', ibid. (Sartre souligne).

l'action.[6] On interrogera, enfin, les raisons qui ont amené Sartre à faire un usage différent de cette notion: ce qui était un effet de blocage ou de retardement à contraster, acquiert un rôle euristique central lorsqu'il s'agit de rendre intelligible le rapport entre un individu et son époque, entre la dimension de la biographie et celle de l'histoire, comme le démontrent les analyses dédiées à Gustave Flaubert dans *L'idiot de la famille*.[7] En analysant l'ensemble des écrits flaubertiens, les témoignages de son entourage et la correspondance personnelle, Sartre interroge la difficulté éprouvée par Flaubert à être contemporain de son époque. Certes, en un sens, l'artiste est par définition appelé à 'incarner l'inactuel dans le monde contemporain',[8] mais cette dimension d'inactualité propre à toute œuvre d'art est ici radicalisée: l'écrivain, selon Sartre, ne peut être 'contemporain de ses contemporains que s'il est, tout à la fois, en retard sur eux et en avance'. Et il ajoute: 'Bien souvent l'avance est déterminée par le retard'.[9]

En associant le retard à son antonyme, l'anticipation, Sartre semble en faire autre chose qu'un *gap* à neutraliser ou un écart à remplir pour s'aligner au vecteur d'une temporalité dominante et normative. L'apport de la philosophie sartrienne aux réflexions contemporaines sur l'histoire mériterait, dès lors, d'être reconsidéré: la conception du retard comme anachronisme productif permet non seulement de déconstruire la narration d'une postmodernité sous l'emprise irréversible de l'accélération,[10] mais aussi de repenser le potentiel de transformation politique propre aux

---

6   Sartre, *Critique de la raison dialectique, tome I: Théorie des ensembles pratiques* (Paris: Gallimard, 1960) et *Critique de la raison dialectique tome II: L'intelligibilité de l'Histoire* (Paris: Gallimard, 1985). Dorénavant abrégées respectivement en CRD I et CRD II.

7   Sartre, *L'Idiot de la famille. Gustave Flaubert de 1821 à 1857* (Paris: Gallimard, 1988), 3 vol. Dorénavant abrégé en IF I, IF II, IF III.

8   Comme le montre Domenico Cambria à la suite de Derrida et de Blanchot, toute œuvre littéraire est suspendue entre 'le temps de l'écrivain' et 'le temps du lecteur', dans l'écart non résorbable d'une 'simultanéité différée'. Cf. *La lecture est le retard de l'écriture*, § 2.

9   IF III, p. 421.

10 Cf. Hartmut Rosa, *Accélération. Une critique sociale du temps*, trad. Didier Renault (Paris: La Découverte, 2013).

formes de vies incarnées par les retardataires de l'histoire, dans les ruines du progrès capitaliste.[11]

Le retard de la conscience

Le terme hystérésis est utilisé en science physique pour décrire un système capable de répondre en retard aux sollicitations que lui sont appliquées, comme c'est le cas pour les matériaux magnétiques ou élastiques. Les physiciens le nomment aussi 'phénomène d'héritage': au sein d'un système physique donné, une variable x ne change pas sa valeur au moment où l'on modifie les facteurs qui la déterminent; au contraire, la variable change en fonction des valeurs que ces facteurs avaient à un stade antérieur du système. Il n'y a pas de relation chronologiquement linéaire entre la cause et l'effet, entre les facteurs responsables d'un changement et le moment où ce changement est manifesté par la variable correspondante. C'est comme si la cause restait inscrite à l'état de latence dans la matière, avant de devenir visible pour l'observateur du système – lequel, par conséquent, la percevra comme en retard par rapport au phénomène qui l'a occasionnée. L'usage du terme hystérésis s'est élargi aux domaines de la science chimique, de la science économique (par exemple pour décrire les changements des taux de chômage), de la sociologie ou encore de la psychologie.[12] Dans tous ces

---

11   Cf. Anna L. Tsing, *The Mushroom at the End of the World. On the Possibility of Life in Capitalist Ruins* (Princeton, NJ: Princeton University Press, 2015).

12   Albert Spaier l'utilise par exemple dans le compte-rendu d'un ouvrage de psychologie de A. Pfaender (*Die Seele den Menschen*, paru en allemand en 1933) pour designer 'la persistance paresseuse et obstinée dans l'attitude prise, ou dans l'action commencée ou dans un jugement porté' due au *frottement* du passé psychique sur l'état présent, dans *Recherches Philosophiques*, IV, 1934, p. 455. Spaier est aussi l'auteur de l'ouvrage paru en 1935, *La nature et les éléments psychique de l'habitude* – ce qui n'est pas anodin, car l'hystérésis est souvent associée à l'habitude sur le plan psychique et comportemental. En outre, on trouve une référence à la notion d'hystérésis dans un ouvrage sur Bergson que Sartre avait emprunté à la Bibliothèque de l'École Normale Supérieure: Firmin Nicolardot, *À propos de Bergson*, 1924, p. 55,

champs, l'hystérésis est associée à des transformations non linéaires, à la trace d'une force disparue qui continue à agir au cœur du présent, comme un héritage transmis par le passé.[13]

Sous la plume de Sartre, ce terme apparaît pour la première fois dans la deuxième section de *L'être et le néant*, au tout début du chapitre intitulé 'La Temporalité', où il s'agit d'étudier les ekstases du passé, du présent et de l'avenir comme moments d'une totalité temporelle qui, seule, peut leur conférer un sens. En critiquant la façon dont René Descartes et Henri Bergson ont isolé la dimension du passé (Descartes en refusant au passé tout être positif, Bergson en lui attribuant au contraire une autonomie ontologique), Sartre insiste sur deux aspects: ces conceptions empêchent d'expliquer le rapport ontologique entre le passé et notre présent, parce qu'elles font du premier une réalité indépendante, isolée dans son 'être passé';[14] elles obscurcissent, en outre, un point crucial, à savoir que la dimension du passé devient compréhensible seulement à partir du présent de la conscience: 'Un en-soi, dont le présent est ce qu'il est, ne saurait avoir de passé […]. C'est par le pour-soi que le passé arrive dans le monde, parce que son "je suis" est sous la forme d'un "je me suis"'.[15]

---

note 2: 'Par rapport à l'élan et au progrès de ce présent inchoatif de futur qui est A (présent psychique), B (le passé psychique) *fait pour ainsi dire frottement*. En ce sens B est hostile à A. Il semble y avoir une analogie non superficielle entre *le frottement* et le *retard du passé sur le présent* inchoatif de futur, car on retrouve comme du frottement dans *l'hystérésis* et dans toute *liaison irréversible*'.

13 Cf. John Elster, 'A note on hysteresis in the social sciences', *Synthèse*, 33 (1976), 371–91.

14 EN, p. 156: 'Même l'*interpénétration* absolue du présent par le passé, telle que la conçoit Bergson, ne résout pas la difficulté, parce que cette interpénétration qui est organisation du passé avec le présent vient, au fond, du passé même et qu'elle n'est qu'un rapport d'*habitation*. Le passé peut bien alors être conçu comme étant dans le présent, mais on s'est ôté les moyens de présenter cette immanence autrement que comme *celle d'une pierre au fond de la rivière*. Le passé peut bien *hanter* le présent, il ne peut pas l'être. C'est le présent qui est son passé. Si l'on étudie les rapports du passé au présent à partir du passé, on ne pourra jamais établir de l'un à l'autre des relations *internes*'.

15 EN, p. 157.

Le reproche adressé à Descartes et à Bergson doit s'étendre, selon Sartre, aux théories qui cherchent à décrire l'action du passé à l'aide de la notion d'hystérésis, comme celle de Jacques Chevalier. Ce dernier, dans un ouvrage de 1929 intitulé *L'habitude. Essai de métaphysique scientifique*, s'appuie sur une série de phénomènes tirés de la science physique pour montrer que le passé peut se conserver dans la matière, fonctionnant comme une sorte de *habitus* (que Chevalier nomme 'inorganique' ou '*habitus-inertie*').[16] Or, du point de vue sartrien, expliquer la temporalité à partir de l'action qu'un état passé de la matière aurait exercé sur son état présent revient à attribuer à l'être en-soi une capacité de temporalisation qui est prérogative exclusive de la conscience: l'en-soi, puisqu'il est ce qu'il est, ne peut pas avoir un passé.

Les phénomènes d'hystérésis, dès lors, ne relèvent pas de la persistance du passé dans le présent, ni d'une relation d'immanence: il s'agit plutôt d'une connexion irréversible entre deux instants du temps physique, à l'instar des ondes concentriques parcourant la surface de l'eau bien après que la pierre qui les a occasionnées a disparu sur le fond de la mer. En expliquant les phénomènes d'hystérésis par les lois du déterminisme mécaniste, Sartre soustrait à cette notion toute valeur analytique, au point de la ramener au registre rhétorique d'un *usteron proteron*: basée sur l'inversion chronologique de deux événements (dont l'un est la cause de l'autre), cette figure consiste à anticiper la conséquence d'un événement qui n'a pas encore eu lieu. 'L'effort de Chevalier consistant à donner l'urgence plus forte du passé comme constitutive de l'originalité de la vie [de la matière] est un *usteron proteron* totalement dépourvu de signification'.[17]

---

16   Jacques Chevalier, *L'habitude. Essai de métaphysique scientifique* (Paris: Boivin & Cⁱᵉ Éditeurs, 1929), p. 39. Quelques pages après Chevalier précise: 'Un être est libre dans la mesure où il a le pouvoir de contracter des habitudes ou plus exactement: son avenir est imprévisible dans la mesure exacte où *le passé s'enregistre en lui d'une manière continue et où il est requis pour connaitre son état actuel*', p. 41.

17   'La seule explication possible est que [...] l'état moléculaire présent est à chaque instant l'effet rigoureux de l'état moléculaire antérieur, ce qui ne signifie pas pour le savant qu'il y ait passage d'un instant à l'autre en permanence du passé, mais seulement liaison irréversible entre les contenus de deux instants du temps physique', EN, p. 157.

Face à la radicalité de ces critiques, on pourrait s'étonner que Sartre reprenne à son tour le terme d'hystérésis à la toute fin de *L'être et le néant*, au moment où il esquisse les principes d'une 'psychanalyse des choses'.[18] Pour exemplifier le rapport de tension originaire et insurmontable entre la conscience et l'être, il utilise l'image du visqueux: cette qualité présente une ambiguïté (celle d'une substance restée en suspens entre deux états de la matière) qui se joue entièrement sur le retard avec lequel elle manifeste ses effets, sur son fonctionnement 'au ralenti':

> La lenteur de la disparition de la goutte visqueuse au sein du tout est prise d'abord en mollesse, puisque c'est comme un anéantissement retardé et qui semble chercher à gagner du temps; mais cette mollesse va jusqu'au bout: la goutte s'enlise dans la nappe du visqueux. [...] Ces longues et molles colonnes de substance qui tombent de moi jusqu'à la nappe visqueuse (lorsque, par exemple, après y avoir plongé ma main, je l'en arrache), symbolisent comme une coulée de moi-même vers le visqueux. Et l'hystérésis que je constate dans la fusion de la base de ces colonnes avec la nappe, symbolise comme la résistance de mon être à l'absorption de l'en-soi.[19]

D'un côté, le visqueux imite la fluidité, le glissage des surfaces fluides, sur lesquelles rien ne peut être gravé et aucune prise n'est possible: dans la mesure où il coule entre nos mains, le visqueux symbolise la possibilité d'une fusion entre la temporalité du pour-soi et l'éternité de l'en-soi. D'un autre côté, justement parce qu'il imite les fluides mais il n'en est pas un, le visqueux coule au ralenti, il a quelque chose de pâteux qui fait résistance au flux de la liquidité, il a tendance à se coaguler, ou encore à absorber en son sein la conscience qui, en réalité, voudrait se l'approprier. L'hystérésis avec laquelle le visqueux manifeste ses effets traduit, sur le plan ontologique, l'ambiguïté de la conscience par rapport à l'être tout comme le mouvement de sa temporalisation: le désir du pour-soi de se fondre à l'en-soi et, en même temps, son effort (qui arrive toujours trop tard) de se soustraire à l'engloutissement dans la facticité.[20]

18   EN, p. 690.
19   EN, pp. 700–01.
20   Cf. EN, p. 702. Cf. sur ce thème: Daniel Giovannangeli, *Le retard de la conscience. Husserl, Sartre, Derrida* (Bruxelles: Ousia, 2001), p. 102: 'Le retard *dans* la conscience est inséparable du retard de la conscience sur l'être'.

Il n'est pas sans importance de souligner que le motif du retard à la base de cette impossible adaptation entre le sujet et le monde a connu des développements dans le champ de la sociologie, et notamment dans la pensée de Pierre Bourdieu. Sans se référer directement à Sartre, ce dernier utilise la notion d'hystérésis pour expliquer un phénomène très proche de celui décrit dans *L'être et le néant* à propos du visqueux. Bourdieu s'intéresse au décalage temporel entre l'*habitus*, c'est-à-dire l'ensemble de dispositions du corps résultant des sédimentations historiques mais fonctionnant comme une 'seconde nature', et la situation socialement normée dans laquelle le corps doit agir. L'hystérésis est constitutive de l'*habitus* parce que la vie sociale procède toujours du non-recouvrement entre deux temporalités distinctes: la durée des 'dispositions incorporées' et le temps 'structural' des situations objectives.[21]

> La rémanence, sous la forme de l'*habitus*, de l'effet des conditionnements primaires rend raison aussi bien des cas où les dispositions fonctionnent à contretemps et où les pratiques sont objectivement inadaptées aux conditions présentes parce qu'objectivement ajustées à des conditions révolues ou abolies.[22]

Dans un monde social où règne l'arbitraire de la domination, il y a hystérésis quand la pratique ne parvient plus à produire sa justification sociale d'exister. Mais cette impossibilité d'adaptation présente, en réalité, un ancrage ontologique: il y a retard parce que le corps n'est pas de ce monde, il est un corps jeté dans le monde suite à une chute originaire. Si les dispositions (du corps) et les situations (du monde) ne sont pas congruentes, c'est parce que la naissance au monde social advient, en un sens, trop vite. L'*habitus* est l'expédient censé résoudre cette condition de prématurité, une *fictio* construite pour rattraper le retard originaire du corps par rapport au monde. Ainsi, selon Bourdieu, le corps est obligé à s'anticiper lui-même, à se donner l'ajustement au monde comme étant déjà effectué, en faisant comme si le monde était *son* monde.

Dans une lecture pointue de la sociologie bourdieusienne, Bruno Karsenti considère l'hystérésis comme un révélateur des difficultés de la

---

21 Pierre Bourdieu, *Esquisse d'une théorie de la pratique* (Paris: Seuil, 2000), p. 278.
22 Bourdieu, *Le sens pratique* (Paris: Minuit, 1980), p. 104. Je souligne, CC.

théorie de l'*habitus*, en regrettant que Bourdieu n'en ait pas fait un usage plus systématique et approfondi.[23] Si, chez Bourdieu, la structuration du corps socialisé est une manière pour l'agent de ne pas être en retard, Karsenti suggère d'aller plus loin car:

> Il ne s'agit pas simplement de relever le retard dû à la chute originaire [du corps dans le monde]: il s'agit de faire du retard le mode temporel de la présence même du sujet à son monde, dans sa recherche permanente d'ajustement.[24]

On pourrait radicaliser la lecture proposée par Karsenti: si le retard n'est pas à combler, c'est qu'il constitue une dimension originaire du rapport entre le sujet et le monde; mais c'est aussi (et surtout) qu'il permet au sujet de ne pas coller à son présent, de ne pas exprimer son temps comme une monade exprime en miniature la totalité du monde. Le retard ouvre un espace où la praxis peut *anticiper* des possibles qui ne sont pas immédiatement donnés dans le présent lui-même.

L'hystérésis comme 'impulsion pratique' du groupe

Par rapport à l'usage qui en est fait dans *L'être et le néant*, la notion d'hystérésis se trouve complexifiée dans la *Critique de la raison dialectique*, dont l'objectif principal est de fournir les conditions d'intelligibilité de l'histoire à travers un dialogue critique avec le marxisme et les sciences sociales. Ici, Sartre développe une théorie de ce qu'on pourrait nommer, en paraphrasant le titre d'un livre de Claude Lévi-Strauss, 'les structures élémentaires de la socialité': on y trouve l'analyse de différentes typologies de lien social qui vont de la 'série' (relation purement extérieure et utilitariste entre individus atomisés) au 'collectif', au 'groupe assermenté' et

---

23 Bruno Karsenti, 'À propos de l'hystérésis et Le dilemme de la pratique à la lumière de l'hystérésis', dans *D'une philosophie à l'autre. Les sciences sociales et la politique des modernes* (Paris: Gallimard, 2013), p. 249.
24 Karsenti, p. 255.

'institutionnalisé', en passant par la phase insurrectionnelle du 'groupe en fusion'.[25] Ne pouvant pas rentrer dans le complexe apparat catégoriel de l'ouvrage, on se limite à expliciter les dynamiques temporelles propres à la formation d'un groupe, lorsque Sartre explique le passage de la multiplicité des praxis individuelles à l'unité d'une praxis collective. D'une part, les décalages et les retards constituent des obstacles à l'efficacité de l'action du groupe: ce dernier doit agir sur soi pour accélérer (Sartre utilise le terme 'hâter') la liquidation de la sérialité, c'est-à-dire le poids inertiel de son état passé, quand il n'était pas encore un groupe, mais seulement une somme d'individus déliés entre eux.[26] D'autre part, l'unification est elle-même 'un processus temporel qui advient ici en retard et là en avance', précisément parce que le groupe n'est pas un sujet homogène, ni un 'hyperorganisme temporel', mais une praxis en train de se faire:[27]

> Chacun vient au groupe avec un passif (c'est-à-dire un conditionnement complexe qui le singularise dans sa matérialité); et ce passif – dans lequel il faut faire entrer les déterminations biologiques comme les déterminations sociales – contribue à créer, en dehors même de la sérialité, une hystérésis qui peut susciter une série nouvelle.[28]

L'hétérogénéité se traduit, sur le plan temporel, par un effet d'hystérésis qui peut augmenter l'instabilité du groupe et le risque de sa dissolution. C'est précisément pour faire face à ce danger qu'un dispositif

---

25   Cf. CRD I, p. 381 et *sq.*

26   La dimension de la *hâte*, qui touche à une essentielle rareté du temps caractérisant *l'urgence* dans laquelle se produit le groupe en fusion (cf. CRD I, p. 416), n'est pas sans rappeler le chapitre d'un ouvrage d'Alain Badiou (*Théorie du sujet*, Paris: Seuil, 1982) intitulé 'Se hâter, se hâter! Parole de vivant', où la hâte est présentée comme le 'secret de la subjectivation' (p. 272). Bien que l'analyse de Badiou s'appuie sur un texte de Jacques Lacan ('Le temps logique et l'assertion de certitude anticipée', in *Écrits*, (Paris: Seuil, 1966), pp. 197–213) et que Sartre ne soit aucunement cité dans ces passages, nous remarquons une étonnante proximité avec ce dernier: la constitution intermittente du sujet collectif est décrite par Badiou précisément à travers une dialectique *d'anticipations* et de *rétroactions* (*Théorie du sujet*, p. 275). Cf. sur ce point: Andrey Gordienko, 'The Cause of the People: Sartre Encounter with Lacan in Badiou's Theory of the Subject', *Paragraph*, 42:2 (2019), 188–204.

27   CRD I, p. 633.

28   CRD I, p. 427.

d'homogénéisation est mis en place: après différents remaniements de sa structure organisationnelle, le groupe reconnaît la nécessité d'accepter un pouvoir synthétique, exercé par un sous-groupe, une assemblée ou un seul individu.[29] Cette exigence d'unité s'accomplit par un nivellement des décalages temporels et par l'expulsion des praxis 'retardataires': tout en étant nécessaire pour assurer sa continuité d'existence, l'homogénéisation marque le groupe du sceau de l'inertie et finit par éteindre l'énergie transformative propre à l'insurrection.

Il n'est pas envisageable d'aborder ici la question de la mise en forme politique d'un processus révolutionnaire et notamment le rapport entre la dimension constituante et la dimension constituée de l'action collective.[30] Il importe juste de souligner que les décalages temporels décrits par Sartre peuvent devenir, aussi et en même temps, un facteur d'intelligibilité de la praxis du groupe et un moyen pour garder vivante sa capacité d'action. Il est significatif, à cet égard, un passage où Sartre utilise la notion d'hystérésis pour désigner la présence dans le groupe d'une 'impulsion pratique visant à contester l'unification de l'action commune'.[31] En montrant que 'l'être-un du groupe lui vient toujours du dehors, par les autres',[32] Sartre n'exclut pas que les décalages temporels puissent fonctionner comme une force active: non seulement une inertie à dépasser donc, mais une résistance aux tentatives de mise en forme opérées par les mécanismes d'homogénéisation et synchronisation – à commencer par celui de la représentation politique.[33] Tout en reconnaissant que le groupe peut avoir l'apparence

29 Cf. CRD I, p. 587.

30 C'est la logique rétroactive du 'futur antérieur' comme dispositif temporel qui structure le concept moderne de représentation politique et notamment la relation entre pouvoir constituant et pouvoir constitué. Jacques Derrida a abordé ce problème à plusieurs reprises, cf. par exemple: 'Déclarations d'Indépendance', dans *Otobiographies. L'enseignement de Nietzsche et la politique du nom propre* (Paris: Galilée, 1984), pp. 13–32.

31 CRD II, p. 76.

32 CRD I, p. 553.

33 Pour que l'action du représentant soit reconnue comme l'action de tous et de chacun, il faut que sa fonction unificatrice s'exerce de manière *ininterrompue*, à travers une synthèse organiciste basée sur un processus de synchronisation: seulement ainsi l'acte du souverain-représentant (que ce soit un homme singulier ou une

d'un hyperorganisme où chaque partie serait synchronisée avec les autres, Sartre décrit sa formation à travers une dialectique complexe d'anticipations et de retards: le groupe trouve son efficacité pratique précisément dans ce décalage qui l'empêche d'être ce qu'il est, de se substantialiser dans la forme d'une multiplicité qui, pour agir, aurait besoin d'un représentant.[34]

> Le groupe est toujours en avance et en retard sur son entreprise et son unité est à la fois passée (objectivée dans l'acte dont le groupe lui-même est un effet) et future (dans la matérialité du champ pratique qui devient le lieu d'une possibilité de résistance concertée aux menaces extérieures).[35]

Prendre en compte la dimension du retard dans l'analyse d'une action politique permet d'éviter l'écueil des visions qui présupposent un sujet collectif (le peuple, la multitude) doué d'une volonté (ou d'une conscience) qu'il s'agirait simplement d'objectiver (ou de représenter) pour qu'elle devienne l'expression unique et véritable de l'intérêt général. Les effets d'hystérésis nous rappellent l'inscription de toute praxis dans un champ de conditionnements matériels, son imbrication dans l'ensemble de relations qui la déterminent. Adopter l'hystérésis comme outil d'intelligibilité dialectique permet de détecter le mélange d'activité et passivité, de projectualité et inertie, d'action et passion qui structure les moments d'insurrection et de transformation politique. Il n'est pas étonnant que Sartre veuille inscrire son analyse dans le sillage de Marx: ce dernier, après avoir percé le cercle de la temporalité hégélienne, s'est attaché à construire une

---

Assemblée) devient *en même temps*, simultanément, l'acte de tous les autres. Sur les structures temporelles de la représentation cf. Lucien Jaume, 'Théorie et pratique de la représentation', dans *Hobbes et l'État représentatif moderne* (Paris: PUF, 1986), pp. 181–211.

34   Cf. Jean Bourgault, 'Repenser le corps politique. L'apparence organique du groupe dans la *Critique de la raison dialectique*', *Les Temps Modernes*, 632-633-634 (2005), 477–504.

35   CRD I, p. 389. Cf. aussi p. 416: 'Le groupe définit sa temporalité propre, c'est-à-dire sa *vitesse pratique* et la *vitesse avec laquelle l'avenir vient à lui* sur la base d'une menace qui définit du dehors une urgence, en faisant du temps une exigence objective et une rareté. La vitesse pratique du groupe est ré-intériorisation et assomption de l'urgence'.

théorie différentielle du temps historique, où les retards et les dérapages deviennent un moteur propulsif de l'action collective:[36]

> [À la différence de Hegel] Marx veut réintroduire dans l'entreprise la plus rigoureusement concertée le retard, le décalage, la distorsion constante de nos opérations. […] Sans retard, c'est-à-dire sans quelque chose qui freine, la succession [des événements] reste une idée formelle, un ordre. La durée concrète et réelle parait avec l'effort, avec l'attente, la patience et l'impatience. Le temps c'est la nécessité d'être toujours en avance ou toujours en retard sur l'entreprise.[37]

Si Marx a su comprendre et valoriser la stratification temporelle propre à toute situation historique, en revanche le marxisme des années cinquante et soixante a négligé cet aspect, en se retranchant souvent derrière une 'dialectique arrêtée, opérant à l'intérieur d'un continuum homogène et infiniment divisible qui n'est autre que le temps du rationalisme cartésien'.[38]

Le retard comme condition de l'anticipation: de Flaubert à Sartre

L'ouvrage monumental dédié à Flaubert et significativement intitulé *L'Idiot de la famille* revendique l'ambition de compenser cette faiblesse des théories marxistes de l'histoire, notamment la prétention à déceler un rapport direct (de détermination ou de reflet) entre un état donné de la société et ses produits culturels ou artistiques (i.e. une œuvre littéraire).

36 En ce sens, on doit s'étonner des critiques que Jacques Rancière, dans un livre intitulé *Les temps modernes. Art, Temps, Politique* (Paris: La Fabrique, 2018), adresse à la conception sartrienne du temps historique, en l'opposant explicitement à la tentative menée par Marx 'd'utiliser le pouvoir d'anticipation tiré du retard du présent pour construire un futur inédit', p. 64.

37 Sartre, 'Réponse à Claude Lefort', dans *Situations, VII. Problèmes du marxisme, 2* (Paris: Gallimard, 1965), pp. 57–58.

38 QM, p. 86.

Contre les analyses qui établissent des correspondances linéaires entre le plan de la structure et le plan de la superstructure, Sartre soutient qu'il faut passer par un ensemble complexe de médiations, à commencer par la 'protohistoire' de l'écrivain:[39] il insiste, par exemple, sur la manière dont la famille Flaubert a fait de Gustave, depuis sa première enfance, un idiot. Constamment confronté aux succès de son frère, Gustave grandi avec une mère inaffective, qui lui reproche le retard avec lequel il apprend ses lettres et un père qui, entièrement dévoué à son fils aîné, 's'est fait, avec les meilleures intentions du monde, le bourreau de son fils cadet'.[40]

> Sous la Restauration, un médecin-philosophe [Achille-Cléophas Flaubert] convie un enfant à vivre comme sa propre carence la distance qui le sépare d'un modèle défini par l'ambition, l'impatience et la démesure paternelles[41].

L'exigence paternelle s'appuie, d'une part, sur l'idée que 'les Flaubert sont attendus au sommet de l'échelle sociale' et, en ce sens, 'tout retard est une injustice';[42] d'autre part, elle repose 'sur ce principe théologique qui reste informulé: toute création est une créance du Créateur sur la créature; le fils doit rehausser la gloire du Géniteur qui l'a produit. Ayant légitimé ses colères, le père-pédagogue ne se gêne plus: il reprocha aigrement à l'élève

---

39   'Il devient impossible désormais de relier directement *Madame Bovary* à la structure politico-sociale et à l'évolution de la petite bourgeoisie; il faudra rapporter l'œuvre à la réalité présente en tant qu'elle est vécue par Flaubert à travers son enfance. [...] Il viendra un moment où Flaubert paraitra *en avance* sur son époque (au temps de *Madame Bovary*) parce qu'il est *en retard sur elle*, parce que son œuvre exprime sous un masque à une génération dégoutée du romantisme les désespoirs post-romantiques d'un collégien de 1830. Le sens objectif du livre [...] est le résultat d'un compromis entre ce que réclame cette jeunesse nouvelle à partir de sa propre histoire et ce que l'auteur peut lui offrir à partir de la sienne, c'est-à-dire qu'il réalise l'union paradoxale de deux moments passés de cette petite bourgeoisie intellectuelle (1830–1845). C'est à partir de là qu'on pourra *utiliser* le livre dans des perspectives nouvelles comme une arme contre une classe ou contre un régime', QM, p. 62 (les italiques sont de Sartre).
40   IF I, p. 373.
41   IF I, p. 370.
42   IF I, p. 78.

son imbécillité; ce n'est plus un malheur, un arrêt provisoire du développement mental, c'est une faute'.[43]

Si Sartre s'intéresse à la manière dont Gustave a intériorisé cette 'malédiction paternelle' et à la modalité de temporalisation qui en découle (une expérience marquée par un sentiment d'inadaptation au réel et d'infériorité qui, selon les cas, s'exprime sous la forme du retard, de la bêtise, de l'idiotie ou encore de l'animalité), c'est parce qu'elle continuera à agir dans le Flaubert écrivain du Seconde Empire et à habiter sa production littéraire.[44]

D'une part, pour comprendre une œuvre littéraire en tant que produit historique, on doit nécessairement admettre une homogénéité synchronique entre l'écrivain et 'l'esprit objectif' de son époque; d'autre part, au sein même de cette homogénéité, l'analyse doit rendre visibles les différentes couches temporelles sédimentées dans l'enfance et la jeunesse de l'écrivain et qui, souvent, appartiennent à un état dépassé de la société. Tout au long de l'ouvrage, il est question de 'rendez-vous manqués avec l'Histoire', de 'prophéties qui se donnent après-coup', de 'souvenirs anticipés' ou encore d"accélérations qui transforment la vie de Flaubert en oracle'.[45] Face aux court-circuits temporels que Sartre cherche à restituer, qu'en est-il de 'la liaison organique d'intériorité qu'on tient pour indispensable quand on dit qu'un écrivain *exprime* son temps'? Autrement dit:

> Comment [Flaubert] peut-il témoigner à tous d'une catastrophe historique [les événements de juin 1848] qu'il a ressentie avec les moyens du bord, avec les instruments qu'on lui a fournis dans sa petite enfance et qui, renvoyant à un moment historique

43 IF I, pp. 368–69.
44 En commentant des lettres de sa correspondance où Flaubert revendique un rapport de compréhension réciproque avec les animaux, Sartre écrit: 'Ce qui importe ici, c'est l'assimilation profonde de l'idiot à la bête: assimilation défensive car l'idiot, homme manqué, a tort d'être idiot, de ne pas développer toutes les qualités de son espèce. Au lieu que le renard a raison d'être renard et le loup d'être loup. C'est comme si Gustave nous confiait: enfant, les adultes me prenaient pour un idiot; en fait, j'étais un petit animal. [...] Gustave se plaira à jouer l'idiot ou la force de la Nature pour le simple plaisir de détruire symboliquement en lui, autour de lui, les choses proprement humaines. [...] S'il veut rester animal, c'est que les bêtes sont sans histoire', IF I, pp. 355–56.
45 Cf. IF III: p. 444, 419, 437.

dépassé, risquent d'être inaptes à lui faire comprendre la conjoncture, sinon dans ce qu'elle est, au moins dans ce que les contemporains croient qu'elle est?[46]

Le problème sera résolu si l'on parvient à montrer qu'une microtemporalisation individuelle peut exprimer la séquence historique au niveau de sa particularité, mais dans l'irréductibilité de son régime temporel spécifique, nécessairement décalé par rapport à la macrotemporalisation.[47] L'hypothèse sartrienne est la suivante: l'individu Flaubert a vécu à l'avance l'échec de la classe à laquelle il appartient – la bourgeoise française qui voit sa prétendue universalité se décomposer sous la violence des événements de Juin 1848. En 1844, Flaubert a vécu une crise personnelle, incarnée de manière symbolique par l'épisode d'une chute à cheval, lors d'un voyage à Pont-l'Evêque en compagnie de son frère aîné: en analysant longuement cet épisode et ses conséquences sur la vie de Gustave, Sartre y lit l'expérience d'un échec anticipé, une défaite vécue antérieurement à la catastrophe historique et sociale de 1848.[48]

> L'aventure de Flaubert est de quelques années antérieure à celle de son public. Il y a une prémonition primitive due au fait que la première est l'expression anticipée de la seconde […]. L'échec de Flaubert est oraculaire parce que les lecteurs du Second Empire y lisent leur propre histoire politique et sociale.[49]

La rencontre inattendue de Flaubert avec ses lecteurs est rendue possible, selon Sartre, par le fait que le public bourgeois a trouvé, dans un ouvrage comme *Madame Bovary*, la concrétisation d'une exigence qu'il ressentait en tant que classe et que Flaubert a su justifier à la fois en tant qu'individu et sur le plan littéraire: la nécessité de cacher aux autres sa propre histoire. Si l'auteur et le lecteur se rencontrent, malgré le retard de Flaubert par rapport à son époque et à son public, c'est parce que l'un comme l'autre 'veut oublier et faire oublier une histoire en détruisant l'historicité des

---

46   IF III, p. 341.
47   Cf. Pierre Verstraeten, 'Sartre et son rapport à la névrose objective, III tome', dans *Autour de Jean-Paul Sartre. Littérature et Philosophie* (Paris: Gallimard, 1981), p. 41.
48   Cf. IF II, pp. 1830–92.
49   IF III, p. 426 et p. 416.

sociétés humaines'.[50] L'oubli de l'histoire (la dissimulation de sa violence et de ses dispositifs de domination) est le mode par lequel la bourgeoisie a affirmé son prétendu universalisme comme principe du progrès historique. Avec les mots de Sartre: 'La bourgeoisie, quoi qu'elle fasse, n'aime pas laisser voir sa main. Il lui faut une couverture'.[51] À partir de la Révolution Française, l'idéologie par laquelle la bourgeoisie cherchait à fournir une légitimation théorique à son action politique impliquait aussi une conception linéaire et homogène du temps et de l'espace, empruntée aux sciences exactes et aux critères de mesurabilité établis par celles-ci: 'La circulation des marchandises amène [la bourgeoisie] à réclamer le remplacement des péages et des divisions internes, produits de l'histoire locale, avec une homogénéité radicale du temps de l'espace'.[52]

À travers l'analyse du rapport entre Flaubert et son public, Sartre nous rappelle que le concept de modernité (tout comme l'histoire qu'il véhicule à partir des révolutions industrielles de la fin du XVIIIème siècle, de la naissance de l'État moderne et de la domination du mode de production capitaliste) n'est pas un concept neutre: il présuppose une conception hiérarchique et hiérarchisante du temps, où les différences qualitatives ne peuvent être considérées qu'en termes de retards à combler sur le plan économique, politique et social. Dans le récit historique construit par la modernité occidentale 'la foule des retardataires se compose d'hommes en puissance, chacun humanisable puisqu'il n'y pas de loi pour l'empêcher de devenir possédant et d'accéder ainsi à la sagesse – couronnement de l'humanisme'.[53]

Malgré les transformations qu'il a connues au cours de son histoire, le mode de production capitaliste repose sur une 'économie du temps' qui dicte les rythmes nécessaires à son autoreproduction: tout ce qui n'y est pas synchronisé est inadéquat, non adapté, en retard. Dès lors, une réflexion critique sur les structures temporelles qui organisent une réalité sociale donnée (qu'il s'agisse de la France du Seconde Empire, de la société globalisée contemporaine ou encore de la période de l'entre-deux guerres vécue par

50   IF III, p. 426.
51   IF III, p. 204.
52   IF III, p. 208.
53   IF III, p. 212.

le jeune Sartre) représente une étape cruciale pour penser d'autres formes de narration de l'histoire.

Le schéma utilisé pour comprendre le décalage entre Flaubert et son époque avait déjà été exploité dans *Les Mots*, l'autobiographie que Sartre publie en 1964:[54] la narration de son enfance ne suit pas la logique 'cumulative' du souvenir, s'appuyant au contraire sur une chrono-technique qui démaille sans cesse l'idée de l'expérience subjective comme savoir accumulé ou progrès de l'individu.[55]

> Entre la première révolution russe et le premier conflit mondial, […] un homme du XIXème siècle imposait à son petit-fils les idées en cours sous Louis-Philippe. […] Je prenais le départ avec un handicap de quatre-vingts ans. Faut-il m'en plaindre? Je ne sais pas: dans nos sociétés en mouvement les retards donnent quelquefois de l'avance.[56]

Sartre analyse sa condition de retard (provoquée par l'éducation reçue de son grand-père) en y voyant la cause d'une temporalisation renversée de l'expérience: auto-séquestré par anticipation, tué d'avance pour pouvoir jouir de l'immortalité dont seuls les défunts bénéficient, entre neufs et dix ans il était un enfant 'tout à fait posthume' qui avait 'choisi pour avenir un passé de grand mort en essayant de vivre à l'envers'.[57]

---

54   Sartre, 'Les Mots', dans *Les Mots et autres écrits autobiographiques* (Paris: Gallimard, coll. La Pléiade, 2010).

55   Cf. Jean-François Louette, *Notice* à *Les Mots* in J.-P. Sartre, *Les Mots et autres écrits autobiographiques*, p. 1282; Id., 'Revanches de la bêtise dans l'*Idiot de la Famille*', *Recherches et Travaux*, 71 (2007), 29–48.

56   *Les Mots*, p. 33.

57   Cf. *Les Mots*, pp. 100–08. Ce renversement de la temporalité vécu ou plutôt produit par Poulou, c'est aussi ce qui explique l'admiration de Sartre pour des techniques littéraires comme celles de John Dos Passos, loué justement pour avoir su 'raconter le présent au passé' (cf. *À propos de John Dos Passos et de "1919"*, dans *Situations, I*. cit., pp. 18–19); ou encore pour l'écriture de William Faulkner qui a choisi, comme présent, l'instant infinitésimale de la mort (cf. *À propos de "Le bruit et la fureur". La temporalité chez Faulkner*, dans *Situations, I*, cit. pp. 65–75). Voir sur ce thème Benoît Denis, 'Retards de Sartre', *Études sartriennes*, 10 (2005), 189–209.

La même dynamique temporelle émerge lorsque Sartre décrit la période de sa jeunesse, en considérant d'être arrivé trop tard pour pouvoir vivre pleinement l'enthousiasme de l'après-guerre, juste entrevu 'par le trou de la serrure'.[58] Néanmoins, c'est justement à travers ce décalage et cette désadaptation qu'il a pu éprouver un attachement à l'égard de son époque; s'il a aimé son temps, s'il a voulu le transposer dans ses écrits, ce n'est pas en vertu d'une harmonie expressive qui lui aurait permis de s'y reconnaître pleinement, mais bien pour la raison contraire: ce siècle qui venait tout juste de commencer lui apparaissait comme déjà mort, étiré entre les spectres d'un passé encore présent et les menaces d'un avenir déjà connu:

> Caractère du monde de 1918–1939: il se donnait lui-même comme destructible [...], il cherchait déjà à se voir du point de vue dont on le jugerait quand il serait enseveli. [...] Il était hanté par le souvenir de la guerre de 1914 et par la crainte de celle de 1939.[59]

Sartre pointe ici une radicale non-coïncidence entre le temps chronologique et le temps qualitatif et intensif de l'histoire. Une non-coïncidence qui prend les formes de la spectralité et de la survie, d'un monde où 'les morts agissent encore un peu de temps comme s'ils vivaient' – à l'instar du soldat de Marathon, protagoniste d'un mythe que Sartre reprend à son tour: 'On a dit que le courrier de Marathon était mort une heure avant d'arriver à Athènes. Il était mort et il courait toujours; il courait mort, il annonça mort la victoire de la Grèce'.[60] En méditant sur cette référence

---

58 Sartre, Carnets de la drôle de guerre, dans Les Mots et autres écrits autobiographiques, p. 264.

59 Ibid., p. 263.

60 Sartre, 'Écrire pour son époque', *Les Temps Modernes*, juin 1948, n. 33, p. 2117. Le thème de la survie est central aussi dans les analyses de Flaubert qui, dès sa jeunesse, se décrit comme un octogénaire: 'Gustave est un "fossile", il n'y a pas de place pour lui dans la société nouvelle: c'est en cela surtout qu'il ressemble aux vieillards; ceux-ci, en effet, survivent à leur époque. [...] Entre 46 et 49 Gustave n'écrit pas une lettre qui ne fasse au moins allusion à sa précoce vieillesse', IF I, pp. 182–85. Sur la figure du survivant voir aussi Jacques Derrida, 'Survivre' dans *Parages*, (Paris: Galilée, 1986), pp. 117–18. On notera, par ailleurs, que la dimension de la survie concerne de manière essentielle le rapport entre l'écriture et la lecture d'un texte littéraire; comme le rappelle Domenico Cambria dans l'article déjà cité: 'D'après Derrida [...] il est possible de suivre la narration jusqu'à une

sartrienne, Jacques Derrida en tire des conséquences importantes pour notre analyse:

> Le plus saisissant de ce passage [...] ce n'est pas tant la course d'un mort [...], c'est qu'il reste capable d'annoncer. Sans doute annonça-t-il un événement passé, la victoire de la Grèce, mais on n'annonce jamais rien du présent ou du passé sans promettre et engager, de sa propre bouche, ce qui reste à venir. D'où lui serait autrement venue la force de courir mort sinon de la sur-vie déjà d'un avenir? La force de courir mort mais aussi d'annoncer, de parler, mort, de sa propre bouche? De parler mort, c'est-à-dire d'écrire pour son époque, pour elle, à destination de son époque, mais aussi pour en témoigner, pour elle, à sa place et à sa faveur? Car c'est fini, oui, mais [...] il y a l'héritage vivant de ce qui reste encore de ce qui n'est pas resté.[61]

'Ce qui n'est pas resté' dans l'histoire, c'est ce qui ne figure pas dans les narrations officielles, ce qui est neutralisé et absorbé dans la synchronisation sans cesse recommencée par l'économie temporelle dominante, ou alors ce qui refuse de 'se mettre au pas' et se trouve, par conséquent, dépouillé de toute véritable possibilité d'action. À moins d'être un écrivain comme Flaubert ou un philosophe comme Sartre, les retardataires font généralement partie de 'ce qui n'est pas resté'. Et pourtant, au sein même de cette absence, il est possible de trouver un 'héritage vivant de ce qui reste encore'. Le défi est alors d'en ré-activer les traces: faire émerger le potentiel transformateur contenu dans des pratiques sociales, politiques, juridiques ou culturelles qui ne sont pas immédiatement visibles, soit parce qu'elles sont 'mortes' bien avant de s'achever, soit parce qu'elles se trouvent reléguées aux marges de l'histoire.[62]

---

nouvelle interprétation qui permet la survie du texte à sa propre mort, une sur-vie avec un surplus de sens, de mots et d'expériences' (p. 11).

61   Derrida '"Il courait mort": salut, salut. Notes pour un courrier aux *Temps Modernes*, *Les Temps Modernes*, 587 (1996), p. 30 (les italiques sont de Derrida). Sur le rapport de 'proximité critique' de Derrida à Sartre cf. Christina Howells, 'Sartre and Derrida: qui perd gagne', *Journal of the British Society of Phenomenology*, 13:1 (1982), 26–34.

62   Pour ne citer qu'un exemple: le droit d'asile qui remonte au Moyen-Âge, a été réactivé à partir des années 1970, en Europe comme aux États-Unis, pour construire un autre rapport aux immigrés sans-papiers et à d'autres sujets 'illégaux'. Loin de s'épuiser dans un philanthropisme religieux, ces 'pratiques-sanctuaire' s'efforcent

D'une certaine manière, il n'est pas possible d'être entièrement 'à temps' avec son époque: nous sommes tous des survivants venant d'une histoire passée, arrivés trop tard pour réellement comprendre notre temps au moment où nous le vivons.[63] Dans ce temps qui n'est jamais le nôtre, la condition d'être en retard peut devenir l'occasion pour anticiper, ici et maintenant, un point de vue autre sur l'histoire, à partir duquel 'défaire la tyrannie du présent'.[64] Cela ne veut pas dire se projeter sans cesse dans l'avenir, mais plutôt reconfigurer notre rapport au passé: notre rapport à ce qui, du passé, demande à être prolongé ou écouté, tel l'annonce posthume du soldat de Marathon. Être en retard ne serait-ce pas une manière pour trouver son époque, pour être à temps?

Remerciements

Cet article s'inscrit dans le cadre du projet 'New Times at Work. Rethinking History and Politics through Delay and Anticipation' (NeT-HiDeA) – projet financé par: European Union's Horizon 2020 Research and Innovation Programme, Marie Skłodowska-Curie Grant Agreement n° 840765.

---

d'anticiper une autre politique et un autre droit, alternatifs à ceux incarnés par l'État. Cf. Massimiliano Tomba, 'Sanctuaries as Anachronism and Anticipation', *History of the Present*, 9:2 (2019), 217–32.

63   'Ce qui nous retarde, ce sont nos résistances dont l'origine est à rechercher dans les couches archaïques de notre histoire', IF I, p. 117.

64   Cf. Jérôme Baschet, *Défaire la tyrannie du présent. Temporalités émergentes et futurs inédits* (Paris: La Découverte, 2018).

DOMENICO CAMBRIA

La lecture est le retard de l'écriture. Interprétations autour de Roger Laporte, de Jacques Derrida et d'Edmond Jabès

Le retard dans l'écriture, il faut le chercher à l'instant de sa conclusion, à savoir au moment de la lecture; si étrange que cela puisse paraître, la lecture donne pourtant sens à l'écriture par son apparition postérieure. Nous voulons présenter cette notion du retard en trois phases: retard de l'écrivain envers soi-même, de celui qui reçoit l'écrit et enfin du livre qui accueille les deux. Ceci nous aidera à développer notre titre: 'La lecture est le retard de l'écriture'. Or cette affirmation a deux explications possibles: d'un côté le retard appartient à l'écriture dont l'écrivain fait l'expérience en voulant lier sa vie à l'acte scriptural et de l'autre la lecture est la forme 'en retard' d'une nouvelle écriture, car lire est une réception active de l'héritage de l'écrivain. Il s'agira de démontrer, par des sources littéraires et des réflexions philosophiques, que ces deux interprétations se corroborent, car elles appartiennent à une structure textuelle qui les contient. Pour exposer ces liens de retard nous partirons de la proposition biographique de Roger Laporte, notamment présentée dans le recueil *Une vie*, tout en proposant un renvoi aux vers sur l'écriture du poète Jacques Dupin contenus dans *L'embrasure*. Par la suite, notre attention se portera sur l'ouverture qui conduit au lecteur à travers le pas vers l'autre décrit dans *L'arrêt de mort* de Maurice Blanchot et commenté par Jacques Derrida. Notre texte aboutira, enfin, sur l'interprétation du livre fournie par Edmond Jabès dans *Le Livre des Questions* afin de reprendre nos deux thèmes, l'écriture et la lecture.

Les thématiques de l'écriture et de la lecture ont eu une histoire d'interprétation riche et dense que nous ne pouvons reprendre dans ce court article, cependant dans le bas de page nous orienterons le lecteur, au fur et à mesure, vers des interprétations qui s'y sont intéressées. En particulier, nous signalons que l'interaction entre la lecture et l'écriture a été l'objet d'une étude approfondie de la part de Michel Lisse qui montre leur interaction structurelle dans le texte et qui observe le rapprochement et le croisement de la philosophie de Derrida avec la littérature.[1] Cette interaction a aussi été identifiée par la critique dans la structure même du livre telle que la conçoit Jabès ou dans les récits de Blanchot.[2] Nous suivons ces lignes d'interprétation en innovant le discours avec des insertions de l'écriture biographique et poétique.

Le retard de l'écrivain

D'abord, notre intérêt porte sur la narration biographique telle qu'elle est décrite par Laporte auteur très peu connu qui, pendant sa vie, n'a écrit principalement qu'un seul grand ouvrage biographique, où il expose l'écriture de la vie de l'écrivain lorsqu'il essaie de fixer son effort et ses préoccupations scripturales sur la feuille. Cela nous permet de comprendre la première forme du retard, à savoir celle du désir de l'écrivain d'esquisser sa vie qui conduit son geste d'écriture. À cet égard, Laporte en déclarant: 'j'attends de l'ouvrage à écrire ce que l'on demande d'habitude

---

1 Plusieurs textes ont été dédiés par Lisse à ce sujet, nous signalons en particulier: Michel Lisse, *L'expérience de la lecture. 1. La soumission* (Paris: Galilée, 1998); *L'expérience de la lecture. 2. Le glissement* (Paris: Galilée, 2001), ainsi que le recueil autour de la littérature: Michel Lisse (éd.), *Passions de la littérature. Avec Jacques Derrida* (Paris: Galilée, 1996).

2 Voir à titre d'exemple le recueil: *Maurice Blanchot. Colloque de Genève 'La littérature encore une fois'*, (Genève: Furor, 2017) et celui sur Jabès: Richard Stamelman et Mary Ann Caws (éd.), *Écrire le livre: autour d'Edmond Jabès*, Colloque de Cerisy-la-Salle (Seyssel: Champ Vallon, 1989).

à la vie',[3] nous indique que l'écriture est inséparable de l'expérience d'où elle surgit. Cependant celle-ci lui donne une connotation nouvelle qui se produit dans un espace temporel: 'un instant – mais le temps même a vacillé – je perdis le sentiment de mon identité, puis je revins à "moi"'.[4] Si cette expérience est représentée par un chant qui l'amène loin de soi, soudain il retombe en soi, il revient à son bureau pour tracer les signes de sa vie. Certes, si la formation de l'écriture vient des expériences vécues qui ont poussé l'écrivain à découvrir ses besoins, cependant la forme biographique ne peut pas aboutir à l'accomplissement du désir de tout dire car celui-ci continue à faire brûler l'expérience de l'écriture sous la forme d'un retard.[5]

Le désir de l'écrivain de se réaliser en tant que tel est impossible à satisfaire s'il limite ses attentes à sa pratique d'écriture; à ce propos, Jabès dans *Le Livre des Questions* souligne les liens vie – écriture – écrivain qui naissent de l'acte d'écriture comme action générant de nouvelles références. Il affirme: 'l'écriture qui aboutit à elle-même n'est qu'une manifestation du mépris'.[6] Cela nous oblige à chercher une différence temporelle qui puisse sauver l'écriture biographique de ce mépris, la distance de l'écrivain envers son expérience qui l'amène à l'écriture. À ce sujet, Derrida note qu'il y a dans le livre de Jabès une déclaration récurrente: 'Tu es celui qui écrit et qui est écrit'.[7] Or, d'après notre analyse, cette phrase marque le retard de l'écrivain par rapport à son écriture, car l'écrivain se forme aussi en subissant

---

3   Roger Laporte, *'Fugue'*, in *Une vie. Biographie* (Paris: P.O.L., 1986 [1970]), p. 255. *Une vie* est le recueil de neuf textes publiés pendant les années 1963–1983 et qui ont tous pour dénominateur commun le thème biographique.

4   Roger Laporte, *Quelque petits riens* (Plombières-les-Dijon: Ulysse Fin de Siècle, 1990), p. 12. La naissance de son geste biographique, à travers une double expérience de retard, un voyage à moto et un chant envahissant son corps, est décrite dans cet ouvrage.

5   À propos de la souffrance liée au désir d'achèvement de Laporte voir Michel Surya, 'Le malheur de la littérature', in François Dominique (éd.), *Pour Roger Laporte* (Paris: Lignes, 2006), pp. 43–46.

6   Edmond Jabès, *Le Livre des Questions*, in *Le Livre des Questions* (Paris: Gallimard, 1990 [1963]), I p. 21.

7   Ibid., exergue, p. 13; cité dans Jacques Derrida, 'Edmond Jabès et la question du livre', in *L'écriture et la différence* (Paris: Seuil, 1967 [1964]), p. 100.

son geste écrit. Cette forme passive – qui consiste à être écrit – dévoile les renvois du texte qui racontent la rencontre entre une écriture personnelle et sa transformation en une nouvelle expérience publique d'écriture à la suite de la lecture. Pour que cela soit possible il faut considérer un retard de l'auteur envers soi-même car l'écriture biographique est un désir vivant qui laisse des traces de l'écrivain s'éloignant de soi. En effet, Laporte, dans sa production, ne cherche qu'une correspondance avec son vécu expérientiel, cependant celui-ci lui échappe; alors, il s'ouvre au monde par la médiation temporelle de son écriture.

Le poète Dupin nous aide dans la compréhension de cet échange par des mots poétiques. En décrivant l'acte d'écriture il affirme: 'l'acte d'écrire comme rupture, et engagement cruel de l'esprit, et du corps, dans une succession nécessaire de ruptures, de dérives, d'embrasements'.[8] Il témoigne qu'une lutte habite la peau de l'écrivain, il ne peut pas se réfugier dans le calme de ses phrases car elles rompent la linéarité de son vécu en s'adressant à leur réception en dehors de leur corpus. Et Dupin continue: 'Jeter sa mise entière sur le tapis, toutes ses armes et son souffle, et considérer ce don de soi comme un déplacement imperceptible et presque indifférent de l'équilibre universel. Rompre et ressaisir, et ainsi renouer'.[9] Ce 'don' dont il parle est, d'après notre interprétation, l'acte de l'écriture de soi qui dévoile le besoin d'ouverture au monde: l'écriture est une forme d'être au monde qui n'est jamais séparée de la narration d'autres formes de vie. C'est pourquoi la lecture consiste à revenir sur les traces de l'écrivain en tant que moment structurellement inséré dans l'écriture d'un texte.[10] Cela

---

8   Jacques Dupin, 'L'embrasure', in *Le corps clairvoyant (1963–1982)* (Paris: Gallimard, 1999 [1969]), p. 165. Il est utile, pour comprendre la poétique de Dupin, de citer un commentaire de Yves Bonnefoy qui souligne l'importance de la lecture dans la poésie: 'Lire, en poésie, que c'est vite quitter la page! Penser, en poésie, combien faut-il que ce soit regarder par le fond des mots, où qu'ils nomment à la fois prend pleine figure et s'efface'. Yves Bonnefoy, 'Jacques Dupin', in Francis Cohen, Nicolas Pesquès (éd.), *04. 03 Mélanges pour Jacques Dupi*n (Paris: P.O.L., 2007), p. 22.

9   Ibid., p. 165.

10   Vu la nature de diptyque de notre texte nous insérons au fur et à mesure quelques références au travail de Chiara Collamati 'À temps, c'est-à-dire tard. L'hystérésis comme outil d'intelligibilité dialectique chez Sartre'; la notion de trace, bien

donne lieu à un processus d'achèvement de l'écriture qui passe par la lecture. 'On ne peut nous lire que dans le temps. Le temps de l'écriture n'est qu'un hors-temps que le temps rend lisible en l'intégrant' déclare Jabès.[11] Ainsi, une écriture personnelle telle que la biographie conserve en elle le temps et l'espace de la parole de l'auteur, et pourtant elle se donne à une autre parole inattendue au bout de toute lecture. Ce faisant, la rupture entre les deux est consommée, en conservant leur différence temporelle. L'écriture biographique perd progressivement son caractère autoréférentiel en s'ouvrant vers l'excédent de l'altérité indéfinie et devenant l'expérience du retard au-delà de toute simultanéité.

À la forme du retard biographique il faut lier le retard de celui qui interprète l'écrit et il s'agit, donc, de montrer en quoi le retard du lecteur s'ajoute au retard des mots que l'écrivain s'adresse à soi-même. Or, la réception d'un texte est réalisée par sa destination qui, demeurant imprévisible, est pourtant impliquée dans la description que l'écrivain fait de sa vie. Dans cette fusion corporelle il y a le retard de la vie du lecteur sur celle de l'écrivain, étant donné que chacun part de son vécu personnel. De la sorte, la lecture remet en question la primauté de l'écriture car elle fait partie de la même structure textuelle du retard. Derrida explique, notamment dans *La Carte postale*, cette trame de renvoi à l'œuvre dans la nature du texte qui est dévoilée quand il est envoyé et surtout reçu, à savoir que, lorsqu'il est écrit, il demeure inachevé en attendant la venue du lecteur. Cette forme d'attente est l'exhortation de Dupin à renoncer au bavardage quotidien qui cache l'expérience personnelle. Il écrit: 'tout nous est donné, mais pour être forcé, pour être entamé, en quelque façon pour être détruit, – et nous détruire'.[12] L'écriture est la force du réel qui se fait

---

qu'elle s'inscrive dans un héritage derridien, se prête aussi à un comparaison avec l'explication de l'origine du terme *hystérésis* donnée par Collamati au début de son deuxième paragraphe ('l'hystérésis est associée [...] à la *trace* d'une force disparue qui continue à agir au cœur du présent') et à son interprétation conséquente d'anticipation des possibilités futures encore indisponibles à l'action du sujet, à savoir, pour notre thème, indisponibles au temps de la narration.

11   Edmond Jabès, *Le Livres des Marges* ([Montpellier]: Fata Morgana, 1984), pp. 197–98.

12   Dupin, *L'embrasure*, p. 165. Le changement que l'expérience produit sur la poétique de Dupin est souligné par Francis Cohen qui parle d'une poésie venant du

vie en prose pour qu'elle puisse rejoindre d'autres vies; nous comprenons alors pourquoi le désir d'écriture de Laporte est si lié à sa vie, car il prouve le besoin d'expression qui se fait signe pour qu'un autre soit intéressé par lui. Autrement toute écriture resterait cachée dans la vanité des mots de l'écrivain. Laporte affirme: 'Écrire c'est ouvrir, trouver un chemin vers'.[13] Cependant il est impossible pour l'écrivain de voir la fin du chemin qui l'amène au belvédère de son livre car celui-ci est achevé au moment de sa lecture, trop tard donc pour qu'il puisse le feuilleter.

L'écrivain est dans le livre, car celui-ci est composé par sa vie et par conséquent il ne peut que continuer à esquisser un discours infini de mots biographiques. Ce parcours, nous le verrons dans la troisième partie, se réalise dans le livre, car Laporte avance: 'ce serait seulement dans le livre que se produirait, et, en partie, pourrait se lire l'aventure d'une écriture inconnue'.[14] Or, si l'écriture est une forme de vie, vécue seulement au moment de son écriture, le livre ne pourra qu'être l'espacement et la temporalisation de cette écriture biographique qui s'ouvre sur une altérité. De surcroît, le lien entre écrivain et vie appartient à la trame ontologique de l'expérience dont le retard est la marque temporelle, car l'expérience, afin qu'elle soit exprimable et donc réelle, nécessite une différence au sein de la parole contenue dans le livre; en revanche, toutes formes de coïncidence dans l'expression en empêcheraient la narration créative. Avant d'aborder le livre comme lieu de rencontre, il est pertinent de se concentrer, dans la partie suivante, sur le mouvement du lecteur et de l'écrivain.

---

bas: 'La poésie de Jacques Dupin subvertit l'idée de la poésie par l'introduction de la basse écriture, par ce qui est en dessous, par ce qui est toujours plus bas. Je crois que Jacques Dupin n'a jamais cessé d'y toucher sans jamais céder à la sublimation, ainsi en faisant du bas la matière d'une fiction'. Francis Cohen, 'Ici, si bas râ rit', in Cohen, Pesquès, *04. 03 Mélanges pour Jacques Dupin*, p. 63.

13   Roger Laporte, *Lettre à personne* (Paris: Plon, 1989) p. 59. Cf. Jabès, *Le Livre des Questions*, p. 59.

14   Laporte, *Fugue*, p. 257.

Le pas de l'autre: 'Viens'

Pour que la place du lecteur apparaisse, il sied de montrer la simultanéité différée à l'œuvre dans l'écriture de soi, simultanéité car l'écrivain laisse un espace blanc dans la pratique de soi, à savoir une marge dans son écriture qu'il n'a pas pu remplir; simultanéité qui devient différée car elle est donnée dans l'avenir au lecteur pour qu'il puisse l'achever grâce à sa lecture. Nous envisageons, par cette simultanéité différée l'explication d'un moment temporel – identifié par le mot 'Viens' – inséré dans l'écriture du texte, se liant à la lecture et qui achève le processus de l'écriture. En effet, la lecture permet, nous le verrons, le temps de l'écriture, donnant lieu à son espacement, à savoir créer son espace dans le livre. C'est une leçon que nous tirons de Derrida et qu'il a apprise à l'école de Blanchot: un texte écrit ne peut satisfaire ses références potentielles que s'il se promène du temps de l'écrivain au temps du lecteur. Nous retrouvons cette idée dans la structure de *L'arrêt de mort* de Blanchot; il s'agit de deux histoires, la première narre la vie du personnage J. et les trois instants de sa mort: la mort désirée, le retour à la vie et la mort définitive; cette première histoire est suivie d'une seconde qui n'en est pas la continuation, sauf dans l'intention du narrateur. 'Il faut que ceci soit entendu: je n'ai rien raconté d'extraordinaire ni même de surprenant. L'extraordinaire commence au moment où je m'arrête. Mais je ne suis plus maître d'en parler' déclare-t-il au début du second récit.[15] Dans celui-ci, comme dans le premier, le narrateur souffre du conflit entre le désir d'union – avec soi-même, d'une part, et entre les deux amoureux du récit, d'autre part – et l'impossibilité de parachever définitivement ce lien. Le narrateur apparaît en retard sur le temps de la narration, car au lieu d'être le démiurge de la narration

15   Maurice Blanchot, *L'arrêt de mort*, Collection L'Imaginaire (Paris: Gallimard, 1948), p. 53. Nous signalons brièvement qu'il y a une constitution du retard dans la vie et la mort de J., et il y en a aussi une autre dans la communication entre le médecin, le personnage et le narrateur qui n'était pas informé de la mort de J., et, dernière brève remarque, peut-être faut-il aussi faire référence à l'expérience de la mort de Blanchot lui-même reportée, lors de son exécution suspendue. Cf. Maurice Blanchot, *L'instant de ma mort* (Paris: Gallimard, 2002 [1994]).

il se laisse porter par l'histoire qu'il ne semble pas connaître. Ce second récit raconte l'histoire de Nathalie en se concentrant sur le rapport avec le narrateur; cet échange s'appuie sur une première question intéressante pour notre thème, c'est-à-dire la langue de l'autre. En effet, la langue de l'autre implique un problème de responsabilité, car elle appartient à l'autre et, en l'utilisant, nous avons la liberté de créer une expression qu'autrement nous ne pourrions pas exprimer dans la langue maternelle. Le narrateur observe: 'je m'obligeais intérieurement à faire honneur à ces mots étranges; plus ils étaient excessifs, je veux dire étrangers à ce que l'on pouvait attendre de moi, plus ils me paraissaient vrais à cause de cette nouveauté sans exemple'.[16]

Cette particularité nous permet de définir notre deuxième forme de retard à savoir que l'écriture sépare et protège le désir de l'écrivain de l'appropriation de l'autre. C'est le cas de la réaction du narrateur lorsqu'il revient aux mots de sa langue maternelle, qui se font événement dans un retard de rupture et de surprise. Le narrateur devient étranger à ses propres mots, ils ne servent plus à l'orienter dans le chemin de sa vie, car celui-ci passe par la vie de l'autre, par l'attente d'un geste de l'autre. Dans le récit, ceci a pour effet la perte de l'aimée dans une vaste foule anonyme; mais, remarque Derrida dans son commentaire, ce qui réunit les deux amoureux est une exhortation – 'Viens' – capable de surmonter l'éloignement causé par la langue. Ce mot 'Viens' devient un refrain capable de faire vivre la relation entre les deux amants dans le temps du retard, car il semble les unir; l'impératif exprimant un ordre se mue en exhortation pour dire la relation entre les deux, en les liant par la force de ce mot qui crée le lien lui-même. À cet égard, le libellé de Derrida est clair:

> Il n'appelle même pas quelqu'un qui serait là avant l'appel. Dire qu'il appelle l'appel, qu'il s'appelle, ce serait plus juste pourvu qu'on n'y entende aucune réflexion spéculaire. [...] C'est chaque fois un événement singulier à condition d'un viens, chaque fois unique mais éternellement répété, disant tu ...[17]

16   Ibid., p. 102.
17   Jacques Derrida, 'Pas', in *Parages* (Paris: Galilée, 2003 [1976]), pp. 26–27.

Le 'Viens' est le lieu de la rencontre qui tombe au milieu de l'expérience des deux personnages et, lorsque le 'Viens' est proclamé, leur identité est transpercée et leur relation induit une responsabilité; ceci est possible, d'après nous, car le retard anime leur rencontre. Le narrateur affirme: 'Il me semble que dans ce bavardage il y avait la gravité d'une seule et unique parole, la réminiscence de ce 'Viens' que je lui avais dit, et elle était venue, et s'éloigner, elle ne le pourrait jamais plus'.[18] En disant 'Viens', le sujet se montre et se découvre mis à distance de son propre bavardage quotidien et aussi de son mot d'exhortation. Derrida commente: 'Viens ne donne pas un ordre, il ne procède ici d'aucune autorité, d'aucune loi, d'aucune hiérarchie'.[19]

Dans le récit, le narrateur s'en remet totalement, par ce mot 'Viens', au retard de Nathalie dans l'espoir de sa venue. L'occurrence de l'autre est alors nécessaire pour se connaître, pourtant celui-ci n'est pas rencontré selon la prédiction du narrateur car la correspondance entre les personnages est suspendue. C'est dans cette fracture qu'il est possible de parler du retard de l'autre qui survient dans le temps de l'écriture de soi. Cette imperfection structurelle, que le texte de Blanchot nous dévoile, permet la rencontre des deux personnages. Toutes les attentes sont déçues et l'ordre séquentiel des actions est subverti car l'impératif 'Viens' n'a plus le pouvoir de commander, devenant témoignage de l'inattendu. Le 'Viens' est donc à lire comme l'appel du retard qui donne à voir, sous une simultanéité différée, la relation soi/autre des personnages et aussi celle entre l'écrivain et le lecteur.

L'écrivain, que peut-il faire d'autre que requérir la venue du lecteur, une fois son texte écrit? Derrida nous répond en se demandant à son tour comment on peut accueillir l'autre texte dans son propre texte, en respectant son altérité: 'Comment laisser vivre un texte? Faut-il – et comment – le prendre? ou seulement l'"effleurer"? Lui dire "viens"?'.[20] Ce 'Viens' est le

---

18 Blanchot, *L'arrêt de mort*, p. 117.
19 Derrida, *Pas*, p. 23. La rencontre des deux personnages sous une simultanéité différée peut être comparée, selon les différences de contexte, à l'*hystérésis* qui, d'après les analyses de Sartre, sauve la notion de groupe du risque d'homogénéité et qui, grâce à sa fusion d'activité et de passivité, permet que chaque élément du groupe garde la singularité de son action; à ce sujet voir le troisième paragraphe du texte de Collamati.
20 Jacques Derrida, 'Survivre', in *Parages* [1979], p. 189.

seul mot qui résonne une fois le texte achevé, car l'écriture conserve une absence, un manque d'accomplissement définitif qui constitue l'ouverture de son sens. 'Il est vrai qu'aller vers l'autre, c'est aussi se nier et le sens s'aliène dans le passage de l'écriture. L'intention se surpasse et s'arrache à soi pour se dire', souligne Derrida.[21] Encore plus clairement il introduit l'altérité dans la structure textuelle:

> dans la mesure où ce qu'on appelle le "sens" (à "exprimer") est déjà, de part en part, constitué d'un tissu de différences, dans la mesure où il y a déjà un texte, un réseau de références textuelles à d'autres textes, une transformation textuelle dans laquelle chaque "terme" prétendument "simple" est marqué par la trace d'un autre, l'intériorité présumée du sens est déjà travaillée par son propre dehors.[22]

Cela amène Derrida à parler d'une absence qui intéresse l'écrivain lui-même, dès la première page du texte, par la signature qu'il y appose mais qui se perd plus tard dans ses replies.[23] À cet égard il remarque:

> absence de l'écrivain aussi. Écrire, c'est se retirer. Non pas dans sa tente pour écrire, mais de son écriture même. S'échouer loin de son langage, l'émanciper ou le désemparer, le laisser cheminer seul et démuni. Laisser la parole. Être poète, c'est savoir laisser la parole. La laisser parler toute seule, ce qu'elle ne peut faire que dans l'écrit.[24]

---

21   Derrida, *Edmond Jabès et la question du livre*, p. 113.

22   Jacques Derrida, *Positions. Entretiens avec Henri Ronse, Julia Kristeva, Jean-Louis Houdebine, Guy Scarpetta (1967–72)* (Paris: Minuit, 1972), pp. 45–46.

23   Pour les notions de signature et contre-signature du livre dans la pensée de Derrida voir Jacques Derrida, *Autobiographies. L'enseignement de Nietzsche et la politique du nom propre* (Paris: Galilée, 1984), pp. 26–27.

24   Derrida, *Edmond Jabès et la question du livre*, p. 106. Voir le témoignage d'Hélène Cixous sur l'impact de la réflexion de Derrida sur la pratique de la lecture et de l'écriture en soi et dans la relation avec les institutions: 'je pense que Derrida, c'est lire/sait lire. Écrire, lire, c'est indissociable mais ce qui nous arrive, avec lui, et ce qui est arrivé, ce qui est arrivé à l'Université, car c'est là que le choc a été frontal, c'est qu'avec Jacques Derrida on a secoué complètement, on a ébranlé, on a séismé complètement le phantasme ou l'idéologie de la lecture telle qu'elle se transmettait et telle qu'elle continue à se transmettre, d'ailleurs, canoniquement dans les espaces institutionnels'. Hélène Cixous et Jacques Derrida, 'Bâtons rompus', in Thomas Dutoit, Philippe Romanski (éd.), *Derrida d'ici, Derrida de là* (Paris: Galilée, 2009), p. 183.

'Laisser la parole' est le geste que nous avons identifié dans le retard de la lecture sur l'écriture, la lecture achève le texte car elle est l'absence, sous forme de différence temporelle.

D'après Derrida l'absence est: 'la permission donnée aux lettres de s'épeler et de signifier, mais c'est aussi, dans la torsion sur soi du langage, ce que disent les lettres: elles disent la liberté et la vacance accordée, ce qu'elles "forment" en l'enfermant dans leur filet'.[25] Absence que nous faisons remonter déjà au désir de l'écrivain de se donner dans la pratique de l'écriture, car son activité s'achève sur le retard représenté par le 'Viens' que toute écriture prononce. Nous revenons, donc, à notre point de départ en appliquant cette structure du retard du 'Viens' à l'écrivain et au lecteur. Cela contribue à garder leur distance tout en rendant possible leur proximité dans le texte. L'approche de l'autre n'est pas réduite à l'identification avec le soi, puisque le pas requis par le 'Viens' se fait dans une distance temporelle permettant de préserver la différence. Ainsi le proche et le lointain se renvoient-ils dans un jeu d'éloignement spatio-temporel, vu que chaque pas conduit à la proximité de l'autre en préservant le lointain de son origine: 'un pas qui éloigne le lointain de lui-même' souligne Derrida.[26] De la sorte, l'assimilation des deux lors de leur rencontre est évitée, car le pas garantit la distance de l'autre lors de sa venue. Cela nous permet de préserver l'événement de l'autre dès son origine intangible, car le lecteur reste autre malgré sa proximité et il continue à venir de loin, voire en retard. Alors le 'Viens' renvoie au temps d'un pas où le prochain et le lointain se rencontrent sous la forme d'un événement. La rencontre textuelle dans le livre est cet événement inattendu qui occupe notre troisième partie.

---

25   Derrida, *Edmond Jabès et la question du livre*, p. 108. Pour l'importance du thème de l'absence dans la pensée de Jabès auquel Derrida se réfère voir Richard Stamelman, 'Le dialogue de l'absence', in Richard Stamelman et Mary Ann Caws (éd), *Écrire le livre: autour d'Edmond Jabès*, Colloque de Cerisy-la-Salle (Seyssel: Champ Vallon, 1989), pp. 201–17.

26   Derrida, *Pas*, p. 25.

Le retard du livre

Nos deux formes de retard – celle de l'écrivain envers soi-même et son
écriture, et celle de sa réception par le lecteur – fusionnent dans le livre;
alors nous pourrions changer le titre de notre texte 'La lecture est le retard
de l'écriture' pour 'Le livre est le retard de l'écriture'. À ce sujet, il est utile
de comprendre le retard dans le non-lieu du livre. Il s'agit de bouleverser
la polarisation classique auteur–livre, car à partir de notre structure
de retard, il est possible d'envisager l'insertion de l'autre dans le texte de
l'auteur. Cela signifie sortir d'une lecture 'correcte' du livre, en préférant
se placer dans le retard de la réception du texte, car chaque livre a toujours
en lui le temps et l'espace de l'écriture et cependant il est toujours à
venir. '– Où se situe le livre? – Dans le livre', écrit Jabès.[27] Cette citation ne
signifie pas la clôture du livre tel que conçu par son auteur, elle implique
plutôt le 'devenir livre' par une donation inattendue. C'est pourquoi le
livre est le lieu du retard, puisque la surprise de l'interprétation conserve
une originalité au-delà de la correspondance avec l'intentionnalité qui a
animé le texte. Nous retrouvons dans cette lecture les signes de l'ouverture
inconditionnelle du texte, de la relation entre celui qui écrit – espacement
de l'écriture – et ce qui est écrit – temporalisation de la lecture – qui
dépassent la simple prérogative de l'auteur. Écrire un texte c'est rencontrer
toujours une autre histoire en la lisant et le moyen qui permet cette rencontre
est le livre.

Derrida en commentant la prose de Jabès affirme: 'Le poète est donc
bien le sujet du livre, sa substance et son maître, son serviteur et son thème.
Et le livre est bien le sujet du poète, être parlant et connaissant qui écrit
dans le livre sur le livre'.[28] Or, si pour Jabès le livre est dans le livre, pour
Derrida le poète est dans le livre, car il y prend forme seulement grâce aux
références entre vie, écriture et monde qu'il y tisse. Mais ces références

---

27   Jabès, *Le Livre des Questions*, p. 10.
28   Derrida, *Edmond Jabès et la question du livre*, p. 100. Pour la question du livre et
     son lien métaphysique voir: Jacques Derrida, *De la grammatologie* (Paris: Minuit,
     1967), pp. 15–40.

ne sont jamais entièrement déterminées, car celles-ci nécessitent d'être complétées au moment de leur expression dans le livre. Celui-ci vit de la différence produite par sa capacité à créer un espace de production, étant donné qu'il est éloignement qui, en se mettant à distance, est capable de générer une trace pour sa propre lecture qui sera toujours celle de l'autre. D'ailleurs, Blanchot souligne l'inclusion de cette altérité dans la constitution du livre: 'Le livre – un livre – est, dès qu'il se propose, déjà travaillé par son autre, autre de tout livre, absence de ou hors livre, dont ce qui s'écrit porte la marque'.[29]

Les propriétés de l'écrit permettent une rupture, un arrêt du lien avec son origine, aspect que Derrida identifie avec l'espace blanc entre les deux récits de *L'arrêt de mort* de Blanchot: une suspension entre deux textes qui laisse la place à un tiers. Là, dans ce lieu désert, sans mots, un nouveau sens du texte peut naître, deux histoires séparées ou la même histoire en continuité. Chaque texte est en soi un manque qui rend possible une rencontre, une séparation de quelque chose qui ne peut pas être reproduit exactement et qui devient un lieu d'acceptation de l'autre. Par conséquent, dans le blanc de l'absence nous continuons à écrire, d'une manière *différente, nouvelle et surprenante*. D'après Derrida, cette suspension est l'occasion de l'interprétation, car il est possible de suivre la narration jusqu'à une nouvelle interprétation qui permet la survie du texte à sa propre mort, une sur-vie avec un surplus de sens, de mots et d'expériences. Derrida commente ainsi le texte de Jabès: 'pour que le poème de Jabès risque d'avoir un sens, pour que sa question du moins risque d'avoir un sens, il faut présumer la source, et que l'unité n'est pas de rencontre, mais qu'en cette rencontre aujourd'hui sousvient une autre rencontre'.[30] Il s'agit de 'présumer la source' sans parvenir

---

29 Maurice Blanchot, '"Il n'est d'explosion …"', in *Misère de la Littérature* (Paris: Christian Bourgois Éditeur, 1978), p. 12. Cf. Maurice Blanchot, *L'écriture du désastre* (Paris: Gallimard, 1980), p. 8: 'Écrire, serait-ce, dans le livre, devenir lisible pour chacun, et, pour soi-même, indéchiffrable? (Jabès ne nous l'a-t-il pas presque dit?)'.

30 Derrida, *Edmond Jabès et la question du livre*, p. 111. Cette notion de retard dans l'histoire qui trouve dans le livre l'articulation du décalage temporel entre l'écrivain et le lecteur peut, nous semble-t-il, s'accorder à la notion sartrienne d'*hystérésis* comme éclairement de la temporalisation de la praxis individuelle par rapport à

jamais à la connaître, parce que la lecture souffle les traces du livre laissées dans le sable de ce désert et les efface pour en former d'autres, brouillant pour l'inconnu la piste vers leur auteur.

En outre, en nous appuyant sur le commentaire de Derrida sur Jabès – 'l'écriture est le moment du désert comme moment de la Séparation'[31] – nous pouvons utiliser cette référence ultérieure à l'écriture en tant que lieu dans le désert pour montrer que l'écriture est ce désert qui rend possible toute apparition ultérieure de sens, sans aucun rapport avec une vérité prédéterminée. Se référer au désert, si nous suivons la prose poétique de Jabès, permet d'"occuper une blancheur, un espace de poussière ou de cendre où la parole victorieuse s'offre dans sa nudité affranchie'.[32] L'écriture comme désert montre, qu'au moment même de son accomplissement, elle laisse des traces qui ne peuvent jamais être épuisées par leur interprétation, puisque les mots qu'elle utilise gardent une signification supplémentaire dans l'impossibilité de les comprendre de manière définitive: elle ouvre un nouvel espace qui accueille le lecteur. Alors, le retard se fait lieu dans le livre, désert où les mots s'épanouissent comme un corps étranger et, par conséquent, surprenant.

Le désert permet de maintenir une distance infinie qui protège contre toute possession, telle la chambre du second récit de *L'arrêt de mort* de Blanchot. La clé est jalousement gardée pour essayer de protéger le domaine, cependant elle est perdue, volée de manière imprévue, ce qui rompt la fermeture – l'interdiction d'accès – en en permettant l'ouverture.[33] La

---

son époque. À ce propos voir les réflexions de Collamati contenues dans le premier et le dernier paragraphe de son travail.

31   Ibid., p. 104.

32   Edmond Jabès, *Du désert au livre. Entretiens avec Marcel Cohen* (Pessac: Éditions Opales, 2001), p. 112. Pour le sens du désert dans l'histoire personnelle de Jabès voir Jean-Marie Sauvage, 'La judéité de Jabès', *Recherches de Science Religieuse*, 92:3 (2004), 467–69.

33   Cf. Blanchot, *L'arrêt de mort*, pp. 106–08 et pp. 113–14. Derrida aborde conjointement, dans ses commentaires des textes de Blanchot, les questions du livre, de l'écriture et de l'espace et il identifie cette chambre à un crypte qui cache et dévoile le sens du récit. Cf. Derrida, *Survivre*, pp. 199–200; *Pas*, p. 73. Pour l'importance de la crypte voir Jacques Derrida, 'Fors. Les mots anglés de Nicolas Abraham et Maria Torok', in Nicolas Abraham et Maria Torok, *Cryptonymie. Le verbier de l'homme aux loups* (Paris: Aubier Flammarion, 1976), p. 10. Pour le lien entre la

pièce devient alors le lieu de rencontre de deux personnages: sans en être responsable, elle laisse la place à un événement inattendu, faisant référence à l'absence et au retard de quelqu'un qui y était, qui est attendu et pourtant qui demeure absent, en retard. Cette chambre, tout comme le désert qui reçoit l'autre sans le retenir, est le texte en tant que lieu mystérieux où se trouvent l'espace et le temps du lecteur et de l'écrivain, en tant qu'espace à découvrir. Enfermer le sens du texte dans les mots est impossible, car ceux-ci ne le retiennent pas en eux-mêmes, mais ils l'offrent, à chaque fois, à un regard qui, en les prononçant, les ouvre de l'intérieur en magnifiant leur sens. Cette chambre-désert est le livre où l'auteur et le lecteur sont à égale distance du texte, éloignés du désir qui les conduit à vouloir être le seul auteur de ce texte et le seul lecteur de ce sens. Au lieu de cela, ils sont saisis d'une responsabilité envers le texte car sa lecture et son écriture donnent lieu à des variations infinies.

Par conséquent, le livre a la particularité de vivre sa singularité et de trouver un nouvel écrivain qui l'accueille et, encore une fois, le laisse partir sur le chemin de ses mots. 'Où est le chemin?' – s'interroge Jabès '– Le chemin est toujours à trouver. Une feuille blanche est remplie de chemins'.[34] Le chemin est à trouver, car le livre, crypte et désert, a une structure labyrinthique spatio-temporelle du retard; à partir du point final apposé par l'écrivain pour délimiter le contenu, il est impossible de revenir à l'origine du dédale et le seul espoir pour le lecteur est d'en trouver l'issue. Il s'agit d'un mouvement 'va et viens' de l'écriture et de la lecture qui nous permet de feuilleter les pages, que nous soyons écrivains ou lecteurs, car nous sommes tous inclus, voire perdus, dans le livre. Comme dans le labyrinthe sans sortie décrit par Jabès, l'écrivain qui y entre, s'y perd, pour retrouver le sens infini de l'écriture qui l'attend au bout de son effort. 'Le livre est le labyrinthe. Tu crois en sortir, tu t'y enfonces. Tu n'as aucune chance de te sauver. Il te faut détruire l'ouvrage. Tu ne peux t'y résoudre. Je note la

---

méthode de Abraham e Torok et l'écriture de Derrida voir Francesca Manzari, *Écriture derridienne: entre langage des rêves et critique littéraire* (Berne: Peter Lang, 2009), p. 180. Cf. Gisèle Berkman, 'Blanchot, Derrida: l'amitié, la déconstruction, l'écriture', in Monique Antelme, Gisèle Berkman, Christophe Bident (éd.), *Blanchot dans son siècle* (Lyon: Parangon/Vs, 2009), p. 200.
34 Jabès, *Le Livre des Questions*, p. 59.

lente, mais sûre montée de ton angoisse. Mur après mur. Au bout qui t'attend? – Personne'.[35].= Le seul mot que nous écoutons dans ce labyrinthe est l'exhortation blanchotienne 'Viens', car elle est prononcée par un autre, un tout autre, dans la distance de sa lecture possible. Dans ce labyrinthe de l'écriture qui masque sa fin, seul le lecteur peut y trouver la clé, ouvrir la chambre et lire le livre, ce faisant il sort du labyrinthe de l'auteur pour entrer dans le sien, celui de la lecture. L'écriture est délimitée du début à la fin, mais capable de reprendre vie dans ses limites – 'mur après mur' – sur cette crête qui la borde.

Cette structure labyrinthique d'écriture, nous la voyons à l'œuvre dans la relation entre Derrida et Blanchot; en effet, comme le souligne Laporte, les commentaires de Derrida montrent une perte de propriété de l'auteur par rapport à son texte. '"Pas" texte sans propriété, sans propriétaire, accomplit ainsi la dépropriation'.[36] Derrida suit l'écriture de Blanchot au point qu'il n'est plus possible de distinguer le pas de l'un ou de l'autre, car l'auteur réapparaît interprété dans la reprise de ses mots qui ouvrent de nouveaux sens. Les citations de Blanchot, dont Derrida se sert largement, respectent malgré tout l'impossibilité que celui-ci puisse être représenté dans son intégralité, voire entièrement cité. À titre d'exemple, dans *Survivre*, après une longue citation du récit de Blanchot sur la chambre secrète, Derrida s'interroge sur la possibilité de citer un texte et il le fait en délimitant son propre texte entre parenthèses; ainsi un sur-texte, enfermé dans une autre chambre – les parenthèses –, explique-t-il la citation précédente. Si nous le suivons dans ses réflexions, nous retrouvons notre question de la lecture car le problème de la citation intégrale est aussi celui de la lecture. En effet, le texte ne peut pas être lu dans sa totalité et Derrida se demande comment on

---

35   Edmond Jabès, 'Le Retour au Livre', in *Le Livre des Questions* [1965], p. 404.

36   La citation continue en jouant sur la relation spatio-temporelle du retard: 'du moins dans la mesure où il a pour horizon cette formule de Blanchot: 'comme si la douleur avait pour espace la pensée'. La douleur devient l'espace dans la mesure où un certain pas qui rétrocède nous entraîne vers un tout autre temps, vers un passé qui n'a jamais été présente, un passé qui précède donc tout fin de l'homme'. Roger Laporte, 'Nulle part séjournant', in Philippe Lacoue-Labarthe, Jean-Luc Nancy (éd.), *Les fins de l'homme. À partir du travail de Jacques Derrida* (Paris: Hermann, 2013 [1981]), p. 206.

peut citer le texte d'un autre écrivain, lui trouver un espace dans le propre texte en gardant son originalité: 'Comment faire pour tout lire? Et même si l'on pouvait ici tout lire, citer "intégralement" une fois de plus, tout, le tout manquerait encore …'[37] Il y aura, donc, toujours une partie du texte qui échappera à la pleine compréhension, car l'écriture est en retard dans la lecture et repose sur la lecture suivante. Chaque lecture est une modification du texte qui, comme la citation, opère aussi une réécriture car elle limite le texte, en l'insérant dans un autre texte. Par conséquent, il y a un double échange de propriété du texte car l'écriture potentielle du récit de Blanchot surgit, en retard, sous la plume de Derrida, en produisant son achèvement. Comme dans L'arrêt de mort, la chambre, ouverte en l'absence du propriétaire, est occupée par un autre personnage, de même la parole du texte est acceptée par un autre, dans un autre texte, selon le retard qui les structure. Alors, le problème de la citation est résolu, elle s'articule dans le nouveau texte et fusionne avec lui.

Conclusion

Ce que nous avons esquissé par ces trois volets du retard – de l'écrivain envers son travail, du mouvement du lecteur et du livre qui reçoit les deux – montre le retard de l'écriture: l'écriture est donnée dans l'action de son auteur – proximité minimale – qui se retire en laissant l'espace

---

37   Derrida, *Pas*, p. 109. Parmi les premiers à remarquer l'importance de la pratique de la lecture dans la pensée de Derrida, liée aux textes de Blanchot, figure Claude Lévesque qui, dans un texte de 1976, écrit: 'la lecture serait donc un travail, non seulement ce qui travaille le texte, le produisant à nouveau dans un espace toujours différent, mais aussi ce qui est travaillé par le texte, par l'illimité de son opération, se devançant en lui, mis en scène par lui et en lui. Grâce au jeu multiple de l'espacement, l'œuvre se lit et s'écrit elle-même, d'elle-même, comme une machine d'écriture et de lecture, dans laquelle l'interprétation de l'auteur soi-disant, comme lecteur de son propre texte, n'est qu'une pièce ou une fonction inscrite'. Claude Lévesque, *L'étrangeté du texte. Essais sur Nietzsche, Freud, Blanchot et Derrida* (Montréal: VLB éditeur, 1976), p. 132.

pour la lecture – distance maximale. Retard dont l'écrivain peut souffrir et que le poète Dupin exprime par cet espoir éphémère et tragique: 'je hais ceux qui viendront. Ils ne viendront jamais'.[38] L'écrivain attend l'impossible, car celui qui doit venir est en retard et il ne lui sera jamais contemporain. Mathieu Bénézet en commentant ce vers déclare: 'ils sont venus, Jacques, ils sont là autour de toi, avec toi, proches'.[39] Il les voit, lui – le lecteur –, mais Dupin, lui – l'écrivain –, non. Dans cette rencontre différée de l'écrivain et du lecteur nous situons le retard d'un texte envers l'autre qui annule toute forme de possession, car les deux se trouvent fusionnés dans la détonation du livre qui les inclut et qui les accueille en leur donnant la paix à l'instant de la lecture.

> "Explosion", un livre – dit Blanchot –; ce qui veut dire que le livre n'est pas le rassemblement laborieux d'une totalité enfin obtenue, mais a pour être l'éclatement bruyant, silencieux, qui sans lui ne se produirait (ne s'affirmerait pas), tandis qu'appartenant lui-même à l'être éclaté, violemment débordé, mis hors être, il s'indique comme sa propre violence d'exclusion, le refus fulgurant du plausible: le dehors en son devenir d'éclat.[40]

Le livre explose dans la main de l'écrivain et, ce faisant, crée l'espace pour l'événement de la lecture, car cette explosion a produit l'ouverture d'une nouvelle expérience, qui n'était pas prévisible au moment de l'écriture, et qui pourtant est bien nécessaire pour sa compréhension. Comme toute détonation, elle ne peut qu'être entendue en retard, à l'instant où

---

38   Jacques Dupin, *Cendrier du Voyage* (Les Cabanes: fissile, 2006 [1950]), p. 15. Cette phrase de Dupin, interprétée comme la réflexion sur la rencontre manquée avec ses lecteurs, nous renvoie à celle que Sartre applique à Flaubert 'contemporain de ses contemporains' et qui pourtant 'est, tout à la fois, en retard sur eux et en avance', Jean-Paul Sartre, *L'Idiot de la famille. Gustave Flaubert de 1821 à 1857*, 3 vol. (Paris: Gallimard, 1988), I, p. 421, cité par Collamati dans la quatrième partie de son étude dans ce volume.

39   Mathieu Bénézet, *Coudrier du voyage*, in Cohen, Pesquès, *04. 03 Mélanges pour Jacques Dupin*, p. 127.

40   Blanchot, *'Il n'est d'explosion …'*, p. 11. Cf. Leslie Hill, 'Entretien: Sur un désastre obscur', *Espace Maurice Blanchot* [2002], <https://www.blanchot.fr/fr/index.php?option=com_content&task=view&id=57&Itemid=40> [consulté le 02 février 2020].

quelqu'un passe par ce lieu écrit, feuillette ces pages et entame sa lecture. Pour conclure, l'écrivain vit son rôle dans le désert de l'écriture de soi où il a la capacité de laisser des traces de soi-même; en même temps, il disparaît, il (s')est effacé dans le retard de son écriture, par la lecture de l'autre. Parler de l'écriture et de la lecture nous a permis de constater l'importance du lien entre l'autre et le soi; la tâche du livre est de les annuler pour les repositionner dans un lieu jamais habité et toujours en retard pour qu'un mot inattendu jaillisse d'un ruisseau pourvu de sens. Alors, le livre – écrit au temps de l'écrivain – est lu à l'époque du lecteur qui y trouve sa place pour que s'accomplisse le retard de l'écriture.

LILI OWEN ROWLANDS

When the self arrives late, or Didier Eribon's autotheoretical (re)turn

In an interview for *BOMB Magazine*, the philosopher-novelist Tristan Garcia describes how in the mid-2000s, when he set about writing his first novel, 'the contemporary French universe only existed in "general literature", through the prism of what is known in France as "autofiction", the deliberate fusing of autobiography and fiction.[1] He continues:

> The term most often refers to a literary presentation of one's self, beyond reality and falsehood and beyond good and evil, nowadays dealing with a few recurring themes, notably those of family and illness. This is the world of the sad and overly self-conscious liberal individual, who no longer seems to know any experience other than his own and is walled in by what he believes to be the all-powerful subjectivity of his words.[2]

Garcia considers the genre as befitting a blinkered self and trading in a liberal subjectivity untethered from history and community, whose central preoccupation is the personal. Though there remains considerable debate with regard to autofiction's definition, he observes how it has dominated the practice and criticism of life writing in France since Serge Doubrovsky used the term to describe his novel *Fils* – 'fiction, d'événements et de faits strictement réels' – in 1977.[3] What Garcia's critique does not capture, however, is the possibility that autofiction's positioning as the postmodern form might be rooted in its attachment to a popularized psychoanalytic

---

1   Sandra Laugier, 'Tristan Garcia', *BOMB Magazine*, 1 January 2011, <https://bombmagazine.org/articles/tristan-garcia/> [accessed 9 January 2020].
2   Ibid.
3   Serge Doubrovsky, *Fils* (Paris: Éditions Galilée, 1977).

understanding of the subject, so that – as Claire Boyle, Isabelle Grell and Annabel Kim – have argued, the genre is perceived as the most 'honest' or 'real' means of depicting the fractured post-Freudian subject whose image of itself is forever lost to the workings of the unconscious.[4] The fiction of autofiction relays the caprices of memory, and the workings of desire and wish fulfilment over a person's story, making tangible the non-coincidence between an author's real-life experiences and their later narrative reconstruction. This imbrication of autofiction and the psycho-analytic conception of subjectivation, while often implicit, manifests in the genre's focus on sexual confession and trauma; in its thematization of self-estrangement and aporia; and in the palimpsestic tendencies of cer-tain autofictional authors who revisit significant past events across mul-tiple texts, reinterpreting their significance in a process that resembles a Freudian 'working through'.[5]

So how might a subject narrate its story if they imagine themselves to be authored differently? Or more precisely, what form might life writing take if this psychoanalytic framework under-describes the particularities of a person's social being? Propelled by these questions, in this chapter I sug-gest that Didier Eribon's *Retour à Reims* (2009), an account of the author's working-class childhood in post-war Reims provides one response.[6] Born in 1953, the son of a factory worker and domestic cleaner, Eribon was the only member of his family to stay in school past fourteen and attend uni-versity. At twenty, he left Reims for Paris where he was able to live more openly as a gay man and pursue an illustrious career in journalism and

4   Claire Boyle, *Consuming Autobiographies: Reading and Writing the Self in Post-war France* (Oxford: Legenda, 2007), pp. 18–19; Isabelle Grell, *L'Autofiction* (Paris: Armand Colin, 2014), p. 11; Annabel L. Kim, 'Autofiction Infiltrated: Anne Garréta's *Pas un jour*', *PMLA*, 133 (2018), 559–74 (p. 563).

5   This palimpsestic inclination can be seen across Christine Angot's *L'Inceste* (Paris: Stock, 1999) and *Un Amour impossible* (Paris: Flammarion, 2015), and in Camille Laurens' *Phillipe* (Paris: P.O.L., 1995) and *Cet absent-là* (Paris: Gallimard, 2006). Serge Doubrovsky compares the possibilities of self-fictionalization that autofiction affords an author to 'la cure', in 'Autobiographie/Vérité/Psychanalyse', *L'Esprit Créateur*, 20 (1980), 87–97 (p. 96).

6   Didier Eribon, *Retour à Reims* (Paris: Flammarion, 2010).

academia. Inaugurated by the death of his father, *Retour à Reims* traces Eribon's physical return to the housing estate on which he grew up after two decades of absence, where his remaining family, from whom has remained estranged for most of his adult life, continue to live. This event prompts Eribon, a *transfuge de classe* and a prominent theorist of sexuality, to make a second, psychic return to his younger self, which leads him to reconsider why it was that these familial ties were severed beyond the fact of his parents' homophobia, to interrogate the indescribable discomfort he has long harboured about his past and to try to apprehend the paradoxes of his parents' self-image, their longings, ambivalences and more recent turn to the political far-right. Thus, at the centre of Eribon's text is an anxiety about his absence of self-knowledge, a nescience whose interrogation exceeds the parameters of introspection offered by a psychoanalytic diagnostic of subjectivity, requiring a distinct form of self-narration. The narrative hence dilates to incorporate broader discussions of class, social mobility and the rise of the French far-right as imbricated in the turn to neoliberalism and the decline of the Left. Consequently, *Retour à Reims* is a deeply intertextual and argumentative text, one that incorporates and adapts pre-existing theoretical concepts and literary texts, but also transforms them through their assimilation with the personal.

This chapter hereby claims *Retour à Reims* in a growing corpus of works that have come to be known as 'autotheory' – a portmanteau term increasingly used to describe texts which variously combine autobiography with critical theory and philosophy. When Maggie Nelson used the term on the back cover of her bestselling book *The Argonauts* in 2015, autotheory gained considerable critical attention.[7] Though autotheory is generally taken to be a North American phenomenon whose origins are tied to the second-wave feminist emphasis on embodied experience and standpoint epistemology, I consider *Retour à Reims*'s autotheoretical dimensions as

---

7   Maggie Nelson, *The Argonauts* (Minneapolis, MN: Graywolf Press, 2016). On the uptake of 'autotheory' as a generic category, see the special issue *Autotheory Theory*, ed. by Robyn Wiegman, *Arizona Quarterly Review*, 76:1 (Spring 2020) and Lauren Fournier, *Autotheory as Feminist Practice in Art, Writing, and Criticism* (Cambridge, MA: MIT Press, 2020).

staked to Eribon's refusal of psychoanalytic introspection: he takes himself to be, at least in part, more decisively shaped by a social verdict which precedes him. It is the effect of this temporal lag not on memory alone, but on the interpretive schema with which he can at last apprehend himself, that leads him to adopt an autotheoretical self-narration.

Judith Butler's writing on the self's opacity is germane to my argument. Building on the ideas established in *The Psychic Life of Power* (1997), which foreground subjectivation as a process of submission to an external regime of power, in *Giving an Account of Oneself* (2005), Butler synthesizes a number of seemingly incompatible theorists: those, like Michel Foucault and Theodore Adorno, who situate the subject's resistance to self-reckoning in the way that the social order and its norms precede its emergence, and those, such as Emmanuel Levinas and Jean Laplanche, who emphasize the subject's exposure to the other and to the otherness of language as dispossessing the self of its story.[8] In so doing, and though Butler never completely abandons the psychoanalytic, they relocate the unknowability of the self from the inner-world of the unconscious and its desires, to the external world and its structures, arguing that as soon as the self comes into being it is always already interrupted and constrained by conditions which necessarily precede it, and which define the limits of who it can become. Butler writes: 'my narrative begins *in media res*, when many things have already taken place to make me and my story in language possible. And it means that my story always arrives late.'[9] As such, they continue, 'I am interrupted by my own social origin, and so have to find a way to take stock of who I am in a way that makes clear that I am authored by what precedes and exceeds me.'[10] This temporal paradox manifests in the structure of *Retour à Reims*: the first half of the text is dedicated to discussion of Eribon's grandparents and parents, to the houses where they lived and the jobs that they did. That Eribon is not born until almost hundred pages

---

8   Judith Butler, *The Psychic Life of Power* (Stanford, CA: Stanford University Press, 1997) and *Giving an Account of Oneself* (New York: Fordham University Press, 2005).

9   Butler, *Giving an Account of Oneself*, p. 39.

10   Ibid., p. 82.

into his autobiography hereby literalizes Butler's idea that the self begins *in medias res*.

From here, my reading of *Retour à Reims* moves in two stages that loosely follow the arc of Butler's argument: firstly, I show the explanatory force of theory to Eribon's story, the way it can elucidate the social world into which a subject arrives, making sense of those parts of the self that have heretofore resisted interpretation; and, secondly, I argue that Eribon's use of theoretical intertexts and footnotes performs the way in which discourse and language fix the self from the outside. While at the text's close Eribon is confident in the conclusions he has drawn in order to explain his 'miraculous' escape from Reims, I claim that there is still a residual unknowingness in his narrative – one that can be addressed by the infinitude and openness of theory. More generally, this chapter joins a body of scholarship concerned with autotheory's French iteration and its relation to autofiction.[11] Yet, to proceed the interests of this chapter, I want to first lay out autotheory's origins in Anglo-American feminist writing; the genre's relevance to *Retour à Reims* as a self-professed Bourdieusian 'auto-analyse'; and to Eribon's place in the elaboration of French queer theory.

Autotheory, auto-analyse

Like autofiction, autotheory lacks a consensus definition beyond the merging of autobiography with theory: its aesthetic properties and origin story are as liquid as the hybridity of its name implies, encompassing works of theory that take the self as a starting point, and memoirs that

11   See Émile Lévesque-Jalbert, '"This Is not an Autofiction": Autoteoría, French Feminism, and Living in Theory', *Arizona Quarterly* 76:1 (Spring 2020), 65–84, and Vincent Landry, 'L'autofiction théorique chez Virginie Despentes, Wendy Delorme et Beatriz Preciado: un genre trouble' (unpublished master's thesis, Université de Sherbrooke, 2015).

incorporate theoretical references. In most genealogies, Paul B. Preciado's *Testo Junkie* (2008) is invoked as the progenitor of 'autotheory', though the academic Stacey Young is given credit for coining the term 'autotheoretical' in 1997 to describe texts imbricated in the discourse and activism of the North American feminist movement in the 1980s.[12] For Young, autotheories 'present the lives they chronicle as deeply enmeshed in other lives and in history, in power relations that operate on multiple levels simultaneously', while for Maggie Nelson autotheory is a form of 'autobiographical writing that exceeds the boundaries of the "personal"', with theory part of a process of sense-making that lends coherence to the entanglements of queer desire and parenthood as Nelson experiences them.[13] What both Nelson and Young capture here is autotheory's elucidatory potential and the space the genre gives to a narration that links the self to the social order, which when taken together neatly capture Eribon's arc of self-understanding in *Retour à Reims*. Through references to a web of theorists including Michel Foucault, Stuart Hall, Pierre Bourdieu and Eve Kosofsky Sedgwick, Eribon returns to the scene of his working-class upbringing to interrogate the material conditions of his family and childhood, and the unexamined affective consequences of his social mobility. The text thus marks a turn in Eribon's trajectory towards autobiographical work and away from the 'pure' queer theory and intellectual criticism with which he has come to be associated. Indeed, since the success of his biography of Foucault in 1989, Eribon has consistently examined questions of gay identity, paying particular attention, firstly, to subjectivation in *Réflexions sur la question gay* (1999) and, secondly, to the latent homophobia of psychoanalytic discourse in *Une morale du minoritaire* (2001) and *Échapper à la psychanalyse* (2005).[14]

12   Paul B. Preciado, *Testo junkie: sexe, drogue et biopolitique* (Paris: Grasset, 2008); Stacey Young, *Changing the Wor(l)d: Discourse, Politics, and the Feminist Movement* (New York: Routledge, 1997).

13   Young, *Changing the Wor(l)d*, p. 69; Micah McCrary, 'Riding the Blinds: Micah McCrary Interviews Maggie Nelson', *Los Angeles Review of Books*, 26 April 2015, <https://lareviewof- books.org/article/riding-the-blinds> [accessed 7 June 2020].

14   Didier Eribon, *Michel Foucault, 1926–1984* (Paris: Flammarion, 1989).

Despite Eribon's public profile, and while *Retour à Reims* has enjoyed significant popular success – having been adapted into a successful stage play by Thomas Ostermeier in 2018, a feature film in 2021 and translated into more than ten languages – it has attracted relatively little critical discussion.[15] Those scholars who have engaged with the text tend to do so at the level of argument, treating it as a work of sociology or political theory and not as a work of life writing.[16] This is likely encouraged by the facts of Eribon's biography (in 2009 he was made professor of social sciences and philosophy at the Université de Picardie Jules Verne in Amiens) and by *Retour à Reims*'s paratextual positioning, with the text's blurb labelling it 'un grand livre de sociologie et de théorie critique'.[17] Nevertheless, the text's opening sentence – 'longtemps, ce ne fut pour moi qu'un nom' – immediately evokes, via Proust, the apotheosis of the literary and, tangentially, the genre of life writing.[18] Furthermore that Eribon's authorial project is initiated by his elderly father's death from Alzheimer's inscribes the text in a rich seam of autobiographical texts interested in the process of mourning and in reckoning with how the violence of the social world can manifest in resentment, hate, shame about one's own parent or family: such as James Baldwin's essay 'Notes of a Native Son' (1955) and Annie Ernaux's *La Place* (1983), both of which Eribon describes as being particularly enabling to his own self-reckoning.

Further complicating *Retour à Reims*'s slippery generic positioning is the influence of Bourdieu's *Esquisse pour une auto-analyse* (2004), a part-autobiographical, part-sociological text that Bourdieu wrote in the

---

15 *Retour à Reims (Fragments)*, dir. by Jean-Gabriel Périot (Jour2Fete, 2021).

16 See Jeremy F. Lane, 'From "Amor Fati" to "Disgust": Affect, Habitus, and Class Identity in Didier Eribon's *Retour à Reims*', *French Cultural Studies*, 23 (2012), 127–40; Paul Bouffartigue, 'Du *Retour à Reims* au Retour des classes sociales: Notes à partir du livre de Didier Eribon', *La nouvelle revue de travail*, 3 (2013), <http://journals.openedition.org/nrt/1231>; <https://doi.org/10.4000/nrt.1231> [accessed 7 June 2020].

17 Eribon, *Retour à Reims*, back cover.

18 Eribon, *Retour à Reims*, p. 11; Marcel Proust, *À la recherche du temps perdu I – Du côté de chez Swann*, ed. by Antoine Compagnon (Paris: Gallimard Folio Classique, 2001).

last months of his life, and which Eribon claims as an urtext. In its introduction, Bourdieu outlines a methodology for revisiting the self through a sociological lens, drawing a silent line between his 'autosocioanalyse' and Freud's more famous 'autoanalysis' through pointed reference to what he considers as the transhistorical universality and anachronistic recalibration of Sophoclean tragedy by psychoanalysis.[19] For Bourdieu, 'comprendre, c'est comprendre d'abord le champ avec lequel on s'est fait'.[20] His position chimes with Eribon's contention that 'les mots de la sociologie' are better suited than the Oedipal schema for explaining the affective attachments of a child of working-class origin.[21] It follows that Eribon's descriptions of his family's miseries and immiseration as meted out by the social verdict of class are peppered with a Bourdieusian vocabulary of 'reproduction', 'domination' and 'l'infériorisation sociale'.[22] He writes of his father: 'La clé de son être: où et quand il est né. C'est-à-dire l'époque et la région de l'espace social où se décida ce qu'allait être sa place dans le monde, son apprentissage du monde, son rapport au monde',[23] 'l'usine l'attendait. Elle était là pour lui; il était là pour elle'.[24] Who he could be was inseparable from the kinds of work awaiting him. Eribon's estrangement from his three brothers – a car salesman, a *gendarme* and a butcher – he reframes not as snobbery, dissimilarity or even dislike, but in terms of a deficit of social capital: they did not have the jobs or connections that would help Eribon to move along his desired path. His mother's reluctance to leave his father even after his most violent episodes was prescribed by the laws of class endogamy. And Eribon's discomfort at feeling cleaved apart by two milieus, their different demands, the two different kinds of person he had to perform within them, he apprehends with reference to Bourdieu's notion of the 'habitus clivé'.[25]

19   Pierre Bourdieu, *Esquisse pour une auto-analyse* (Paris: Raisons d'agir, 2004), p. 29. On reading the self-reflexivity of Freud's *Interpretation of Dreams* as autotheory, see Carolyn Laubender, 'Speak for Your Self: Psychoanalysis, Autotheory, and The Plural Self', *Arizona Quarterly*, 76.1 (2020), 39–64 .
20   Ibid., p. 15.
21   Ibid., p. 14.
22   Ibid., p. 50, p. 52, and p. 24.
23   Ibid., p. 35.
24   Ibid., p. 50, my emphasis.
25   Bourdieu, *Esquisse*, p. 127.

Yet, despite a shared sociological approach that privileges exteriority over interiority, and while both narratives recount the particularities of being *transfuges de classe*, Bourdieu's and Eribon's methodologies also diverge significantly. Long wary of the illusiory nature of biography and its promise self-coherence, in *Esquisse* Bourdieu endeavours only to depict events from his life that he judges to be 'pertinents du point de vue de la sociologie'.[26] The text's epigraph reads: 'Ceci n'est pas une autobiographie.'[27] As such, there is very little about his early childhood, nor does he discuss his family beyond the bare minimum, instead his narrative is restricted to the French education system in the early 1950s, his ambivalent yet successful navigation of the *concours* and *khâgne*, the intellectual field of the ENS (where he studied), and later the structure of the French Army during his conscription to Algeria, and his fieldwork there. (In his avoidance of childhood he also cleaves more space between his sociological approach to the self and the psychoanalytic emphasis on infancy.) Yet to Eribon, in rejecting the personal for its proximity to the psychoanalytic, Bourdieu papers over those details that are pertinent to one's subjectivation, such as the formation of his (hetero)sexuality: 'il tait plus de choses qu'il n'en confesse'.[28] The inclusion of the verb 'confesser' hence betrays Eribon's preference for the personal over the purely sociological, while the emphasis on sexuality reveals what is to be its centrality in Eribon's own project of extrospection.

The disparity in their approaches is also born of differing aims: where for Bourdieu, *Esquisse* offers a final chance to historicize the conditions of his intellectual work for younger generations and discourage the emergence of 'unofficial' biographies in the wake of his imminent death, Eribon's autobiographical project is more existential. *Retour à Reims* marks an attempt to resolve the hermeneutic lacuna brought about by the death of his father: 'un deuil dans lequel la volonté de comprendre celui qui venait de disparaître, et de me comprendre moi-même, qui lui survivais, l'emportait sur la tristesse'.[29] Up until his return home, Eribon had explained his rupture with his family as the result of his educational accomplishments and their insurmountable

---

26   Ibid., p. 11.
27   Ibid., p. 5.
28   Eribon, *Retour à Reims*, p. 165.
29   Ibid., p. 18.

ideological differences. While he remained actively on the Left, committing his intellectual life to the study of sexuality and social domination, his family moved from a 'natural' communism to voting for Le Pen's Front National. However this hypothesis is troubled when, following the announcement of his father's death, Eribon is still reluctant to return to Reims, a resistance that leads to the following realization: 'J'avais été un enfant gay, un adolescent gay, et non un fils d'ouvrier.'[30] Returning to Reims for the funeral would be to re-assume an identity with which he remains painfully aligned and from which he has spent his whole life attempting to extricate himself.

A social mirror stage

To reach this conclusion and face down the shame that separated him from his past, Eribon transports his intellectual training in sexuality to the scene of his upbringing. This theoretical shift is facilitated through a synthesis of Bourdieu's emphasis on social verdict, class habitus and attachment, with ideas borrowed from a whole constellation of critical theorists, originating from varied intellectual traditions and contexts.[31] For the 'theory' encapsulated by autotheory, as Robyn Wiegman argues, has a particular geographic resonance and is frequently taken as a referent for the post-philosophical migration of psychoanalysis, Marxism and poststructuralism to North America in the 1980s, where it was cultivated into new post-identity paradigms for thinking sexuality, sex and gender in the 1990s.[32] Eribon's citational web of references, many of which are aligned with these intellectual traditions, hence speaks to both Eribon's reputation, in Bill Marshall's words, as a Transatlantic 'passeur' – a key player in the late importation of queer thought into the French context – and

30   Ibid., p. 28.
31   Ibid., p. 229.
32   Wiegman, 'Introduction', p. 3. On the use of French poststructuralist theory to Anglo-American queer theories, see Claire Boyle, 'Post-Queer (Un)Made in France?', *Paragraph*, 35:2 (2012), 265–80.

to *Retour à Reims*'s investment in a more affect-interested, constructivist and intersectional grammar of subjectivity.[33] Put differently, autotheory is well suited to the subject who takes its incoherence to be produced by domination and difference.

Eribon makes use of George Chauncey's work on the sexual and cultural practices of gay New York to frame his understanding of his formative cruising experiences in Reims: these meeting places forced the social interactions that introduced him to the literature and music that showed him how to be gay.[34] He writes of how Sedgwick's concept of 'epistemological privilege' gave new meaning to his uncomfortable experience of working, while a young man, with a woman who seemed somehow to know, just by looking, that he was gay: 'elle savait ce que j'étais, je savais qu'elle le savait, elle savait que je savais qu'elle le savait'.[35] Stanley Cavell's writings on the 'conversation' of marriage as a comedic but often happy waltz of misinterpretation, denial and theatricalization, becomes a counter-model to his parents' relationship, which remained a continuous dispute where hatred

33 Bill Marshall, 'Introduction', *French Cultural Studies*, 23:2 (2012), 99–103 (p. 99). The genealogy of queer theory's arrival in France is contested: Elliot Evans explains that from 1997, alongside François Gaspard, Eribon convened of a series of seminars on the theme of 'Sociologie des homosexualités' at the École des Hautes Etudes en Sciences Sociales (EHESS) in Paris, which were attended by a number of eminent American queer theorists but whose focus was tied to the development of 'les études gay et lesbiennes' and not queer theory itself, *The Body in French Queer Thought from Wittig to Preciado: Queer Permeability* (London: Routledge, 2020), pp. 1–17. Indeed, Oliver Davis and Hektor Kollias claim the first 'truly' French queer theorist to be Sam Bourcier, one of the founding members of the collective known as le Zoo – which formed in 1996 with the aim of disseminating, translating and discussing queer theory from outside of the university context through drag workshops, seminars and 'zaps' (performative interventions), 'Editors' Introduction,' *Paragraph*, 35 (July 2012), p. 140. That the ÉHESS seminars were the target of one such zap neatly exemplifies the antagonisms that characterize queer theory's French importation and institutionalization.

34 George Chauncey, *Gay New York: Gender, Urban Culture, and the Making of the Gay Male World, 1890–1940* (New York: Knopf, 1994).

35 Eribon, *Retour à Reims*, p. 212; Eve Kosofsky Sedgwick, *Epistemology of the Closet* (Berkeley: University of California Press, 1990).

was a way of life. The climate of exclusion, exile and human negativity contained in Foucault's *Histoire de la folie* spoke to Eribon's painful and private agonies, the silence in which his sexuality and class origins were enshrined. 'J'y reconnais quelque chose de moi: j'ai vécu ce qu'il écrit, et qu'il avait vécu avant moi.'[36] It is via this critical idiom that Eribon is able to see and narrate himself anew.

The inadequacy of a straightforwardly sociological or psychoanalytic framework to account for Eribon's early life is also exemplified in one notable scene. Aged 4 or 5, he remembers watching, fearful, as his drunken father violently threw empty bottles against the kitchen wall for no discernible reason. This violence provides Eribon with a portentous image of his likely fate: a man emasculated by capital, burdened by precarity, with violence filling in for a lack of real power. Reframed as 'un stade de miroir social', Eribon here relays both the belatedness of realizing his place in the social order, as well as his resolute opposition to the explanatory force of psychoanalysis and 'le règne d'Œdipe' (which might otherwise explain this scene in terms of a weakening of the paternal imago, or even the 'key' to Eribon's homosexuality).[37] What psychoanalysis fails to capture, for Eribon, is that the discomfort he felt as a child does not belong to the realm of trauma but to the drama of interpellation: 'une reconnaissance de soi comme ce que l'on est et ce qu'on va être.'[38] But the disgust of interpellation, the surfeit of affect released by this moment, also instils in Eribon a refusal of this destiny. As Jeremy Lane points out, Eribon's insistence on

36   Eribon, *Retour à Reims*, p. 224.
37   Ibid., pp. 96–97. In *Landscape for a Good Woman*, Carolyn Steedman's own lucid and autotheoretical memoir of her working-class childhood in South London, she conveys a similar sentiment about how the mental life of the working class cannot be fully apprehended by psychoanalysis, which despite being received as a universal theory, sprang forth from Freud's case studies of the Viennese bourgeoisie: the 'delineation of emotional a psychological selfhood has been made by and through the testimony of people in a central relationship to the dominant culture, that is to say by and through people who are not working class', (London: Virago, 1986), p. 75, p. 11.
38   Eribon, *Retour à Reims*, p. 97.

shame's 'énergie transformatrice' is clearly informed by Sedgwick's writings on the role of shame in the refiguration of self-affirming queer identities.[39]

More generally and implicitly, as Rita Felski also insists, Eribon's emphasis on affect when combined with his theoretical dexterity does a great deal of explanatory work in rendering his family's paradoxical class position and material desires intelligible.[40] As a Trotskyist teenager, Eribon was perplexed and embarrassed at his parents' longing for a faux leather sofa and a Formica table; their envy did not accord with Marxist doxa. With hindsight and a new theoretical armature, he recasts their perpetual verbalization of 'having' as a performance of economic comfortableness, even if, as a form of Berlantian 'cruel optimism', their attachments to the material world preclude what would in reality give make their lives better.[41] And hardship shaped his father's personality: periodic unemployment injured his masculine sense of honour, the responsibilities he bore at a young age played out in drinking and infidelity, his racism percolated as the influence of the Communist Party waned. In short his father's 'semi-folie', his incapacity to sustain emotional relationships is to be understood as 'l'effet de cet être-au-monde si précisément situé'.[42] For Felski, this emphasis on the discontinuity between orthodox Marxism and the mental life of the working-class marks a major innovation, with Eribon showing how 'there is no necessary correspondence between someone's social or economic position and their political beliefs'.[43] In this way, *Retour à Reims* also demonstrates how theoretical concepts can occlude just as they can reveal: take for example how Deleuze's description of the Left as being chiefly concerned with the horizon, as having an essential internationalism, is countered by

---

39   Lane, 'From "Amor Fati" to "Disgust"', p. 134.
40   Rita Felski, 'Recognizing Class', *New Literary History*, 52:1 (Winter 2021), 95–117 (pp. 96–97).
41   Lauren Berlant's notion of 'cruel optimism', while developed in the North American, explains peoples' continued longing for the unachievable and fantastical 'good life', even as the capitalist political system has, since the 1980s, failed to deliver on its promises of opportunity and plenitude, *Cruel Optimism* (Durham, NC: Duke University Press, 2011).
42   Eribon, *Retour à Reims*, p. 35.
43   Felski, 'Recognizing Class', p. 109.

Eribon's family.[44] For them, precisely the inverse was true: their world was what they had or did not have in their home compared to the neighbours.

Stigmata

In his account of *Retour à Reims*, Oliver Davis is particularly critical of Eribon's dispassionate, theoretically informed self-abstraction, which he considers to do little more than screen the negative affect that had disabled Eribon's thinking about his family and his father, in particular.[45] This argument Eribon himself admits in the text's conclusion: 'je savais qu'un tel projet [...] ne peut se mener à bien qu'à travers la médiation, je devrais dire le filtre, des références culturelles: littéraires, théoriques, politiques'.[46] But beyond theory's elucidatory or even screening function, I want to suggest it also has a representational one, wherein citation becomes a materialization of Butler's contention that the subject is dispossessed of its own story by language. For Butler, language is always already bound up with pre-existing meaning, and must abide by the laws of grammar, genre or form, which absorb power. Adopting what could be called an 'autotheoretical tenor', Butler writes: 'Discourse never fully expresses or carries this living self. My words are taken away as I give them, interrupted by the time of a discourse that is not the same as the time of my life.'[47] It is hereby ironic (and no doubt deliberate) that in expressing this idea they borrow from Foucault's aphorism, 'le discours n'est pas la vie, son temps n'est pas le vôtre'.[48] In *Retour à Reims*, this idea comes to pass when Eribon explains how the word 'maison' does not really capture

---

44   Gilles Deleuze, 'Gauche', in *L'Abécédaire de Gilles Deleuze* (Éditions de Montparnasse, 2004).

45   Oliver Davis, 'Didier Eribon, Restive Rationalist: The Limits of Sociological Self-understanding in *Retour à Reims*', *French Cultural Studies*, 23 (2012), 117–26 (p. 121).

46   Eribon, *Retour à Reims*, p. 246.

47   Butler, *Giving an Account of Oneself*, p. 36.

48   Michel Foucault, 'Réponse à une question', in *Dits et Écrits I 1954–1975* (Paris: Gallimard, 1994), p. 876.

the concrete box in which he grew up, or how the idea of 'inégalité' is but a euphemism that masks 'la violence nue de l'exploitation'.[49]

The alienating force of language on sexual minorities is one of Eribon's longstanding intellectual preoccupations. As he writes in *Réflexions sur la question gay*: 'on est parlé par le langage autant qu'on le parle'.[50] His thesis, that to be gay is to 'entrer dans cette catégorie préalablement définie et stigmatisée par ces mots d'insulte', is transmuted into *Retour à Reims*, where it speaks to the question of insult and class, and is embodied by Eribon's own autobiographical experience.[51] 'Pas normal', 'étrange', 'bizarre'; homophobic insult followed Eribon everywhere, through the school corridors and the streets where he lived, and its power comes from the past, from the fact that others have been called 'pédé' before him.[52] He writes:

> Nous arrivons dans un monde où la sentence a déjà été rendue, et nous venons, à un moment ou à un autre de notre vie, occuper la place de ceux qui ont été condamnés à la vindicte publique, à vivre avec un doigt accusateur pointé sur eux, et à qui il ne reste qu'à tâcher tant bien que mal de se protéger d'elle et de réussir à gérer cette 'identité pourrie', comme le dit le sous-titre anglais du livre d'Erving Goffman, *Stigmate*.[53]

Here, describing how the self assumes a subject position that precedes, Eribon uses a citation that, with reference to Goffman's 1963 text, literally comes from the past. The impress of language's otherness is performed on the page.

In *Retour à Reims*, this observation is transposed to another memory from his early childhood, when he was made to wait in the kitchen of a large and wealthy house that his mother was charged with cleaning. Eribon overhears the house's owner reproach his mother for her tardiness, the poor quality of her work and, as he later elaborated in an interview, even accusing her of stealing.[54] This moment overwhelms Eribon, fomenting

---

49 Eribon, *Retour à Reims*, p. 43, p. 85.
50 Didier Eribon, *Réflexions sur la question gay* (Paris: Flammarion, 2012), p. 106.
51 Eribon, *Retour à Reims*, p. 202.
52 Ibid., p. 91.
53 Ibid., p. 223.
54 Didier Eribon, 'Les Révoltes sont toujours d'actualité', interview with Mathieu Carbasse, in *Retours sur Retour à Reims* (Paris: Éditions Cartouche, 2014), pp. 11–37 (p. 24).

in him the humiliation of belonging to a world that others reproach – a feeling which recurs at school when a teacher tells Eribon: 'Vous n'irez pas plus loin que la seconde.'[55] Through these two scenes, Eribon illustrates the following: the temporality of a social verdict; the affective impress of class conflict; but also how language can leave an indomitable trace on the subject, engraving in them the parameters of who they are permitted to become. These incidents of insult also then go some way in addressing the discomforting aporia Eribon describes in the text's opening, why it was that he felt profoundly embarrassed to write his father's occupation – 'manœuvre' – on official forms: words served as reminders of the world he had both belonged to and shunned.[56]

Intertextuality in *Retour à Reims* thus draws attention to the effects of language on the subject, its coming-into-the-world as *assujetti*, but it is also a method for rendering how Eribon remade himself through reading. In his important account of French autobiography, Michael Sheringham observes that the impulse to tell 'one's story in language' is a common theme in life writing to the extent that most autobiography 'engages with ideology, with ideas, beliefs, and taxonomies which are held to have explanatory force and wide application in human affairs'[57] As a *transfuge de classe*, for Eribon this dynamic is protracted: the writings of Marx and Sartre (a crude author, according to his mother) were Eribon's means to escape Reims, while reading *Le Monde* ('un journal de curé', according to his father) was a way of imbibing middle-class ideology.[58] By consciously adopting a new discourse that did not belong to him, Eribon propelled himself through the French education system. Of this process, he writes: 'Je m'inventai une culture, en même temps qu'une personnalité et un personnage.'[59] Citation performs Eribon's *embourgeoisement*:

---

55   'La seconde' is equivalent to Year 11 in the British education system. Eribon, *Retour à Reims*, p. 164.

56   Eribon, *Retour à Reims*, p. 56.

57   Michael Sheringham, *French Autobiography: Devices and Desires, Rousseau to Perec* (Oxford: Oxford University Press, 1993), p. 165.

58   Eribon, *Retour à Reims*, p. 89.

59   Ibid., p. 179.

Réapprendre à parler fut tout autant nécessaire: oublier les prononciations et les tournures de phrases fautives, les idiotismes régionaux (ne plus dire qu'une pomme est 'fière', mais qu'elle est 'acide'), corriger l'accent du Nord-Est et l'accent populaire en même temps, acquérir un vocabulaire plus sophistiqué, construire des séquences grammaticales plus adéquates ... bref, contrôler en permanence mon langage et mon élocution.[60]

This passage exemplifies an important coda to Butler's contention that there are two temporalities at stake in questions of subjectivation: the first, as I have already staked out, is the way the social order and its incumbent regime of power exist prior to the subject; the second is how subjectivation is also the 'willed effect' of a subject, the means by which a subject can go on to become 'the guarantor of its resistance and opposition'.[61] In other words, though a subject's becoming is contoured by the social world, it is not fully contained by power, and in this gap – however slim – lies the transformative potential for a subject to re-imagine its identity. Eribon ventriloquizes this idea when he writes: 'on se reformule, on se recrée [...] mais on ne se formule pas, on ne se crée pas'.[62]

Therefore, while it is not unusual for autobiographies to make reference to childhood reading and, in Sheringham's words, 'the influences [books] are supposed to have had' on the narrator's life', Eribon's life in books takes on a valence quite different to the kind Sartre narrates in *Les Mots*, which as Eribon points out, reconstructs *ex post facto* a predestination towards the philosophical life.[63] Rather, *Retour à Reims* narrates how a fleeting mention of Samuel Beckett's novels by a high-school crush taught Eribon to want to know about literature, and how his desire for this boy that dissuaded him from rejecting culture *tout court*. Because his family did not own any books, Eribon never read canonical texts like *War and Peace* or *Les Misérables* (as most French teenagers of the bourgeoisie did), instead he formed his own ersatz canon that included Marguerite Duras's *Détruire, dit-elle* and Simone de Beauvoir's memoirs, with his fascination

60   Ibid., p. 108.
61   Butler, *The Psychic Life*, p. 14.
62   Eribon, *Retour à Reims*, p. 229.
63   Sheringham, *French Autobiography*, p. 165.

for the neighbourhoods that Beauvoir mentions partly spurring his eventual move to Paris. He discovered Jean Genet on the bookshelves of gay men who he accompanied home from the cruising spots of Reims, and it was *Notre-Dame-des-Fleurs* that encouraged Eribon to accept his sexuality with pride and 'transmu[er] les crachats en roses, les attaques verbales en une guirlande de fleurs'.[64] So unlike Jean-Jacques Rousseau's famous account of his childhood reading in *Confessions*, the books mentioned in *Retour à Reims* do not bear an unconscious and straightforward causal relation to Eribon's adult personality. Reading was instead a concerted form of self-transformation, a synthetic acculturation. One passage in particular encapsulates this process:

> Nous pouvons ranger *Histoire de la folie*, sur les rayons de nos bibliothèques, ou plutôt de nos 'sentimenthèques', selon le mot forgé par Patrick Chamoiseau pour désigner les livres qui nous 'font des signes' et nous aident à combattre en nous-mêmes les effets de la domination [...].[65]

What we have here is a citational *mise-en-abyme* that elucidates the influence of Foucault's text on Eribon's self-transformation with reference to a concept – Chamoiseau's 'sentimenthèque' – formulated by a different author. These referencing mark out to the reader Eribon's journey in theory at the same time as a tying the self to a community of other voices that underscore the self's fundamental relationality and contingency.

Foucault or psychoanalysis

In essence, *Retour à Reims* performs with relation to class, the self-recreation that Eribon catalogues concerning his sexuality. For if, as he describes, 'la sortie du placard sexuel, le désir d'assumer et d'affirmer [son]

64   Eribon, *Retour à Reims*, p. 228.
65   Ibid., p. 226.

homosexualité, coïncidèrent dans [son] parcours personnel avec l'entrée dans ce qu'[il pourrait] décrire comme un placard social [...],' *Retour à Reims* marks the slow process of his coming out of the 'class closet' to make known to himself and to others the reality of his social origins.[66] That this process took so long, Eribon told one interviewer, is partly a question of the interpretative apparatuses available to him at any given time. The prevalence of queer theory facilitated his coming to terms with his sexuality at an earlier age, but the 'quasi-disparition' of Marxism from political discourse during the 1980s and 1990s entailed that his return to Reims was belated: 'C'est pourquoi ce chemin-là a été plus long à accomplir pour moi.'[67]

The verb 'accomplir' and Eribon's use of the *passé composé* here are telling, for they suggest that with the text's publication he considers the work of 'taking stock' to be complete. It is this tone of self-assurance that Oliver Davis takes issue with arguing that the text's sociologism is 'mortiferous' and that its theoretical conclusions only work to cleave an even greater difference between Eribon and his origins.[68] Though Davis's remarks are bound up with a broader argument concerning the mistake of Eribon's binarism – 'c'est Foucault ou psychanalyse'[69] – and the nature of Eribon's activism (Eribon was particularly supportive of the campaigns for gay marriage during the PaCS debates of the late 1990s), I agree that there is a feeling of the unfinished about the text.[70] Yet, to me, the text's partiality does not betray Eribon's hamartia but further enacts Butler's insistence on the self's infinite unknowingness: no amount of introspection will compensate for the temporal lag, the way that the self can never catch up with itself. The world, as Eribon insists, continually reminds the subject of who they are, of what they are perceived to be: 'le monde nous lance à chaque instant des rappels à l'ordre qui réactivent les sentiments qu'on

66   Ibid., p. 22.
67   Didier Eribon, 'La Résistance est première', interview with Urs Urban, in *Retours sur retour à Reims* (Paris: Éditions Cartouche, 2014), pp. 39–94 (pp. 44–45).
68   Davis, 'Didier Eribon, Restive Rationalist', p. 119.
69   Didier Eribon, *Échapper à la psychanalyse* (Paris: Léo Scheer, 2005), p. 86.
70   Davis, 'Didier Eribon, Restive Rationalist', p. 124.

aimerait oublier, qu'on croit parfois avoir oubliés'.[71] And the social order is particularly adept at forming new axes of difference, for deciding who you are so that, in Eribon's words, 'on n'est jamais libre, ou libéré'.[72] In this 'slip', we might read an internal contradiction between the conclusions Eribon arrives at through recourse to theory and his own insistence on the task of understanding the self as a perpetual ascesis. That he later published a 'sequel' to the text, *La Société comme verdict*, in 2013, seems to suggest that Eribon, too, felt there was more about himself to be understood.[73]

Davis is particularly helpful in drawing out some of the aspects of Eribon's selfhood that go unmapped, such as the clear tension between his position as *a transfuge de classe* and his 'preoccupation' with a certain Parisian intellectual scene, and whether Eribon is too quick to overlook the fact of how hatred of one's father is a common experience of gay men across the class spectrum.[74] For Davis, psychoanalysis is particularly well placed to deal with those parts of the self – or rather the psyche – that resist interpretation. But while I share Davis's concern with Eribon's unmitigated rejection of psychoanalysis and his flattening of the psychoanalytic field (especially concerning its capacity to historicize the psyche), it does not necessarily follow that a return to a psychoanalytic register will necessarily attend to these gaps. For what the narrative arc of *Retour à Reims* and Eribon's observation about the paucity of interpretative tools both demonstrate is the capacity of theory and life writing to reinvent themselves in perpetuity, opening up new paradigms for self-interpretation. What, for example, might a consideration of race and 'passing' bring to Eribon's brief discussion of his maternal family, whose darker skin always carried its own mythology?

In *Retour à Reims*, the theory of autotheory abstracts Eribon out of what Garcia identifies as the 'all-powerful powerful subjectivity' of his own words. For if autofiction affords its narrator the freedom of phantasmagorical self-fictionalization, autotheory renders Eribon's sense of un-freedom,

---

71   Eribon, *Retour à Reims*, p. 228.
72   Ibid., p. 229.
73   Didier Eribon, *La Société comme verdict* (Paris: Fayard, 2013).
74   Davis, 'Didier Eribon, Restive Rationalist', p. 122.

how our blossoming and becoming, to return to Butler, take place 'within a crucible of social relations, variously established and iterable, some of which are irrecoverable, some of which impinge upon, condition, and limit our intelligibility within the present'.[75] *Retour à Reims* draws out how theory, when combined with autobiography, can reach backwards to explicate how the self begins *in medias res*, while also acknowledging the provisional status of a subject's position, how the limits that shape a subject can stretch, open-out and be reshaped as the discourse allows more into speakability. It is a method that Butler perhaps anticipates when, with more than a hint of irony, they offer their own solution to the problem of giving an account of oneself: 'When the "I" seeks to give an account of itself. An account that must include the conditions of its own emergence, it must, as a matter of necessity, become a social theorist.'[76]

75   Butler, *Giving an Account of Oneself*, p. 132.
76   Ibid., p. 8.

ALICE LAUMIER

Mémoire de fille d'Annie Ernaux: différer l'écriture, s'attarder sur l'événement

En 2016 Annie Ernaux publie *Mémoire de fille*, un texte qui revient sur deux années de sa jeunesse, de 1958 à 1960. Cette durée, que le texte restitue de manière chronologique, a pour point de départ la colonie de S où la jeune fille est monitrice l'été 1958. Elle y a une première expérience sexuelle, très brutale, avec H le moniteur chef qui, ensuite, la rejette.[1] Assistant à ce qui lui arrive dans un état de stupeur, la jeune fille se sent indéniablement en retard sur cet événement auquel elle est soudainement confrontée. La nuit passée avec H possède, en effet, une dimension manifestement traumatique. Pourtant, le paradigme actuel du trauma, porté notamment par les Trauma Studies, avec la pensée du retard qu'il sous-tend, suffit-il pour saisir la temporalité de l'expérience mais aussi celle de la création dont rend compte *Mémoire de fille*? Certes, la contemporanéité du texte et de la notion de trauma qui, depuis les années 1990, se présente comme 'le nouveau langage de l'événement'[2] nous encourage à la mobiliser. Cependant, il semble que *Mémoire de fille* ne s'y laisse pas réduire. La sociologie, qui imprègne de longue date la pratique littéraire d'Ernaux, est un premier élément de résistance. Si l'apport de la sociologie semble moins prégnant dans *Mémoire de fille*

---

1   De nombreux commentateurs considèrent cette relation sexuelle comme un viol. Annie Ernaux refuse cependant d'utiliser ce terme. Voir notamment l'entretien suivant: Nathalie Collard et Annie Ernaux, 'Annie Ernaux: Ce n'est pas simple d'être une femme', *La Presse*, 17 mai 2016, <https://www.lapresse.ca/arts/livres/201605/17/01-4982487-annie-ernaux-ce-nest-pas-simple-detre-une-femme.php> [consulté le 30/05/2020].

2   Didier Fassin et Richard Rechtman, *L'Empire du traumatisme. Enquête sur la condition de victime* (Paris: Flammarion, 2007), p. 18.

que dans d'autres textes[3] il continue malgré tout à innerver l'appréhension d'un certain nombre de phénomènes, y compris celui du retard. D'autre part, dans ce dernier livre, les rapports entre expérience et écriture (et notamment leurs temporalités) se construisent à travers une variation très riche autour du motif du tard: remis à plus tard, trop tard, tardif, s'attarder. Loin d'être seulement un élément pathogène ou un effet de la domination le retard est partie prenante de la temporalité de l'écriture.

'One moment too late'?[4]

La nuit avec le moniteur chef est un événement dont l'écriture cherche à restituer la grande violence. H est d'une extrême brutalité dans ses gestes[5] comme dans ses mots,[6] il domine le déroulement d'une scène sur laquelle la jeune fille n'a aucune prise. Du début à la fin elle se soumet[7] 'à une loi indiscutable, universelle, celle d'une sauvagerie masculine qu'un jour ou l'autre il lui aurait bien fallu subir. Que cette loi soit sale et brutale, c'est ainsi'.[8] Malgré l'existence de cette 'loi' que la jeune fille accepte comme un

---

3   Nous pouvons penser par exemple à *La Honte* où l'influence de la sociologie configurait non seulement la compréhension des événements mais aussi les modalités narratives.

4   Cathy Caruth, *Unclaimed Experience: Trauma, Narrative, and History* (Baltimore, MD: The Johns Hopkins University Press, 1996), p. 62.

5   'Elle n'a pas le temps de s'habituer à sa nudité entière, son corps d'homme nu, elle sent aussitôt l'énormité et la rigidité du membre qu'il pousse entre ses cuisses. Il force. Elle a mal.', Ernaux, *Mémoire de fille* (Paris: Gallimard, 2016), p. 43. Un peu plus loin on peut également lire: 'Il la fait glisser au bas de son ventre, la bouche sur sa queue. Elle reçoit aussitôt la déflagration d'un flot gras de sperme qui l'éclabousse jusque dans les narines.', ibid., p. 44.

6   'J'aimerais mieux que tu jouisses plutôt que tu gueules.', ibid., p. 43.

7   'Elle a abdiqué toute volonté, elle est entièrement dans la sienne.' ou encore 'Elle ne fait que ce dont il a envie.', ibid., p. 45.

8   Ibid., p. 45.

destin inexorable et qui tend à 'normaliser' la violence qu'elle subit, l'événement ne crée pas moins chez elle un état de stupeur: 'Je suis incapable
de trouver dans ma mémoire un sentiment quelconque, encore moins une
pensée. La fille sur le lit assiste à ce qui lui arrive et qu'elle n'aurait jamais
imaginé vivre une heure avant, c'est tout.'[9] L'événement semble d'une certaine façon en avance sur sa capacité à le comprendre et à y répondre. Cette
confrontation trop soudaine avec 'le sexuel pur',[10] et l'effarement que cela
produit, évident l'événement de toute signification. Littéralement, de ce
réel la jeune fille 'n'en revient pas': 'À partir du moment où elle l'a quitté,
toute l'incrédulité de ce qui a eu lieu lui est tombée dessus. Elle n'est pas
sortie de la stupeur, en proie aussi à l'ébriété de l'événement [...].'[11]

La violence de l'événement s'apparentant à un viol,[12] l'effarement qu'il
suscite chez la jeune fille incapable de réagir sur le moment,[13] mais aussi les
symptômes qu'il provoquera plus tard, les troubles alimentaires et l'amé-
norrhée, nous encouragent à mobiliser la notion de trauma. Le motif du
retard qui semble ici caractériser l'expérience peut d'ailleurs faire écho
aux propositions théoriques de Cathy Caruth, l'une des fondatrices des
Trauma Studies: 'The pathology consists, rather, solely in the structure
of its experience or reception: the event is not assimilated or experienced
fully at the time, but only belatedly, in its repeated possession of the one
who experiences it.'[14] Ainsi, ce qui caractériserait l'expérience traumatique
serait son incomplétude: l'événement n'est 'assimilé' qu'avec un temps de
retard – 'one moment too late'[15] – et c'est seulement en différé que ses effets

---

9   Ibid., p. 44.
10   Ibid., p. 45.
11   Ibid., p. 46.
12   Depuis l'inscription dans le *Diagnostic and Statistical Manual of Mental Disor-
       ders* des troubles de stress post-traumatiques en 1980, la définition du trauma est,
       du moins en psychiatrie, éminemment événementielle. Le viol et les agressions
       sexuelles font partie des événements traumatiques listés par le manuel.
13   L'incapacité à réagir fait partie des critères qui entrent en jeu dans le diagnostic
       d'un trouble de stress post-traumatique.
14   Caruth, *Trauma: Explorations in Memory* (Baltimore, MD: The Johns Hopkins
       University Press, 1995), p. 4.
15   'The shock of the mind's relation to the threat is recognized as such by the mind
       one moment too late. The shock of the mind's relation to the threat of death is

se manifesteraient. Depuis les toutes premières élaborations théoriques du trauma psychique le décalage temporel entre l'événement et ses effets est envisagé comme un temps de latence. D'abord apparentée à l'idée de période d'incubation sur le modèle des maladies organiques, la notion de latence s'est largement enrichie avec le développement de la psychanalyse et la pensée de l'inconscient. La latence entre alors en jeu dans les processus de refoulement et de retour du refoulé. Caruth, tout en se revendiquant systématiquement de Freud, s'écarte pourtant de cette conception: 'The experience of trauma, the fact of latency, would thus seem to consist, not in the forgetting of a reality that can hence never be fully known, but in an inherent latency within the experience itself.'[16] Cette 'latence inhérente' à l'expérience traumatique (qui n'a plus rien à voir avec le refoulement) explique que dans la confrontation la plus directe à la réalité de l'événement, paradoxalement c'est toujours avec un certain retard que celui-ci est reconnu comme tel. Dans ce contexte, le retard acquiert une valeur éminemment pathogène. Il provoque la fragmentation du sujet (en retard par rapport à un événement qu'il n'a pas assimilé) et produit une temporalité livrée aux effets différés du trauma, soumise à la répétition traumatique.

---

thus not the direct experience of the threat, but precisely the missing of this experience, the fact, not being experienced in time, it has not yet been fully known.', Caruth, *Unclaimed Experience*, p. 62.

16   Caruth, *Unclaimed Experience*, p. 17–18. Ruth Leys commente la relation ambivalente de Caruth à Freud: 'It is important to realize from the outset the extent to which Caruth reconfigures Freud's concept of deferred action. As I observe in chapter 1, for Freud, the temporal logic of *Nachträglichkeit* problematizes the originary satus of the traumatic event, because according to that logic trauma involves a dialectic nonknowledge or "forgetting" and latency through which sexual past is determined as traumatic by retroactive conferral of meaning. Caruth attempts to appropriate's Freud concept of *Nachträglichkeit* by emphasizing exclusively its temporal aspect – the idea that owning to the individual's lack of preparedness the threat to life that defines trauma "is recognize as such by the mind one moment too late. The shock of the mind's relation to the threat of death is thus not the direct experience of the threat, but precisely the missing of this experience, the fact that, not being experienced in time, it has not yet been fully known"', Ruth Leys, *Trauma: A Genealogy* (Chicago: University of Chicago Press, 2000), p. 271.

Jusqu'à un certain point le texte littéraire et la théorie du trauma de Caruth entrent en résonance. D'une part, dans *Mémoire de fille* l'écriture tente effectivement se s'approcher au plus près de cette expérience de la stupeur – ce retard du sujet sur ce qui lui arrive – caractéristique du trauma et, rétrospectivement, cherche à la relier à un certain nombre de symptômes qui en seraient la manifestation. D'autre part, ce ne seraient qu'en différé, et à travers la littérature, que l'événement paraît pouvoir être compris ou assimilé. En 2005, Ernaux écrivait:

> À dix-sept ans, je me suis retrouvée dans un lit avec un garçon toute une nuit. Il y a une expression pour dire exactement la force et la stupeur de l'événement, ne pas en revenir. Au sens exact du terme, je n'en suis jamais revenue, je ne me suis jamais relevée de ce lit.[17]

En 2016, *Mémoire de fille* semble avoir permis de 'désincarcér[er] la fille de 58' et de 'cass[er] le sortilège qui la retenait prisonnière depuis plus de cinquante ans dans cette vieille bâtisse'.[18] L'écriture, en mettant l'expérience en mots, semble bien agir sur l'événement traumatique et provoquer une remise en mouvement: 'désincarcérer la fille de 58' ce serait se relever enfin du lit où a eu lieu la nuit avec H. Dans *La Honte*, il s'agissait déjà pour l'auteure de 'faire bouger' la scène traumatique de la violente dispute entre les parents, figée pour la mémoire comme pour le langage.[19]

Ainsi, pour le chercheur en littérature, ne serait-ce pas être soi-même en retard sur son temps que de ne pas adhérer pleinement au paradigme du trauma, avec l'évidence actuelle qui le caractérise, pour lire un texte lui-même contemporain? Peut-être que oui … Cependant, non seulement le texte d'Ernaux entretient avec sa propre époque des relations complexes, réaffirmant sans cesse l'insuffisance du 'regard d'aujourd'hui' pour comprendre l'événement de 1958,[20] mais par ailleurs, il me semble que le motif du retard déborde la saisie qu'en propose la théorie du trauma. Le retard continue dans *Mémoire de fille* à être l'objet d'une compréhension sociologique

17 Ernaux, Michel Marie, *L'usage de la photo* (Paris: Gallimard, 2005), p. 170.
18 Ernaux, *Mémoire de fille*, p. 79.
19 Ernaux, *La Honte* (Paris: Gallimard, 1997), p. 30.
20 Ernaux, *Mémoire de fille*, p. 57.

qui, si elle ne l'écarte pas totalement, tend à nuancer l'approche psycho-logique impliquée dans la pensée du trauma. D'autre part, le retard n'est pas seulement un agent pathogène. Nous verrons qu'il innerve de manière fructueuse la temporalité des rapports entre expérience et écriture.

'Combler mon retard social'[21]

Dans de nombreux textes d'Ernaux la compréhension du sujet et de ce qui lui arrive est imprégnée de sociologie. Les individus sont formés par des normes, des croyances et une langue qui les précèdent et configurent leur appréhension du monde comme de leur vie la plus intime. Rétros-pectivement, et suivant un projet d'objectivation et de déconstruction du vécu, l'écriture tente d'éclairer la manière dont ces données pèsent sur la compréhension intuitive du vécu et sur la réception des événements, y compris la part qui, en eux, excède justement le sujet. C'est ce dont rend compte *La Honte*:

> J'ai mis au jour les codes et les règles des cercles où j'étais enfermée. J'ai répertorié les langages qui me traversaient et constituaient ma perception de moi-même et du monde. Nulle part il n'y avait de place pour la scène du dimanche de juin. Cela ne pouvait se dire à personne, dans aucun des deux mondes qui étaient les miens.[22]

Ainsi, lorsqu'il s'agit de décrire la jeune fille qui arrive à la colonie, il n'est pas suffisant de dire 'tout en elle est désir et orgueil. Et: Elle attend de vivre une histoire d'amour'.[23] Pour Ernaux ces mots sont 'une définition bonne pour une héroïne de fiction. Il faut continuer, définir le terrain – social, familial, sexuel – où s'épanouissent à ce moment-là son désir et son orgueil, son attente, chercher les raisons de l'orgueil et les causes du rêve'.[24] Comme dans *La Honte*, le 'terrain' n'est jamais mieux mis au jour que par

---

21   Ibid., p. 97.
22   Ernaux, *La Honte*, p. 108.
23   Ernaux, *Mémoire de fille*, p. 25.
24   Ibid., p. 25.

des effets de contraste avec un univers social différent. À propos de la fille de 58 qui arrive tout juste à la colonie, Ernaux écrit:

> Dresser la liste de ses ignorances sociales serait interminable. Elle ne sait pas téléphoner, n'a jamais pris de douche ni de bain. Elle n'a aucune pratique d'autres milieux que le sien, populaire d'origine paysanne, catholique. À cette distance de temps, elle m'apparaît gauche et empruntée, voire mal embouchée, dans une grande insécurité de langage et de manière.[25]

Un peu plus loin elle ajoute:

> Elle n'a jamais vu ni touché un sexe d'homme. (Un souvenir qui mesure l'étendue de son ignorance: une fille de sa classe lui a signalé en ricanant dans l'agenda catholique fourni par le pensionnat une citation de Claudel: 'Il n'y a pas d'autre bonheur pour l'homme que de donner son plein.' Elle n'a pas compris où était l'obscénité.)[26]

À la colonie, la sensation de décalage liée à la fois à l'éducation catholique et au milieu social a tôt fait de prendre la forme d'un retard. Ce retard 'social' était déjà thématisé dans *La Place* et dans *La Honte*:

> Personne à Y ..., dans les classes moyennes commerçants du centre, employés de bureau, ne veut avoir l'air de 'sortir de sa campagne'. Faire paysan signifie qu'on n'est pas évolué, toujours en retard sur ce qui se fait, en vêtement, en langage, allure.[27]

> On n'y est pas vraiment chez nous, parce qu'on ne connaît personne. Les gens paraissent s'habiller et parler mieux. À Rouen, on se sent vaguement 'en retard', sur la modernité, l'intelligence, l'aisance générale de gestes et de paroles. Rouen est pour moi l'une des figures de l'avenir, comme le sont les romans-feuilletons et les journaux de mode.[28]

Appartenir à une classe sociale dominée c'est se sentir constamment en retard et le retard devient un signe manifeste d'appartenance à ce monde. Lorsque la jeune fille arrive à la colonie de S, elle expérimente très vite ce sentiment de 'retard social' qui se doit d'être caché,[29] sinon rattrapé, pour

25   Ibid., p. 26.
26   Ibid., p. 29.
27   Enaux, *La Place* (Paris: Gallimard, 1983), p. 70.
28   Ernaux, *La Honte*, p. 42.
29   Ernaux, *Mémoire de fille*, p. 97.

qu'elle se fasse une place au milieu de ceux dont elle souhaite qu'ils la considèrent comme 'leur semblable'.[30] Les effets de retard qu'expérimente Annie D, et que le texte attribue à son 'ignorance', sont exacerbés, dans le récit, par la nuit avec H. L'expérience du retard, qui est d'abord celle de la classe dominée, est redoublée lorsqu'elle devient celle de la fille confrontée à un autre genre de domination, une domination davantage masculine.

Le retard est thématisé dans les premières pages du texte:

> Il y a des êtres qui sont submergés par la réalité des autres [...]. Un jour, ou plutôt une nuit, ils sont emportés dans le désir et la volonté d'un seul Autre. [...] Ils sont toujours en retard sur la volonté de l'Autre. Elle a toujours un temps d'avance. Ils ne la rattrapent jamais.[31]

Dans ce passage, l'''Autre' prend aussi le nom de 'Maître'. Si dans un premier temps la description de cette relation entre ces 'êtres' et l'''Autre' est extrêmement stylisée, totalement dépouillée de tout ancrage sociologique et historique, rétroactivement, le récit de la relation sexuelle avec H qui a lieu une cinquantaine de pages plus loin, réinscrit cette schématisation dans une réalité située.[32] On comprend dès lors que H occupe la place de cet 'Autre'. D'un passage à l'autre, on retrouve d'ailleurs le terme de 'maître'. Le maître, celui qui domine, est donc aussi le maître de la temporalité: 'La suite se déroule comme dans un film X où la partenaire de l'homme est à contretemps, ne sais pas quoi faire parce qu'elle ne connaît pas la suite. Lui seul en est le maître. Il a toujours un temps d'avance'.[33] La situation de domination, qui combine ici des données sociales mais surtout genrées, est exprimée à travers le motif du contretemps. Celle qui ne maîtrise pas

---

30   Ibid., p. 29.
31   Ibid., p. 11.
32   On peut comprendre la différence stylistique entre ces premières pages, clairement séparées du reste du texte, et les suivantes comme une mise en tensions de deux approches, de deux compréhensions, voire deux interprétations de la relation avec H. Dans *Mémoire de fille*, Ernaux émet en effet le vœu de pulvériser les explications psychologiques et historiques accumulées au cours du temps en faisant le récit de son expérience.
33   Ernaux, *Mémoire de fille*, p. 11.

la situation et ne peut s'y soustraire est systématiquement en retard sur ce qui a lieu. Parce que l'événement excède la capacité de la jeune fille à le recevoir, l'expérience est effectivement caractérisée par le retard. Cependant, le retard semble toujours déjà un effet de la domination.

La vie que mène ensuite la jeune fille à la colonie devient une tentative de rattraper coûte que coûte ce retard. Il lui faut être pleinement 'de son temps', à l'heure du groupe: 'Elle ne veut rien manquer du présent, de la promesse du soir'.[34] A propos de ses relations avec les garçons on peut lire: 'Aucun délai de coquetterie, de remise à plus tard du désir qu'elle a de leur désir'.[35] Malgré les jugements et les railleries qui parfois fendent brutalement cette euphorie du présent, le sentiment de la honte semble absent: 'Je ne vois rien dans cette période qui puisse s'appeler honte.'[36] C'est plus tard, avec l'entrée au lycée Jeanne-d'Arc à Rouen et la vie au pensionnat religieux, que la honte émerge et que le sang menstruel cesse de venir. La jeune fille se sent étrangère, 'lourde et poisseuse au milieu des filles en blouses rose, de leur innocence bien éduquée et de leurs sexes décents'.[37] La honte de l'été passé apparaît donc en même temps que cette confrontation renouvelée à la différence sociale. Dans ce nouvel espace, la décence des filles est un marqueur d'appartenance sociale.

> Descartes, Kant et l'impératif catégorique, toute la philosophie condamne la conduite de la fille de S. Parce qu'elle ne fait aucune place à l'impératif de jouir plutôt que de gueuler, au sperme dans la bouche, aux putains sur les bords, aux règles qui ne viennent plus, toute la philosophie lui fait honte […].[38]

C'est dans l'après-coup, presque rétroactivement, que la honte vient colorer les souvenirs de l'été 1958: 'la honte de la fierté d'avoir été un objet de désir. D'avoir considéré comme une conquête de la liberté la vie à la colonie. […] Honte des rires et du mépris des autres. C'est une honte de fille'.[39]

34   Ibid., p. 58.
35   Ibid., p. 60.
36   Ibid., p. 64.
37   Ibid., p. 86.
38   Ibid., p. 99.
39   Ibid.

Or, pour l'auteure, il semble très difficile de 'consentir enfin' à écrire cette honte-là.[40] On trouve ici un argument de plus pour ne pas souscrire pleinement à la pensée du trauma proposée par Caruth. Ce n'est pas tant que l'expérience sexuelle avec H ne s'est pas inscrite comme événement sur le coup et fait défaut à la représentation, c'est plutôt que le souvenir des événements acquiert dans l'après-coup une dimension qu'ils ne possédaient pas sur le moment: la honte. C'est cette honte qui est particulièrement douloureuse pour la jeune fille. La nuit avec H est indéniablement violente mais l'idée d'un trauma en plusieurs temps souscrit à la conception de *Nachträglichkeit* chez Freud, traduit en français par 'après-coup'.

Remettre l'écriture à plus tard

La mémoire est un élément crucial dans l'œuvre d'Ernaux. Mémoire de l'antécédence que *La Place* entreprend de sauver et de réhabiliter, mémoire du temps vécu à la jonction de l'individuel et du collectif dans *Les Années*,[41] ou encore mémoire intime d'un événement constitutif mais dont l'écriture cherche à faire saillir la dimension impersonnelle. C'est cette mémoire qui occupe *La Honte* et *L'Événement*, mais aussi *Mémoire de fille*. Pourtant c'est sur la question de l'oubli que s'ouvre le texte:

> J'ai voulu l'oublier aussi cette fille. L'oublier vraiment, c'est-à-dire ne plus avoir envie d'écrire sur elle. Ne plus penser que je dois écrire sur elle, son désir, sa folie, son idiotie et son orgueil, sa faim et son sang tari. Je n'y suis jamais parvenue. Toujours ces phrases dans mon journal, des allusions à 'la fille de S', 'la fille de 58'. Depuis vingt ans, je note '58' dans mes projets de livre. C'est le texte toujours remis. Le trou inqualifiable.[42]

Ainsi, ce vœu d'oubli est un échec. La 'fille de 58' est résolument inoubliable et le texte qui parlerait d'elle insiste, tout en se trouvant constamment

---

40   Ernaux, *L'Atelier noir* (Paris: Éditions des Busclats, 2011), p. 11.
41   Ernaux, *Les Années* (Paris: Gallimard, 2008).
42   Ernaux, *Mémoire de fille*, pp. 16–17.

différé. La formule 'c'est le texte toujours remis' est très riche. On comprend évidemment que l'écriture est remise à plus tard cependant l'absence de complément permet d'entendre à la fois les verbes 'remiser' – mettre à l'abri, ranger quelque chose qui est peu ou pas employé – qui ferait écho à l'oubli et 'remettre' qui porte l'idée de la répétition. Ainsi, ce n'est pas seulement la fille de 58 qui possède une 'présence cachée, irréductible' et se montre 'capable à cinquante ans de distance de surgir et de provoquer une débâcle intérieure',[43] l'expérience de la colonie hante en quelque sorte l'écriture qui ne peut l'aborder que de manière oblique ou la reléguer. *Ce qu'ils disent ou rien*, publié en 1977, qui relatait déjà les premières expériences sexuelles de la narratrice, faisait intervenir la figure d'un moniteur et mentionnait l'arrêt des règles comme signe du mal-être adolescent, mais il empruntait les voies de la fiction.

Dans le journal d'écriture qu'est *L'Atelier noir*, c'est à partir de 1983, juste après la publication de *La Place*, qu'on trouve des mentions de '58'. L'année 58 se trouve très souvent reliée à d'autres: '52' qui est au centre du livre *La Honte*; '64' année de l'avortement clandestin que l'auteure raconte dans *L'Événement*. Dans *L'Atelier noir*, la honte, mais aussi la qualité singulièrement douloureuse de ces expériences fondamentales, relient ces années dont le chiffre vient en lieu et place de l'événement lui-même.

> 9 avril 1990
>
> * 1952 (éventuellement, 1958, 1964, une mort aussi d'une certaine façon)[44]
>
> 8 décembre 1994
>
> '52' et '58' relié par la honte.
>
> Deux possibilités:
>
> (a) la honte de 52 (+ honte de 58, douteux)
>
> (b) la honte de 58 (à l'inverse, 52 peut-être contenu dedans)
>
> 'L'année de la honte' en somme.[45]

---

43 Ibid., p. 22.
44 Ernaux, *L'Atelier noir*, p. 81.
45 Ibid., p. 121.

31 janvier 1995

[…] le point commun, c'est la honte ou la transgression – parce que ça va avec – et l'écriture.[46]

Ces notations confirment le lien étroit qui unit ce qui deviendra *La Honte*, *L'Événement* et *Mémoire de fille*. Ces textes se rejoignent sur le fait que la narration se concentre sur un épisode singulier de la vie: la dispute parentale, l'avortement et la première expérience sexuelle. Tous les trois thématisent le motif de la honte et celui de la transgression à travers l'articulation de deux plans profondément interdépendants chez Ernaux: la vie et l'écriture. Si la honte et la transgression caractérisent initialement l'expérience vécue (*La Honte*), la réactualisent (*L'Événement*) ou en renouvellent les données (*Mémoire de fille*), l'écriture elle-même ne cesse de les remettre en jeu.

La rédaction de *La Honte*, puis celle de *L'Événement* s'achèvent respectivement en 1996 et 1999. Ces projets se sont progressivement 'individualisés' jusqu'à donner lieu à des textes complets. Reste '58' dont l'auteure dit que cela la 'taraude'.[47] Une fois que sont réalisés les autres projets d'écriture, il apparaît comme ce qui reste inévitablement à écrire.

Une écriture tardive?

Les Années commençait et finissait sur deux formules articulant le motif de l'oubli et celui de la mort: 'Toutes les images disparaîtront' ouvrait le texte, tandis que 'Sauver quelque chose du temps où l'on ne sera jamais plus' le refermait. La littérature apparaît ici clairement comme œuvre de mémoire, vouée à contrer l'effacement des souvenirs et des êtres, redoublant en quelque sorte le vécu. Avec *Mémoire de fille*, ce 'temps où l'on ne sera plus', la mort donc, semble plus proche et sans doute moins abstrait

46   Ibid., p. 125.
47   Ibid., p. 167.

pour l'auteure, alors âgée de plus de soixante-dix ans. Se fait jour un imaginaire du dernier livre, inédit me semble-t-il chez elle:

> Le temps pour moi se raccourcit. Il y aura forcément un dernier livre, comme il y aura un dernier amant, un dernier printemps, mais aucun signe pour le savoir. L'idée que je pourrais mourir sans avoir écrit sur celle que j'ai très tôt nommé 'la fille de 58' me hante. Un jour il n'y aura plus personne pour se souvenir. Ce qui a été vécu par cette fille, nulle autre, restera inexpliqué, vécu pour rien. Aucun projet d'écriture ne me paraît, non pas lumineux, ni nouveau, encore moins heureux, mais vital […].[48]

Le texte longtemps remis à plus tard se doit de contrer l'éventualité d'un 'trop tard' qu'acterait la mort. Cet horizon donne une coloration singulière au projet d'écriture. Il est impensable que le texte trou le reste, qu'il devienne un trou dans la bibliographie, un trou de mémoire signant l'oubli définitif et irrémédiable de la fille de 58. Ainsi, le projet est 'vital' à plus d'un titre. Il donne sens à une vie qui ne prend pleinement son ampleur qu'écrite. Lié à la vie, il est aussi lié à un certain âge de la vie: la vieillesse. Or, avec *Mémoire de fille*, Ernaux ne se tourne pas vers l'enfance suivant une certaine tradition littéraire où le récit à caractère autobiographique, faisant retour sur l'enfance, vient parachever une œuvre déjà solidement constituée. Dans *L'Atelier noir*, elle note d'ailleurs à propos d'*Enfance* de Nathalie Sarraute: 'N. Sarraute ne sort pas de l'enfance, pas de débordement vers l'adolescence ou l'âge adulte. Évidemment, je déteste cette fermeture'.[49] Avec *Mémoire de fille*, non seulement le texte ne cesse de 'déborder' vers l'âge adulte, traquant la présence irréductible de la fille de 58 jusque dans le présent de la femme qui écrit, mais il s'empare d'une période qui est débordement et tumulte. La jeunesse qui s'y dessine est saisie en négatif du roman d'apprentissage ou de formation. La colonie est un espace ambivalent: l'exaltation, liée à une vie et à une liberté nouvelles, côtoie les humiliations récurrentes, l'immense fragilité se fait indifférence orgueilleuse, l'enchantement est tout autant euphorie désespérée. Il est difficile de circonscrire cette période en un seul mot. En faisant une place centrale au corps et à la sexualité, le texte avance en une zone trouble, pleine de désirs et de sentiments dissonants.

---

48 Ernaux, *Mémoire de fille*, p. 18.
49 Ernaux, *L'Atelier noir*, p. 154.

Si, pour l'auteure, 'l'inconduite' de la jeune fille peut paraître peu de chose en 2015, ses effets, et notamment le sentiment de honte qui en découle, conservent toute la puissance qu'ils ont acquise à travers les jugements d'époque et l'opprobre jetée sur la fille en 1958:

> [...] rien ne peut faire que ce qui a été vécu dans un monde, celui d'avant 1968, et condamné par les règles de ce monde, puisse changer radicalement de sens dans un autre monde. Cela reste un événement sexuel singulier, dans la honte est indissoluble dans la doxa du nouveau siècle.[50]

Pour restituer cette violence l'écriture doit donc se tenir à l'écart de son propre temps. Elle doit en quelque sorte être capable d'oublier les conceptions qui ont cours dans son présent, d'oublier les changements qui ont eu lieu depuis les années 1960 dans la société française. Le choix du pronom 'elle' permet d'accéder à cette violence irréductible. Il ne marque pas seulement la discontinuité de soi dans le temps. Il permet d'aller 'le plus loin possible dans l'exposition des faits et des actes. Et le plus cruellement possible, à la manière de ceux qu'on entend derrière une porte parler de soi en disant "elle" ou "il" et à ce moment-là on a l'impression de mourir'.[51]

Ainsi, Ernaux écrit à propos du projet que représente *Mémoire de fille*:

> Aller jusqu'au bout de 1958, c'est accepter la pulvérisation des interprétations accumulées au cours des années. Ne rien lisser. [...] Est-ce que je n'ai pas voulu, obscurément, déplier ce moment de ma vie afin d'expérimenter les limites de l'écriture, pousser à bout le colletage avec le réel (je vais jusqu'à penser que mes livres précédents ne sont que des à-peu-près sous ce point de vue). Peut-être aussi mettre en jeu la figure d'écrivain qu'on me renvoie, la ravager, m'acharner à dénoncer une imposture, genre "je ne suis pas celle que vous croyez" faisant écho, pour le coup, au "je ne suis pucelle que vous croyez" ricané bientôt par les moniteurs sur mon passage.[52]

'Pulvérisation', 'ne rien lisser', 'expérimenter les limites', 'pousser à bout', 'ravager', 'm'acharner': l'ensemble de ces termes et expressions montrent que l'écriture de *Mémoire de fille* n'a rien d'une entreprise apaisée et

---

50   Ernaux, *Mémoire de fille*, p. 100.
51   Ibid., p. 22.
52   Ibid., p. 56.

dénuée de risque. À nouveau, après des textes comme *La Honte, L'Événement* ou encore *Passion simple*, l'implication totale de soi et la confrontation à un réel brut font partie intégrante de l'écriture.

Il paraît alors intéressant de faire intervenir ici le sens particulier qu'Edward Said a donné au terme 'late' dans son travail sur le 'late style', traduit en français par 'style tardif'. Écartant les œuvres et les auteurs chez lesquels l'âge avancé rime avec sagesse, réconciliation et sérénité, Said se demande:

> Mais qu'en est-il des œuvres tardives d'artistes lorsque, loin d'être synonyme d'harmonie et de résolution des conflits, elles sont au contraire marquées par l'intransigeance, l'effort douloureux, et les contradictions non résolues? [...] Ce à quoi je m'attache ici, c'est cette expérience du style tardif qui implique une tension dénuée de toute harmonie, de toute sérénité [...].[53]

Mémoire de fille est effectivement un texte qui cherche à rendre compte formellement des 'contradictions non résolues', à prolonger une entreprise de transgression, à maintenir à vif quelque chose de conflictuel. Le dispositif des pronoms elle/je en est le signe radical et évident. L'écriture ne cesse de mettre en tension les points de vue sur le passé ou encore différents paradigmes interprétatifs sans jamais résoudre les contradictions qui naissent de leur confrontation. La dimension justement 'inqualifiable' de ce trou autour duquel l'écriture n'a cessé de tourner et dont elle conserve la dimension énigmatique, participe également de cette inquiétude. Le texte remis à plus tard apparaît alors non pas en retard mais tardif et donc paradoxalement 'à l'heure' comme le suggèrent ces remarques sur le terme 'late' dans l'introduction de l'ouvrage de Said:

> Le sens que nous rencontrons le plus souvent équivaut simplement à "too late" ['trop tard'] – plus tard qu'il n'aurait fallu, pas à temps. Cependant, les heures tardives de la soirée, les fleurs tardives, comme aussi les automnes tardifs, ne dérogent pas à la ponctualité – il n'existe ni autre horloge ou montre que la leur pour leur indiquer telle ou telle heure à respecter.[54]

---

53   Edward Said, *Du style tardif*, trad. par Michelle-Viviane Tran Van Khai (Paris: Actes Sud, 2012), pp. 38–39.
54   Michael Wood, préface à Edward Said, *Du style tardif*.

Inscrire le retard à même le récit: productivité de l'écart.

Revenant sur la genèse du récit de l'été 58, la narratrice de *Mémoire de fille* mentionne une tentative d'écriture en particulier. Celle-ci est placée sous le signe du retard:

> Je ne suis jamais allée au-delà de quelques pages, sauf une fois où le calendrier cor-respondait jour pour jour à celui de 1958. Le samedi 16 août 2003, j'ai commencé à écrire: "Samedi 16 août 1958. J'ai un Jean racheté 5000 francs à Marie-Claude qui l'avait eu chez Elda à Rouen pour 10000 francs, et un pull sans manches bleu et blanc à rayures horizontales. C'est la dernière fois que j'ai mon corps." J'ai continué à écrire tous les jours, rapidement, en tâchant de faire coïncider exactement la date du jour où j'écrivais avec celle du jour de 1958, dont je consignais dans le désordre tous les détails qui resurgissaient. C'était comme si cette écriture-anniversaire quotidienne, ininterrompue, était la plus à même d'abolir l'intervalle des quarante-cinq années, comme si, à cause de ce 'jour pour jour' des date, l'écriture me donnais accès à cet été là aussi simple et aussi direct que de passer d'une pièce à une autre. Très vite j'ai pris du retard sur les faits dans mon écriture, à cause des ramifications incessantes que l'afflux des images, des paroles, faisait proliférer. Je n'arrivais pas à enfermer le temps de l'été 58 dans l'agenda de 2003, il me débordait continuellement.[55]

Tenter d'abolir l'intervalle de temps et utiliser la première personne du singulier pour désigner la fille de 58 ne fonctionnent pas. 'Je refusais la douleur de la forme',[56] note l'auteure. S'immerger dans le présent de la colonie sans se laisser envahir par la prolifération des images requiert un dispositif narratif apte à endiguer la fascination comme le défaut de signification du vécu. En inscrivant formellement la postériorité de l'écri-ture vis-à-vis du vécu, en marquant l'écart temporel et la discontinuité de soi, l'écriture substitue la puissance du tardif au retard. Dans *La Honte*, les parenthèses, qui accueillaient les commentaires méta-narratifs et le renouvellement du regard porté sur le passé, assuraient cette inscription formelle du décalage temporel entre le vécu et l'écriture. *Mémoire de fille* délaisse les parenthèses et se concentre sur le jeu des pronoms afin

---

55   Ernaux, *Mémoire de fille*, p. 17.
56   Ibid., p. 20.

d'explorer ce paradoxe: 'La fille de la photo est une étrangère qui m'a légué sa mémoire'.[57]

La formule récurrente 'je la vois' où 'la' renvoie à la fille de 58, fait coexister les deux pronoms et condense par là le dispositif je/elle.[58] Elle permet notamment d'introduire et de faire se succéder les 'images' de la colonie à la manière d'une série de diapositives dont les apparitions seraient séparées d'un noir. La dimension visuelle de la formule implique cette distance productive de l'auteure par rapport à la jeune fille. Dans le texte ces séquences ou plutôt ces scènes sont séparées d'un saut de ligne. Les ellipses récurrentes, le recours au présent, qui devient presque un présent de description, et la quasi-absence de connecteurs temporels et logiques participent d'un travail sur la discontinuité narrative. Celle-ci entretient avec le vécu mais aussi avec la remémoration une relation de fidélité. Il faut en effet rendre compte de la succession opaque des instants dans le temps vécu et tenir à distance la tendance du récit rétrospectif à produire une totalité cohérente et unifiée. Plus précisément, c'est dans ces espaces laissés libres, ces 'replis étalés du récit'[59] que va pouvoir opérer le travail du sens.[60] C'est en inscrivant l'intervalle de temps à même la forme que l'écriture peut alors réellement 'explorer le gouffre entre l'effarante réalité de ce qui arrive, au moment où ça arrive et l'étrange irréalité que revêt, des années après, ce qui est arrivé'.[61]

---

57 Ibid., p. 21.
58 Il y a environ 18 occurrences dans le texte, dont 13 dans les pages qui relatent le temps passé à la colonie de S.
59 Ernaux, *Mémoire de fille*, p. 96.
60 'Mais à quoi bon écrire si ce n'est pour désenfouir des choses, même une seule, irréductible à des explications de toutes sortes, psychologiques, sociologiques, une chose qui ne soit pas le résultat d'une idée préconçue ni d'une démonstration, mais du récit, une chose sortant des replis étalés du récit et qui puisse aider à comprendre – à supporter – ce qui arrive et ce qu'on fait.', ibid.
61 Ibid., p. 151.

S'attarder

Recourir au trauma comme paradigme interprétatif pour lire *Mémoire de fille* engage aujourd'hui à poser la question de la dimension thérapeutique de l'écriture et plus particulièrement de la mise en récit.[62] Certes, lorsque Ernaux note qu'écrire doit 'aider à comprendre – à supporter – ce qui arrive et ce qu'on fait' cette dimension réparatrice de la littérature n'est pas loin.[63] Cependant, comprendre ou supporter n'est peut-être pas la même chose que soigner ou réparer. Si le texte traverse le couple notionnel pathologique/thérapeutique sans s'y fixer définitivement c'est peut-être parce qu'il cherche moins à refermer la blessure du trauma qu'à 's'attarder' sur la fille de 1958 et sa vulnérabilité. D'ailleurs, en suivant pas à pas les deux années qui suivent l'été 58, le récit s'attarde effectivement, prend son temps au-delà des frontières de la colonie pour observer comment se forment ces ondes dispersées de l'événement qui fragilisent la jeune fille. *La Honte* et *L'Événement*, quant à eux, se concentraient sur un temps beaucoup plus restreint. J'emprunte ici le verbe 's'attarder' à Judith Butler qui dans un passage de *Precarious Life* demande 'Is there something to be gained from grieving, from tarrying with grief [...]?'[64] Chez Butler s'attarder sur la douleur engendrée par la perte, c'est s'attarder sur notre propre vulnérabilité.

Il est bien question de vulnérabilité dans *Mémoire de fille*: celle du sujet et de son corps exposés inévitablement à l'autre et à son éventuelle violence. Dans 'Violence, Mourning, Politics', Butler souligne l'importance de revendiquer l'intégrité physique et l'auto-détermination pour toutes et tous: 'It is important to claim that our bodies are in a sense our own and that we are entitled to claim rights of autonomy over our bodies.'[65] La nécessité

---

62   Voir notamment Alexandre Gefen, *Réparer le monde. La littérature française face au XXIème siècle* (Paris: Éditions Corti, 2017).

63   Ernaux, *Mémoire de fille*, p. 96.

64   Butler, *Precarious Life* (London: Verso, 2004), p. 30.

65   Ibid., p. 25. On retrouve d'ailleurs chez Ernaux une référence à cette idée quand elle évoque le slogan 'mon corps est à moi', Ernaux, *Mémoire de fille*, p. 100.

politique de telles revendications n'est d'ailleurs pas étrangère à Ernaux qui n'a cessé de s'intéresser à la condition des femmes et de dénoncer les effets de la domination masculine. Cependant, Butler interroge les conséquences, notamment politiques, d'un rejet systématique de la vulnérabilité. Elle se demande si plutôt que de s'en prémunir à tout prix ou de la 'forclore',[66] il ne serait pas possible de faire de la vulnérabilité le levier d'une réflexion éthique et politique sur la violence et l'altérité. La vulnérabilité du sujet apparaît en effet comme une condition qui le précède puisque lié à l'autre, dépendant d'autres, il est aussi susceptible d'être blessé, abandonné, coupé des liens primaires et fondamentaux qui permettent la survie. 'One does not always stay intact' note Butler.[67] Prendre en compte cette vulnérabilité constitutive que met au jour certaines expériences, telle que le deuil, c'est alors s'ouvrir à celle de l'autre, faire en sorte que cette vulnérabilité de l'autre compte également, voire envisager une commune vulnérabilité humaine.

S'attarder sur la fille de 58, sa condition et ses expériences ce serait, d'une certaine façon, s'attarder sur la vulnérabilité que révèle brutalement et douloureusement le premier rapport sexuel puis le rejet de la part de H. Ici la littérature aurait moins pour charge de réparer la faille causée par le trauma que de partir d'elle afin de rendre compte de cette vulnérabilité constitutive que l'événement a exacerbée et rendue manifeste. Le rapport entre écriture et vulnérabilité se révèle triple chez Ernaux. D'une part, on peut dire que l'expérience de transfuge est une conscience constante de la/ sa vulnérabilité: le changement de classe sociale fait apparaître à quel point le sujet est constitué de normes qui le précèdent et le façonnent, et pour celui ou celle qui connaît cette expérience la crainte de ne pas maîtriser les codes du nouveau milieu et d'être découvert engendrent un sentiment récurrent d'insécurité. D'autre part, chez Ernaux, l'attention portée à sa propre vulnérabilité – extrême dans *Mémoire de fille* – est indissociable d'une préoccupation pour les vies qui ne sont pas la sienne, d'une '[attention]

---

66 La traductrice du texte de Butler, Cynthia Kraus, précise dans une note de bas de page: 'Le sens de "forclore" *[to foreclose]*, terme introduit par Jacques Lacan, s'approche de celui de "répudier" ou "dénier" à quelques nuances significatives près.' Voir Butler, 'Violence, deuil, politique', *Nouvelles Questions Féministes*, 22:1 (2003), 72–96.

67 Butler, *Precarious Life*, p. 23.

à la vulnérabilité des autres'.[68] C'est ici tout l'enjeu du je 'transpersonnel' qui vise l'altérité et se laisse altérer comme entité pleine et singulière. On se rappellera de cette phrase du *Journal du dehors*: 'Je suis traversée par les gens, leur existence, comme une putain.'[69] Mais aussi de ces mots sur lesquels se termine *Le Vrai lieu*:

> Je n'ai jamais eu envie d'écrire une chose qui me soit personnelle. Ce n'est pas parce que les choses me sont arrivées à moi que je les écris, c'est parce qu'elles sont arrivées, qu'elles ne sont donc pas uniques. Dans *La Honte*, *La Place*, *Passion simple*, ce n'est pas la particularité d'une expérience que j'ai voulu saisir mais sa généralité indicible. […] Bien sûr on vit les choses personnellement. […] Mais il ne faut pas les écrire de façon qu'elles ne soient que pour soi. Il faut qu'elles soient transpersonnelles […].[70]

Le titre du livre *Mémoire de fille* ou la formule 'c'est une honte de fille' sont une manière d'accéder à une généralité. En partant de son expérience singulière de fille, c'est la condition de fille qui intéresse Ernaux. Enfin, écrire constitue bien, pour elle, une prise de risque, une exposition et une mise en jeu publique de soi. Dans *La Honte* il s'agissait d'explorer la capacité de l'écriture à être à la hauteur de la honte éprouvée à douze ans: 'J'ai toujours eu envie d'écrire des livres dont il me soit ensuite impossible de parler, qui rendent le regard d'autrui insoutenable.'[71] Avec *Mémoire de fille*, il s'agit également de s'exposer. Chez Ernaux on pourrait parler de la 'vulnérabilité comme position d'écriture'.[72]

68   Aurélie Adler, 'Une communauté de désir', in *Annie Ernaux: Un engagement d'écriture*, ed. par Pierre-Louis Fort et Violaine Houdart-Merot (Paris: Presses Sorbonne Nouvelle, 2015), pp. 145–55, (p. 153).
69   Ernaux, *Journal du dehors* (Paris: Gallimard, 1993), repris dans *Écrire la vie* (Paris: Gallimard, coll. Quarto, 2011), p. 528.
70   Ernaux, *Le Vrai lieu* (Paris: Gallimard, 2014), p. 108.
71   Ernaux, *La Honte*, p. 132.
72   Francine Best, Bruno Blanckeman, Francine Dugast-Portes, *Annie Ernaux: Le temps et la mémoire* (Paris: Stock, 2014), p. 228.

Conclusion

Lors de ce parcours aux côtés de *Mémoire de fille*, le retard avec sa valeur pathogène (être en retard sur l'événement dans l'expérience traumatique) ou négative (le mal-être que provoque le sentiment d'un 'retard social') a peu à peu laissé sa place à une réflexion sur la temporalité singulière de la création et de l'écriture. Les relations de cette dernière avec le vécu passé mais aussi avec son époque sont faites d'écarts et de désajustements fructueux dont le texte rend compte à travers le dispositif des pronoms et de nombreux commentaires méta-narratifs. La sensation d'impuissance de l'auteure devant le projet '58' qu'elle ne cesse de remettre à plus tard donne finalement naissance à une écriture 'tardive' qui intègre formellement sa postériorité par rapport au vécu. Loin de chercher à combler la distance, à souder la blessure ou à apaiser les contradictions qui y sont nouées, cette écriture remet en jeu une vulnérabilité qui est tout autant celle de la fille de 58 que celle de la femme qui écrit dans les années 2000. Cependant en s'attardant sur cette 'honte de fille' il s'agit bien de dépasser le cadre de ce trauma personnel: 'Quand l'indicible devient écriture, c'est politique.'[73] Parfois cela prend du temps.

---

73 Ernaux, *Le Vrai lieu*, p. 108.

DIANE OTOSAKA

Dissonances, retard et temps non-chronologique dans *HHhH* de Laurent Binet

Introduction

Cette contribution se propose d'explorer la question du temps telle qu'elle est articulée dans *HHhH* (l'acronyme de 'Himmlers Hirn heißt Heydrich', ou 'le cerveau de Himmler s'appelle Heydrich' en français), l''infra roman' de Laurent Binet paru en 2010 et lauréat du prix Goncourt du premier roman la même année.[1] L'intrigue de *HHhH* peut être résumée comme suit: le narrateur du roman, qui semble avoir de nombreux points communs avec Binet l'auteur (au point que les deux peuvent sembler se confondre), a le projet d'écrire un roman à propos de l'Opération Anthropoïde, menée entre autres par les résistants Jozef Gabčík et Jan Kubiš. L'Opération Anthropoïde avait pour but l'assassinat de Reinhard Heydrich, alors protecteur adjoint du Reich en Bohême-Moravie. Mortellement blessé par une grenade lancée par Kubiš, Heydrich décède le 4 juin 1942 à Prague et des représailles sanguinaires s'abattent alors sur les résistants ainsi que sur leurs proches et les habitants du village de Lidice, dont la population est massacrée. Au-delà de l'événement historique que constitue l'Opération Anthropoïde, *HHhH* est aussi le récit des doutes qui assaillent le narrateur lors de l'écriture de son roman. Deux lignes narratives s'entremêlent donc au cours de *HHhH*: d'un côté le récit

---

1   Laurent Binet, *HHhH*, (Paris: Grasset, 2011), p. 327. Si *HHhH* semble correspondre en de nombreux points aux normes romanesques, le refus de recourir à la fiction l'éloigne de ce genre, d'où la notion d'infra roman inventée par Binet. Cette notion indique une volonté de ne pas totalement assimiler son texte à un roman et témoigne de la tension entre littérature et histoire qui traverse *HHhH*.

historique de l'Opération Anthropoïde, qui forme le projet principal du narrateur et doit voir le jour sous le nom d'un roman intitulé *HHhH*, et de l'autre le récit de l'écriture de ce récit, donnant une forte dimension métafictionnelle à l'œuvre.[2]

C'est en explorant la relation dialectique qui lie ces deux niveaux narratifs que l'on mettra en évidence l'hétérogénéité temporelle qui est au cœur de *HHhH*. Puis, en examinant les dissonances temporelles et anachronismes qui ponctuent le récit, nous nous attacherons à souligner l'ambiguïté de la position du narrateur, qui, né plusieurs décennies après les faits historiques de 1942, ne peut qu'être inscrite dans une dynamique du retard. Enfin, à l'aune des apports théoriques d'Henri Bergson et de Gilles Deleuze sur la mémoire et le temps, nous tâcherons d'élaborer un modèle théorique d'une mémoire cristalline où le retard devient une puissance créatrice et où passé et présent, subjectif et objectif, virtuel et actuel, s'entremêlent.

Hétérogénéité temporelle

Le narrateur de *HHhH* exprime à de nombreuses reprises sa méfiance à l'égard de la fiction, il déclare ne pas vouloir inventer, et est réticent à l'idée de transformer des êtres humains en simples 'êtres de papier'.[3] À propos de Kubiš, il écrit par exemple, 'Je réduis cet homme au rang de vulgaire personnage, et ses actes à de la littérature: alchimie infamante mais qu'y puis-je?'.[4] La profonde admiration qu'il voue à Kubiš et Gabčík,

---

2   C'est d'ailleurs cette forte dimension métafictionnelle qui conduit Philippe Carrard à classer *HHhH* comme 'métafiction historiographique' (d'après le terme de Linda Hutcheon qu'elle développe notamment dans *A Poetics of Postmodernism: History, Theory, Fiction* (London; New York: Routledge, 1988)). Philippe Carrard, 'Historiographic Metafiction, French Style', *Style*, 48:2 (2014), 181–202 (p. 188).

3   Roland Barthes, 'Introduction à l'analyse structurale des récits', *Communications*, 8 (1966), 1–27 (p. 19).

4   Binet, *HHhH*, p. 10.

ainsi que la responsabilité éthique envers les morts qu'il éprouve, sont à la source du malaise qu'il ressent vis-à-vis de sa propre écriture: comment en effet, raconter une histoire vraie, ou pour le dire autrement, comment, à travers l'écriture romanesque, préserver la complexité et l'irréductible altérité des disparus? Le pacte d'écriture et de lecture formulé par le narrateur au début de *HHhH* en réponse à cette question est le suivant:

> Quoi qu'il en soit, mes dialogues, s'ils ne peuvent se fonder sur des sources précises, fiables, exactes au mot près, seront inventés. Toutefois, dans ce dernier cas, il leur sera assigné, non une fonction d'hypotypose, mais plutôt, disons, au contraire, de parabole. Soit l'extrême exactitude, soit l'extrême exemplarité. Et pour qu'il n'y ait pas de confusion, tous les dialogues que j'inventerai (mais il n'y en aura pas beaucoup) seront traités comme des scènes de théâtre. Une goutte de stylisation, donc, dans l'océan du réel.[5]

Pour le narrateur, produire un récit éthique qui saurait rendre justice aux résistants semble passer avant tout par l'exactitude historique, ce qui explique son souhait de laisser parler les sources historiques et documents d'époque. Cet engagement devient proche d'une obsession, puisqu'en l'absence de tels documents, il confesse, plus loin dans le roman, son désir d'avoir été témoin lui-même des événements historiques dont il fait le récit afin de pouvoir en garantir la véracité.[6] Le narrateur rejette aussi ce que Roland Barthes a appelé 'l'effet de réel',[7] ainsi que les différentes techniques littéraires qui contribuent à augmenter la vraisemblance d'un récit, pour plutôt placer son récit sous le signe de la véracité. Il articule ainsi une vision que l'on pourrait qualifier de manichéenne de l'historiographie, où la fiction et l'imagination ne semblent pas avoir leur place.

Une conception somme toute assez naïve de l'historiographie sous-tend ce pacte: la naïveté du narrateur se reflète dans sa conviction qu'une connaissance et compréhension de l'histoire ne peuvent être atteintes qu'au travers de sources d'époque. Le narrateur articule donc dès le début de son récit une conception de l'historiographie qui met en avant des notions

---

5   Binet, *HHhH*, pp. 33–34.
6   Binet, *HHhH*, p. 395.
7   Roland Barthes, 'L'effet de réel', *Communications*, 11(1968), 84–89.

problématiques telles que pureté et objectivité. Une telle approche correspond précisément à ce que Georges Didi-Huberman appelle une 'interprétation euchronique': une interprétation pour laquelle une compréhension d'une image passée relève avant tout d'une compréhension des sources d'époque.[8] Comme le démontre Didi-Huberman, une telle approche se caractérise par un refus de l'anachronisme et la recherche d'une (artificielle) concordance des temps.

Au vu du pacte d'écriture et de lecture mentionné précédemment, il semble bien que le narrateur de *HHhH* adopte une telle approche, et la première moitié du roman semble le confirmer. Les deux lignes narratives de *HHhH* – le récit de l'attentat contre Heydrich et le récit des pérégrinations du narrateur dans les années 2000 – apparaissent clairement séparées, chaque partie présentant une temporalité homogène: d'un côté, le récit des événements historiques en 1942 est écrit au présent de narration, et de l'autre les réflexions métafictionnelles du narrateur sont écrites au présent d'énonciation. Le présent de narration pour raconter les événements historiques de 1942 apparaît comme un choix logique pour le narrateur qui semble souscrire à l'analyse de Roland Barthes pour lequel:

> lorsqu'à l'intérieur de la narration, le passé simple est remplacé par des formes moins ornementales, plus fraîches, plus denses et plus proches de la parole (le présent ou le passé composé), la Littérature devient dépositaire de l'épaisseur de l'existence, et non de sa signification.[9]

Il n'est donc pas surprenant que Binet, dont le but avoué est de transmettre un sens de l'existence réelle de Kubiš et Gabčík, ait opté pour le présent de narration pour raconter l'Opération Anthropoïde. Bien que les deux niveaux narratifs soient écrits au présent, il est aisé de distinguer les différentes valeurs assignées au temps grammatical du présent, puisqu'ils sont séparés en différents chapitres ou paragraphes.

Cependant, au fur et à mesure que le roman progresse, cette apparente imperméabilité vacille pour finalement disparaître, laissant place à un récit

8   Georges Didi-Huberman, *Devant le temps: histoire de l'art et anachronisme des images* (Paris: Éditions de Minuit, 2000), p. 13.
9   Roland Barthes, *Le degré zéro de l'écriture* (Paris: Seuil, 1972), p. 27.

beaucoup plus ambigu où il devient difficile d'assigner une valeur particulière au présent avec certitude. Dans le chapitre 45 par exemple, bien que le narrateur commence par noter la date présente 'Nous sommes le 27 mai 2006',[10] il semble à la fin de ce même paragraphe habiter un autre moment temporel puisqu'il écrit: 'Je suis en 1920, devant les murailles tremblantes de Varsovie, et à mes pieds s'écoule, indifférente, la Vistule.'[11] De même, lorsque le narrateur fait le récit du siège de l'église où les résistants ont trouvé refuge à Prague, une ambiguïté temporelle peut aussi être observée. On peut ainsi lire: 'Aujourd'hui nous sommes le 27 mai 2008. Quand les pompiers arrivent, vers 8 heures, ils voient des SS partout [...]';[12] et plus loin: '4 juin 2008. Les parachutistes ont de l'eau jusqu'aux genoux.'[13] Cette dynamique est répétée jusqu'à la fin du chapitre, qui finit avec la phrase suivante: 'Il est midi, il a fallu près de huit heures aux huit cents SS pour venir à bout de sept hommes.'[14] Il devient ici extrêmement difficile de déterminer si l'indicateur de temps 'midi' renvoie au moment où le narrateur est en train d'écrire dans son appartement parisien en 2009, ou s'il s'agit au contraire du moment en juin 1942 où le siège a pris fin. Alors que dans la première partie du roman, les deux niveaux narratifs étaient clairement séparés, il n'y a plus de concordance ni d'homogénéité temporelles qui tiennent dans la seconde partie où passé et présent, événement historique et vie quotidienne du narrateur, s'entremêlent désormais au sein de l'écriture. Il est intéressant de noter ici que pour Van Kelly de tels épisodes produisent alors 'un état second, quasi hypnotique, entre action et rêve, et produisent un glissement affectif entre connaissance historique de l'assassinat et sentiment de participation'.[15]

Si l'on a donc affaire à une certaine hétérogénéité temporelle, puisque différents moments temporels semblent coexister, il est important de noter

10   Binet, *HHhH*, p. 77.
11   Ibid., p. 78.
12   Ibid., p. 426.
13   Ibid., p. 429.
14   Ibid., p. 433.
15   Van Kelly, 'La Rhétorique d'*HHhH*: entrer dans le virage avec Binet, Heydrich, Gabčík et Kubiš' in *Mémoires occupées: Fictions françaises et Seconde Guerre Mondiale*, ed. par Marc Dambre (Paris: Presses Sorbonne Nouvelle, 2013) 137–44 (p. 141).

qu'il y a aussi coexistence de différents rythmes de durée. Dans le chapitre qui décrit la scène de l'attentat contre Heydrich, le narrateur écrit: 'Je parle en secondes, désormais. La seconde suivante, ce sera autre chose. Mais là, ici, en cette matinée claire du mercredi 27 mai 1942, le temps suspend son cours, pour la deuxième fois en deux minutes, quoiqu'un peu différemment.'[16] Il décrit un temps malléable,[17] capable de s'étirer, bien plus proche de la durée bergsonienne[18] que du temps scientifique, et un moment de suspension temporelle au cours duquel son rythme de durée tente de s'ajuster à ceux de Kubiš et Gabčík. Cela lui permet d''apercevoir' Gabčík: 'Et moi qui boîte dans les rues de Prague et qui remonte Na Poříčí en traînant la jambe, je le [Gabčík] regarde courir au loin.'[19] Il est frappant de noter que le sens de distance – et de distanciation – dans cette phrase n'est pas seulement spatial mais aussi temporel et montre que le narrateur échoue finalement à faire coïncider son rythme de durée avec celui de son personnage. Plus loin dans le même chapitre, le narrateur reconnaît d'ailleurs, en une critique implicite du roman psychologique et une apparente volonté de préserver l'altérité de Gabčík, que 'Je ne suis pas Gabčík et je ne le serai jamais'.[20] Le narrateur qui essaye de synchroniser son rythme de durée avec ceux de Gabčík et Kubiš, n'est finalement pas couronné de succès, engendrant plutôt des effets de dissonance, qu'il ne manque pas de souligner lui-même lors de ses nombreuses interventions métatextuelles. Les remarques de David Lapoujade nous permettent d'appréhender la position du narrateur comme définie par rapport à un retard et une asynchronie:

16   Binet, *HHhH*, p. 353.
17   Didi-Huberman évoque quant à lui une certaine 'plasticité' temporelle dans *Devant le temps*, p. 17. Pour une discussion approfondie de la relation entre la notion de 'plasticité' et une temporalité complexe, voir Michael Grace dans ce volume, '"Se trouver en deux temps à la fois": Malabou's and Marker's Plastic Images'.
18   La durée est un concept clé de la philosophie d'Henri Bergson introduit dans son livre *Essai sur les données immédiates de la conscience* publié en 1889. Avec cette notion, Bergson développe une compréhension du temps qualitative qui prend en compte la nature fluide du temps, à l'opposé d'un temps scientifique quantitatif qui réduit le temps à l'espace. Henri Bergson, *Essai sur les données immédiates de la conscience* (Paris: Félix Alcan, 1908) p. 76.
19   Binet, *HHhH*, p. 363.
20   Ibid., p. 414.

Qu'est-ce qu'un homme en effet sinon un certain rythme de durée ou plutôt une pluralité de rythmes de durée qui s'entremêlent et se confondent? Il arrive certes, au prix d'efforts violents, à se synchroniser avec d'autres rythmes de durée, mais le plus souvent il retarde sur eux et pense tout à partir de ce retard. L'homme est ce retard même, une arythmie. Il perd ainsi le sens du réel au profit de symboles, certes efficients, mais séparés du rythme et de la vitesse propres à ce monde de purs mouvements.[21]

En effet, les glissements d'un niveau temporel et narratif vers un autre, ainsi que d'un rythme de durée vers un autre, sont toujours des moments éphémères à la suite desquels le narrateur est amené à confronter sa propre position temporelle, caractérisée par son retard et son impuissance à changer le passé. Le narrateur exprime notamment son impuissance dans les termes suivants:

Kubiš est mort. Je regrette d'avoir à écrire ça. J'aurais aimé mieux le connaître. J'aurais voulu pouvoir le sauver. […] L'Histoire est la seule véritable fatalité: on peut la relire dans tous les sens mais on ne peut pas la réécrire. Quoi que je fasse, quoi que je dise, je ne ressusciterai pas Jan Kubiš le brave, l'héroïque Jan Kubiš, l'homme qui a tué Heydrich. Je n'ai pris absolument aucun plaisir à raconter cette scène dont la rédaction m'a coûté de longues semaines laborieuses, et pour quel résultat? Trois pages de va-et-vient dans une église et trois morts. Kubiš, Opálka, Bublik, morts en héros mais morts quand même. Je n'ai même pas le temps de pleurer car l'Histoire, cette fatalité en marche, ne s'arrête jamais, elle.[22]

En décrivant le processus historique comme un mouvement linéaire implacable, le narrateur semble adopter une position proche de celle de *l'Ange de l'Histoire* que Walter Benjamin décrit dans la neuvième de ses thèses 'Sur le concept d'histoire' d'après un tableau de Paul Klee.[23] De *l'Ange de l'Histoire*, Benjamin nous dit:

Son visage est tourné vers le passé. Là où nous apparaît une chaîne d'événements, il ne voit, lui, qu'une seule et unique catastrophe, qui sans cesse amoncelle ruines sur ruines et les précipite à ses pieds. Il voudrait bien s'attarder, réveiller les morts

---

21 David Lapoujade, *Puissances du temps. Versions de Bergson* (Paris: Les éditions de Minuit, 2010), p. 105.

22 Binet, *HHhH*, p. 421.

23 Paul Klee, *Angelus Novus* (Jerusalem: The Israel Museum, 1920).

et rassembler ce qui a été démembré. Mais du paradis souffle une tempête qui s'est prise dans ses ailes, si violemment que l'ange ne peut plus les refermer.[24]

À l'instar du tableau de Klee où différentes temporalités s'entrechoquent, le narrateur fait lui aussi l'expérience d'une collision temporelle: bien que son regard soit tourné vers le passé, il est entraîné, malgré lui, vers l'avenir. Benjamin identifie la tempête qui emporte l'Ange avec l'idée de progrès, sous-tendue par un temps homogène et mécanique où ruines et catastrophes ne font que s'accumuler. Le narrateur de *HHhH* jette le même regard sur le passé que l'*Ange de l'Histoire*, un regard qui cherche à secourir les victimes de catastrophes historiques que le temps linéaire du progrès voudrait faire tomber dans l'oubli. Par ce regard jeté sur le passé, l'*Ange de l'Histoire* et le narrateur de *HHhH* deviennent alors porteurs de mémoire. A travers cette allégorie qui illustre une collision temporelle, Benjamin subvertit un temps mécanique et laisse entrevoir une image du temps qui existe en dehors d'une chaîne de successions. Comme l'explique Gérard Bensussan, l'*Ange de l'Histoire* incarne la non-contemporanéité du présent à lui-même et 'oblige à penser le temps autrement que comme la succession de présents et de modifications de présents et la différence temporelle autrement que comme différence du présent par rapport à lui-même'.[25]

Il apparaît aussi clair, à la lecture des thèses sur l'Histoire de Benjamin, qu'un temps linéaire semble incapable de permettre la mémoire des victimes, alors qu'un temps non-linéaire où passé, présent et avenir s'entremêlent semble bien en être capable. On retrouve ici l'importance de la dimension temporelle de l'altérité, qui est au cœur des réflexions d'Emmanuel Levinas par exemple.[26] Si l'on revient à la question formulée précédemment – comment en effet, raconter une histoire vraie, ou pour

---

24   Walter Benjamin, 'Sur le concept d'histoire', *Œuvres III*, trad. par Maurice de Gandillac, Rainer Rochlitz et Pierre Rusch (Paris: Gallimard, 'Folio essais', 2000), 247–443 (p. 434).

25   Gérard Bensussan, *Le temps messianique. Temps historique et temps vécu* (Paris: Vrin, 2001), p. 45.

26   Emmanuel Levinas, *Le temps et l'autre*, 11ᵉ éd. (Paris: Presses Universitaires de France, 2016).

le dire autrement, comment, à travers l'écriture romanesque, préserver la complexité et l'irréductible altérité des disparus? – la réponse ne semble plus être celle présentée initialement. Au contraire, il semble que cela passe plutôt par une vision du temps plus complexe, manifestée dans *HHhH* par une hétérogénéité temporelle.

Anachronisme

Le narrateur se distancie donc progressivement de l'approche qu'il semblait lui-même prôner au début du roman et que, suivant Didi-Huberman, on pourrait qualifier d'"euchronique". Pour Didi-Huberman, une interprétation moins réductrice et plus productive de l'histoire serait caractérisée par l'hétérogénéité temporelle et prendrait en compte l'ana-chronisme.[27] S'il semble en effet que *HHhH* soit caractérisé par une certaine hétérogénéité temporelle, nous allons maintenant démontrer que la dynamique temporelle du récit ainsi que la position du narrateur sont foncièrement anachroniques.

Binet, à la fois narrateur et auteur, est éloigné, dans le temps et l'espace (il est né en France dans les années 1970, loin de la Tchécoslovaquie des années 1940) des événements qui le fascinent et ne peut, par conséquent, appréhender ces mêmes événements qu'à rebours, au travers des sources historiques, des travaux des historiens, ainsi que par le biais de diverses médiations culturelles. Ces dernières jouent un rôle important et semblent fasciner le narrateur, bien plus que les divers ouvrages universitaires sur le sujet qu'il consulte. Il apparaît très vite que les médiations et représentations romanesques et filmiques sont devenues inséparables de l'événement même, au point de presque supplanter l'événement historique lui-même. Le narrateur regarde par exemple toutes les adaptations filmiques de l'Opération Anthropoïde qu'il peut trouver, et plus généralement les représentations de Heydrich au cinéma et en littérature (dont il fait le

---

27   Didi-Huberman, *Devant le temps*, p. 20.

compte-rendu au lecteur lors de ses interruptions métafictionnelles); et il
en vient finalement à acquérir des 'souvenirs' de cet événement: 'Car je me
souviens, maintenant. Chaque jour, chaque heure, le souvenir se fait plus
net'.[28] Pour le narrateur qui ne peut pas avoir de souvenirs personnels de
cet événement, il s'agirait plutôt de souvenirs 'prosthétiques', tels décrits par
Alison Landsberg. Cette notion de mémoire prosthétique fait référence à
des 'souvenirs' acquis à la suite d'une expérience immersive, par exemple
la visite d'un musée, la lecture d'un roman, ou le visionnage d'un film.[29]
Dans la conceptualisation de Landsberg, ces souvenirs prosthétiques sont
capables de transcender les divisons spatiales, temporelles et identitaires
ainsi que la mémoire psychologique individuelle. Le narrateur de *HHhH*,
en grand consommateur de telles représentations culturelles et média-
tiques semble avoir acquis un grand nombre de tels souvenirs, le menant
éventuellement à la déclaration citée précédemment. Il est intéressant de
noter que le narrateur semble inscrire son projet dans la même optique
que Landsberg, soulignant lui-même le potentiel de la littérature pour
créer de telles prothèses mémorielles, lorsqu'il écrit: 'Pour que quoi que ce
soit pénètre dans la mémoire, il faut d'abord la transformer en littérature.
C'est moche mais c'est comme ça',[30] par là-même reconnaissant son rôle
actif en tant que consommateur et producteur de souvenirs prosthétiques.

Son imaginaire est par conséquent peuplé de références culturelles,
et c'est ainsi que les faits historiques qu'il décrit en viennent à ressembler à des scènes tirées de films d'action ou de westerns. Lorsqu'il décrit
Gabčík fuyant ses poursuivants dans les rues de Prague après l'attentat
par exemple,[31] il compare Gabčík à Jean-Paul Belmondo dans *La Mort
aux trousses* et à Cary Grant dans *L'Homme de Rio*. De la même manière,
certains chapitres ressemblent aussi, par moments, à des scènes tirées d'un
roman d'espionnage.[32] Marie-Andrée Morache a pertinemment relevé la

28   Binet, *HHhH*, p. 318.
29   Alison Landsberg, *Prosthetic Memory: The Transformation of American Remem-
     brance in the Age of Mass Culture* (New York: Columbia University Press,
     2004), p. 4.
30   Binet, *HHhH*, p. 244.
31   Ibid., p. 362.
32   Voir par exemple les chapitres 127 et 130. Binet, *HHhH*, pp. 209–11; pp. 214–15.

nature anachronique d'une telle association, qu'elle relie à l'influence grandissante des références culturelles sur les représentations de la violence.[33] Ce qui prouve difficile à accepter pour le narrateur est la tension entre le risque de tomber dans le cliché et le fait que le déroulement des faits historiques ressemble à l'intrigue d'un film d'action. Comme le narrateur l'explique: 'Il me fallut attendre deux ou trois ans pour réellement prendre conscience de ce que j'avais toujours soupçonné: que cette histoire dépassait en romanesque et en intensité les plus improbables fictions.'[34] On assiste ici à ce qui s'apparente à un changement de paradigme: le passé devient anachronique et le présent réminiscent,[35] fiction et réalité apparaissent plus proches que jamais.

Si une dynamique anachronique peut être constatée tout au long du roman, l'exemple le plus flagrant d'anachronisme peut être trouvé au dernier chapitre, qui fait office d'épilogue. Dans ce chapitre, le narrateur succombe à l'attrait de l'invention et s'imagine lui-même vivant dans le passé, rencontrant sur un paquebot les personnages qui le fascinent tant:

> Ils auront tout le temps, durant la traversée, de faire connaissance. D'autres ombres se sont mêlées aux ombres des soldats en civil qui arpentent le navire, vieillards déboussolés, dames seules au regard voile, enfants sages qui tiennent leur petit frère par la main. Une jeune femme qui ressemble à Natacha se tient sur le pont, les mains posées sur le bastingage, une jambe repliée jouant avec l'ourlet de sa jupe, et moi aussi, peut-être, je suis là.[36]

On peut remarquer ici une transgression des différents niveaux narratifs puisque le narrateur devient un personnage de son propre récit. De narrateur hétérodiégétique, il devient homodiégétique. Sa présence anachronique contrevient de façon évidente le pacte d'écriture qu'il avait lui-même élaboré et qui est rendu nul et non avenu. En effet, ce chapitre qui imagine la rencontre entre Kubiš et Gabčík ne semble pas servir une

33 Marie-Andrée Morache, 'La suspension du doute dans *HHhH* de Laurent Binet', *Études littéraires*, 45:1 (2014), 119–33 (p. 128).

34 Binet, *HHhH*, p. 15.

35 Pierre Fédida, 'Passé anachronique et présent réminiscent. Épos et puissance mémoriale du langage', *L'Inactuel*, 12 (2004), 9–31.

36 Binet, *HHhH*, p. 443.

fonction de parabole, et ne sert évidemment pas la compréhension des faits historiques. Il témoigne plutôt du désir, on pourrait même dire du fantasme, du narrateur d'habiter le même espace temporel que les protagonistes de son récit. Si l'on prend en compte les précédentes remarques du narrateur à propos de son aversion pour l'invention et l'imagination, des tentations qu'il avait jusque-là réussies pour la plupart à tenir à distance, l'effet dissonant de cet épisode se retrouve amplifié. Ce chapitre prolonge la tension entre fiction et réalité qui traverse le roman et il faut donc maintenant nous interroger sur les rapports entre fiction et réalité, objectivité et subjectivité.

Mémoire cristalline

Nous avons démontré jusque-là que le récit de *HHhH* est caractérisé par une certaine hétérogénéité temporelle où passé et présent s'entremêlent; la position du narrateur est quant à elle inscrite dans une dynamique du retard, qui est à la source de dissonances qui se multiplient au fur et à mesure que le récit progresse. Il est frappant que l'on retrouve ces deux aspects au cœur de la théorie de la mémoire développée par Bergson et l'on peut donc se demander si les apports de Bergson sur la mémoire peuvent fournir une explication adéquate, capable de rendre compte des dynamiques temporelles qui agitent le roman de Binet.

La proposition la plus radicale de Bergson, à laquelle Deleuze souscrit,[37] concerne la coexistence du passé et du présent puisque pour Bergson: '[le présent] se dédouble à tout instant, dans son jaillissement même, en deux jets symétriques, dont l'un retombe vers le passé tandis que l'autre s'élance

---

37   Pour un bref exposé de la relation intellectuelle entre Deleuze et Bergson, voir Suzanne Guerlac, 'Channels of Contemporary Reception', *Thinking in Time: An Introduction to Henri Bergson* (Ithaca, NY: Cornell University Press, 2006), pp. 173–96.

vers l'avenir'.[38] À l'opposé d'une vision linéaire du temps où passé et présent se succèdent, on a donc bien ici une relation de contemporanéité entre le passé virtuel qui est préservé et le présent actuel qui s'écoule.

Il est important de souligner et de s'attarder sur le rôle, décisif, du retard dans la théorie de la mémoire de Bergson. Pour Bergson, il existe une zone d'indétermination entre le moment de la perception et l'action, entre mouvement reçu et mouvement exécuté.[39] Cet intervalle temporel, ce retard effectif, est là où le processus d'actualisation se joue. En effet, pour Bergson, le passé n'est pas donné tel quel, on ne peut pas accéder directement à ce qu'il appelle la mémoire pure, au passé virtuel; des 'souvenirs-images' sont actualisés en fonction des demandes du présent.[40] Cette zone de retard est donc synonyme de source de création et nouveauté. Cette dimension créatrice est soulignée par Alia Al-Saji dans son analyse de Bergson, pour qui:

> To delay immediate reaction is to interrupt the seamless continuity of past-presents actuality in favor of a virtualization of the past that allows it to 'act' differently in the present – to suggest and create rather than simply play out and repeat.[41]

Puisque pour Bergson (et Deleuze) le processus d'actualisation est essentiellement un processus de différentiation, de suspension de linéarité et de création, le passé ne peut pas être accédé tel quel, il n'est jamais rejoué à l'identique, mais bien toujours différent.

Le fonctionnement de la mémoire décrit brièvement ci-dessus repose sur l'hypothèse que la transition entre perception et action est possible. Cependant, comme nous l'avons montré, le narrateur de *HHhH* est caractérisé par son impuissance à changer le passé. C'est précisément à ce cas de figure, où le lien entre perception et action est rendu impossible, que Deleuze s'intéresse dans *L'Image-temps*,[42] et c'est donc en prenant en compte

---

38   Henri Bergson, 'Le souvenir du présent et la fausse reconnaissance', *L'Énergie spirituelle*, (Paris: Félix Alcan, 1919), pp. 117–61 (pp. 139–40).

39   Henri Bergson, *Matière et mémoire*, 26ᵉ éd. (Paris: Félix Alcan, 1929), p. 19.

40   Bergson, *Matière et mémoire*, p. 143.

41   Alia Al-Saji, 'Life as Vision: Bergson and the Future of Seeing Differently', in *Bergson and Phenomenology*, ed. par Michael Kelly (Basingstoke: Palgrave Macmillan, 2010), pp. 148–73 (p. 156).

42   Gilles Deleuze, *Cinéma 2, L'Image-temps* (Paris: Editions de Minuit, 1985).

ses réflexions que nous allons pouvoir prolonger notre raisonnement et tenter de comprendre le temps non-linéaire, où faux raccords et dissonances abondent, qui est au cœur de *HHhH*. Pour Deleuze, une telle situation relève de ce qu'il appelle un 'régime cristallin'.[43] À l'opposé d'un régime organique ou cinétique qui dépend d'un temps linéaire où perception et action s'enchaînent aisément, le régime cristallin, dans lequel une perception n'entraîne plus une action, laisse place à 'un temps chronique, non-chronologique, qui produit des mouvements nécessairement 'anormaux', essentiellement 'faux'.[44] On peut d'ores et déjà constater que cette description semble correspondre au récit de *HHhH*. Au cœur du régime cristallin se trouve des 'cristaux de temps', des structures qui donnent à voir le dédoublement du temps en passé virtuel et présent actuel évoqué précédemment.[45] C'est donc dans le cristal de temps que l'on trouve des circuits d'échange entre le passé et le présent, l'actuel et le virtuel, le réel et l'imaginaire, réduits au minimum, au point que les différentes facettes du cristal deviennent indiscernables.[46] À l'instar de l'image dialectique benjaminienne,[47] le cristal de temps est le site d'une collision temporelle.

Un exemple frappant qui met en évidence cette indiscernabilité qui traverse *HHhH* est lorsque, après avoir lu le livre de David Chacko *Like a Man*, qui lui aussi fait le récit de l'Opération Anthropoïde, le narrateur en vient à s'interroger sur la couleur de la Mercedes conduite par Heydrich lors de l'attaque. Alors qu'il l'avait jusque-là visualisée comme noire, le narrateur est assailli de doutes lorsqu'il lit Chacko la décrivant comme vert foncé. Ce détail, qui peut sembler insignifiant à première vue, déclenche une série d'interrogations chez le narrateur:

---

43   Gilles Deleuze, *L'Image-temps*, p. 165.
44   Ibid., p. 169.
45   Ibid., p. 109.
46   Ibid., p. 166.
47   Pour Didi-Huberman, l'image dialectique 'réunit et, pour ainsi dire, fait exploser ensemble des modalités ontologiques contradictoires: d'un côté la présence et de l'autre la représentation, d'un côté le devenir de ce qui change et de l'autre la stase pleine de ce qui demeure', *Devant le temps*, p. 115.

> [J]e m'interroge: cette Mercedes, pourtant, je l'ai vue noire, j'en suis sûr, aussi bien au musée de l'Armée à Prague, où la voiture était exposée, et puis sur les nombreuses photos que j'ai pu consulter. Évidemment, sur une photo en noir et blanc, on peut confondre du noir avec du vert foncé. D'autre part, une petite polémique a couru à propos de la voiture exposée: le musée la présentait comme l'originale, ce que certains ont contesté, affirmant qu'il s'agissait en fait d'une Mercedes maquillée à l'identique (avec le pneu crevé et la portière arrière droite déchiquetée), une reproduction.[48]

Au milieu de témoignages contradictoires et de spéculations sur l'authenticité de la voiture présentée à une exposition, il devient impossible pour le narrateur de déterminer avec certitude la couleur de la voiture que Heydrich conduisait au moment de l'attentat. La voiture en vient à incarner une incertitude: on ne sait plus ce qui est reproduction, contrefaçon, ou authentique relique du passé. Cela correspond précisément à ce que Deleuze appelle une description cristalline, c'est-à-dire,

> une description qui vaut pour son objet, qui le remplace, le crée et le gomme à la fois comme dit Robbe-Grillet, et ne cesse de faire place à d'autres descriptions qui contredisent, déplacent ou modifient les précédentes. C'est maintenant la description même qui constitue le seul objet décomposé, multiplié.[49]

Cette voiture joue un rôle important dans le récit de *HHhH* et est mentionnée à de nombreuses reprises, y compris lors de passages-clés.[50] À chaque fois que cette voiture est mentionnée, le lecteur est maintenant encouragé à prendre en compte cette indiscernabilité qu'elle incarne.

Si la description apparaît comme cristalline, d'après la nomenclature deleuzienne, la narration l'est tout autant. En effet, la proximité, mentionnée brièvement dans l'introduction, entre le narrateur et l'auteur, qui partagent le même nom, ainsi que de nombreux détails biographiques (âge, métier, milieu familial, etc.) amène à s'interroger sur les rapports entre auteur et

---

48 Binet, *HHhH*, p. 253.
49 Deleuze, *L'Image-temps*, p. 165.
50 On pense notamment au chapitre 206 de *HHhH* où un effet de suspense est créé grâce à l'image de la Mercedes qui est décrite comme se rapprochant inévitablement du tournant fatidique de la rue Holešovice à Prague où Gabčík and Kubiš guettent Heydrich. On peut ainsi lire par exemple: 'Le moment approche, je le sens. La Mercedes est en route. Elle arrive.', Binet, *HHhH*, p. 327.

narrateur.[51] Le narrateur lui-même apparaît confus à propos de sa propre
identité, par exemple lorsqu'il déclare: 'Je suis Gabčík, enfin. Comment
disent-ils? J'habite mon personnage.'[52] À l'instar des exemples précédents,
le narrateur semble là aussi tester une limite, puisqu'il se rétracte après en
affirmant sa différence par rapport à Gabčík: 'Je ne suis pas Gabčík et je ne
le serai jamais.'[53] Le narrateur apparaît multiple: 'Des fois, je me sens comme
un personnage de Borges, mais moi non plus, je ne suis pas un personnage.'[54]
Histoire (History) et histoire (story) deviennent inséparables dans *HHhH*,
le narrateur reconnaissant lui-même ce brouillage de frontières: '[J]'ai dit
que je ne voulais pas faire un manuel d'histoire. Cette histoire-là, j'en fais
une affaire personnelle. C'est pourquoi mes visions se mélangent quelque-
fois aux faits avérés. Voilà, c'est comme ça'.[55] Une complexe constellation
où passé et présent, subjectif et objectif, actuel et virtuel, s'entremêlent et
se réfractent se présente donc au lecteur.

En laissant filtrer un temps non-linéaire à travers des structures cristallines, Binet met en évidence les paradoxes qui agitent une mémoire
qui, au lieu de se constituer dans l'instant, se constitue dans l'après-coup,
se nourrit de médiations culturelles et entretient des rapports complexes
entre réel et imaginaire, actuel et virtuel. Un modèle de la mémoire inspiré
par Bergson et Deleuze semble le plus à même de clarifier la mémoire ambi-
guë de l'Opération Anthropoïde du narrateur dans la mesure où il fait du
retard un élément central et une puissance créatrice. Il rejoint sur ce point
la notion de 'postmémoire' développée par Marianne Hirsch pour désigner

---

51 Même si Laurent Binet déclare dans une interview: 'He [the narrator] is abso-
    lutely identical [to the author]. When I was a student I was always annoyed by
    the teachers telling me you have to make the distinction between the author and
    the narrator' (Killian Fox, Interview avec Laurent Binet, 'Most French Writers
    Are Lazy', *The Guardian* (27 avril 2012), <https://www.theguardian.com/books/
    2012/apr/27/laurent-binet-*HHhH*-interview>, Van Kelly nuance ces propos en
    parlant plutôt d'une 'aura autofictive' qui entoure le narrateur dans 'La Rhéto-
    rique d'*HHhH*', p. 137.
52 Binet, *HHhH* p. 413.
53 Ibid., p. 414.
54 Ibid., p. 214.
55 Ibid., p. 146.

la transmission de souvenirs traumatiques de la Shoah chez des enfants et petits-enfants de survivants de la Shoah et qui est, d'après Marianne Hirsch 'a powerful and very particular form of memory precisely because its connection to its object or source is mediated not through recollection but through an imaginative investment and creation'.[56] Si Hirsch a développé cette notion avec initialement à l'esprit les descendants de survivants de la Shoah, elle a plus tard distingué deux formes de postmémoire: une forme familiale et une forme affiliative; la dernière englobant ceux sans liens familiaux, par exemple Binet.[57] La postmémoire définie par Hirsch se rapproche donc de la notion de 'mémoire empruntée' formulée par Maurice Halbwachs pour désigner les emprunts et transferts de mémoire qui ont lieu entre un individu et différents groupes au sein d'une société et desquels la mémoire individuelle s'enrichit.[58] Avec ce terme, Halbwachs soulignait donc déjà l'importance de l'interpénétration entre mémoire individuelle et mémoire collective et culturelle: 'le fonctionnement de la mémoire individuelle n'est pas possible sans ces instruments que sont les mots et les idées, que l'individu n'a pas inventés, et qu'il a empruntés à son milieu'.[59] Dans le cas du narrateur de *HHhH*, ses 'souvenirs' ne sont pas le résultat d'un emprunt auprès de personnes ayant des souvenirs personnels mais de son rôle en tant que consommateur et producteur de souvenirs prosthétiques. Néanmoins là où diffère – et réside l'originalité et la productivité – du terme de postmémoire est qu'il permet d'appréhender non seulement la distance temporelle mais aussi la dimension créatrice en jeu dans l'écriture des membres de la génération de la postmémoire. Si le terme de postmémoire jouit désormais d'une grande popularité, certains ont cependant émis des réserves, et on peut penser à Ernst van Alphen par exemple qui y voit un simple ersatz de mémoire qui, sous le couvert du préfixe 'post', nierait les différences fondamentales qui existent entre la mémoire des survivants de

---

56 Marianne Hirsch, *Family Frames: Photography, Narrative and Postmemory* (Cambridge, MA: Harvard University Press, 1997), p. 22.
57 Hirsch Marianne, 'The Generation of Postmemory', *Poetics Today*, 29:1 (2008), 103–28 (pp. 114–15).
58 Maurice Halbwachs, *La mémoire collective* (Paris: Albin Michel, 1997), pp. 98–99.
59 Halbwachs, *La mémoire collective*, p. 98.

la Shoah et celles des générations suivantes.[60] En réponse à cette critique, Hirsch a précisé que si la postmémoire ne doit pas être confondue avec la mémoire, 'it approximates memory in its affective force'.[61] A ce premier élément de réponse qui met en avant la puissance affective de la postmémoire, on pourrait ajouter qu'il s'agit précisément de la possibilité d'appréhender l'ambiguïté et l'instabilité des rapports mémoriels qui rend le concept de postmémoire si pertinent, et qui semble être à même d'éclairer la dynamique de *HHhH*.

Conclusion

Si le narrateur de *HHhH* n'est en fin de compte pas capable de produire le récit exhaustif de l'Opération Anthropoïde qu'il espérait et se trouve obligé de renoncer à son pacte initial d'écriture qui mettait en avant une vision 'euchronique' de l'histoire, il se montre en revanche capable d'articuler les rapports complexes du temps et de la mémoire. Au sévère jugement de Peter Tame qui déplore ce qu'il qualifie '[d]'inconsistance du texte de Binet dont le récit saute trop souvent et de façon trop subjective du coq à l'âne' et qui conclue à l'échec de la tentative de Binet de raconter une histoire vraie par le biais d'un roman,[62] on soutiendra au contraire que c'est précisément en refusant d'inscrire Gabčík et Kubiš dans un temps linéaire homogène qu'il est capable de préserver leur singularité. C'est donc à travers un montage de temps hétérogènes que la complexité

---

60 Ernst van Alphen, 'Second-Generation Testimony, the Transmission of Trauma, and Postmemory', *Poetics Today*, 27:2 (2006), 473–88. Les réserves de Van Alphen sur le terme de postmémoire sont partagées par Gary Weissman, voir Gary Weissman, *Fantasies of Witnessing: Postwar Efforts to Experience the Holocaust* (Ithaca, NY: Cornell University Press, 2004).

61 Hirsch, 'The Generation of Postmemory', p. 109.

62 Peter Tame, ' "Ceci n'est pas un roman": *HHhH* de Laurent Binet, en deçà ou au-delà de la fiction?', in *Mémoires occupées: Fictions françaises et Seconde Guerre Mondiale*, ed. by Marc Dambre (Paris: Presses Sorbonne Nouvelle, 2013), pp. 129–36 (p. 135).

de ces personnages est à même d'être révélée. Au lieu d'apparaître uni-dimensionnels, les protagonistes de *HHhH* débordent d'un cadre historique replié sur lui-même. Si cela est possible grâce à l'articulation d'un temps non-chronologique, nous avons aussi démontré que ce temps va de pair avec une conception de la mémoire dans laquelle le retard en tant que force créatrice est constitutif. Ce temps non-chronologique, visible dans des structures cristallines, engendre des dissonances temporelles et instaure un sens d'indiscernabilité entre passé virtuel et présent actuel, entre imagination et réalité et fait ainsi écho aux paradoxes qui caractérisent la mémoire de ceux qui appartiennent à la génération de la postmémoire.

MICHAEL GRACE

'Se trouver en deux temps à la fois': Malabou's and Marker's plastic images

Part way through Chris Marker's landmark film *La Jetée* (1962), a moment of distraction guides away from the man's (Davos Hanich) pursuit of a woman (Hélène Chatelain) he first visions as a child on the jetty of Orly airport. At the centre of Marker's mythical photo-roman, composed (mostly) of still frames and spoken word, is a mysterious mission through time, with the ultimate aim of reaching the future and harvesting its energy to save the present in the wake of a fictional war. In the midst of this experiment and images stirred between perception, fallible memory and imagination, the woman from the jetty is briefly sighted again before she is lost once more among city crowds. He becomes instead engrossed in '[ce] monde sans date qui le bouleverse d'abord par sa richesse'; namely, a string of 'matériaux fabuleux: le verre, le plastique, le tissu éponge'. As he looks downward in the frame, the timeless objects of renewed and distracting fascination are not, however, immediately present in the visual image. The second look, taken and granted here, speaks for the film's interest in the meeting of matter and thought. This was announced already in the experiment conducted by Germanophone scientists at the origin of these images, said to emerge from the man's brain, and channelled through electrodes extending from his masked face. As our attention might also stray on his journey through time toward an abundance of materiality we cannot see onscreen, though, this interface of material and mental morphs into another – between images of film and those of the mind.

This chapter takes its cue from *La Jetée* in seeking to recover for film an interface with the seemingly obdurate material world and scientific knowledge without heralding the determinism of a future decided in advance. In figuring and beckoning this sideways glance, *La Jetée* turns us to the plane of contact at the heart of contemporary shifts in continental philosophy, well beyond the film's time, in the so-called 'nouveau[x] matérialisme[s]'.[1] The likes of Bernard Stiegler, Jean-Luc Nancy and Catherine Malabou take a renewed look at the material world but also interrogate the relation of phenomenal subjectivity to contemporary scientific knowledge that Marker's film explores in its own (disturbing) experiment.[2] Of these thinkers, it is Malabou, in particular, who effects such manoeuvres through the brain, beginning in *Que faire de notre cerveau?* (2004).[3] For Malabou, to look to the depths of the neuronal body is not necessarily to collapse mental experience to the brain's biological wirings as some 'naturalist', or 'object-oriented' accounts may do in philosophy.[4] Bridging the gap between 'symbolic' and 'biological' life held open due to a suspicion of determinism by thinkers such as Derrida, Foucault and Agamben before her,[5] Malabou's philosophy fosters rather '[u]n matérialisme raisonnable [...] qui pose que

1   Catherine Malabou explicitly uses this term to describe her own philosophy in *La Plasticité au soir de l'écriture: Dialectique, destruction, déconstruction* (Paris: Léo Scheer, 2005), pp. 113–14. For a broad overview of its usage in Anglophone and Continental contexts, see Diana Coole and Samantha Frost, eds, *New Materialisms: Ontology, Agency, and Politics* (Durham, NC: Duke University Press, 2010).

2   On the philosophers working in France associated with this turn, see, for example, Ian James, *The New French Philosophy* (Cambridge: Polity, 2012) and Christopher Watkin, *French Philosophy Today* (Edinburgh: Edinburgh University Press, 2016).

3   Catherine Malabou, *Que faire de notre cerveau?* (Paris: Bayard, 2011).

4   For a concise outline of the eliminative gesture of Anglophone 'naturalist' thinkers such as Patricia and Paul Churchland, among others, see Ian James, *The Technique of Thought: Nancy, Laruelle, Malabou, and Stiegler after Naturalism* (Minneapolis: University of Minnesota Press, 2019), pp. 3–10. On 'speculative realism' and object-oriented ontologies, see Levi Bryant, Nick Srnicek, and Graham Harman, eds, *The Speculative Turn: Continental Materialism and Realism* (Melbourne: re.press, 2011).

5   On how Malabou positions her materialism in distinction to these three thinkers see Catherine Malabou, 'Will Sovereignty Ever Be Deconstructed?', in *Plastic Materialities: Politics, Legality, and Metamorphosis in the Work of Catherine Malabou*, ed. by Brenna Bhandar and Johnathan Goldberg-Hiller (Durham, NC: Duke University Press, 2015), pp. 35–46.

le naturel se contredit lui-même et que la pensée est le fruit de cette contradiction'.[6] The plastic capacity of synaptic pathways to form, modulate and reform themselves introduces an undecidable into the material, resulting in a conflictual, rather than sequential or transparent relation between homeostatic, neuronal representation and conscious images. As in Marker's film, where the attempt at extracting images from the body spurs a metonymic stream of pictures, both devastating and beautiful, mind and matter meet in a relationship not of determinism but of creativity, 'une activité poétique'.[7] The subject in Malabou's philosophy is positioned between biological predeterminations and the openness of experience, foreclosed conclusions and the aleatory. To think the contact of mind and matter non-reductively, with space for 'fabulation' even, is thus to do what Marker's film also announces it will early on: 'passer par le temps'.

Malabou's signature concept of plasticity indeed surfaces alongside temporality in her first work, *L'Avenir de Hegel* (1996). Against the background of the history of French Hegelian scholarship, her project recovers the marginal presence of the plastic (and its attendant lexicon of plastisch, Plastik) as a motor to move beyond the teleological 'fin de l'histoire' dismissed for its determinism.[8] With the critiques of Heidegger, Derrida and others hanging over her as she reads, two forms of unresolved negativity enter play, one dialectical and the other de(con)structive, as she broaches a characteristic, non-assimilative 'entre-deux' that shapes her later work between the often opposed spheres of metaphysics and deconstruction, neuroscience and continental philosophy, the neuronal and phantasmatic mind.[9] The future in and of Hegel she recovers is neither the dialectical anticipation of spirit, bound to ontological closure, nor the passive, indefinite delay of Derrida's messianicity. Plasticity's conceptual, untranslatable synonym, *voir venir*, articulates rather a doubled posture of knowing

---

6   Malabou, *Que faire de notre cerveau?*, p. 186.
7   Ibid., p. 181.
8   Catherine Malabou, *L'Avenir de Hegel: Plasticité, temporalité, dialectique* (Paris: Vrin, 2015), pp. 19–28.
9   In *Que faire de notre cerveau?*, Malabou calls plasticity 'le nom de cet entre-deux', p. 186. In *La Plasticité au soir de l'écriture*, she locates her project 'à la croisée de deux logiques du négatif' (Paris: Éditions Léo Scheer, 2005), p. 18.

anticipation ('être sûr de ce qui vient') and exposure ('ne pas savoir ce qui va venir') that shapes and is shaped by her restless and transformative reading of the Hegelian subject.[10] This same posture is then fleshed out later by neurological plasticity and the epigenetic interaction of genome and phenotype.[11] The 'processus de différenciation et de détermination' of Malabou's *voir venir*, as Derrida paraphrases it in his response to her first book,[12] is the subject's doubled projection forward, a 'seeing' of the future as a restless giving and receiving of form in transformative philosophical, biological, but also readerly in-betweens: 'se trouver en deux temps à la fois'.[13] As Malabou morphs the future of Hegel into her own philosophical idiom, being in two times at once means inhabiting sensible spaces between foreclosed conclusions and residual speculative potential, images given and those created, from plastic neuronal or philosophical substance, but perhaps also, as I ultimately suggest here, through *La Jetée*, from film.

If Marker's film offers glimpses pre-emptive of the fundamental gestures of contemporary materialist philosophy, coming to this well discussed work today is also always already to be late. Raymond Bellour suggested as early as 1990 that almost everything had already been said about this landmark of film history in a claim since reiterated (and thus tacitly proven wrong).[14] In its content, structure and critical posterity, *La Jetée* offers a cycle of moments doubled, repeated, revisited, even in other films,[15] while continuing to foster, as in the man's renewed turn toward

10   Malabou, *L'Avenir de Hegel*, p. 28.
11   On the latter, see Catherine Malabou, *Avant demain: Épigenèse et rationalité* (Paris: Presses universitaires de France, 2014).
12   Jacques Derrida, 'Le Temps des adieux: Heidegger (lu par) Hegel (lu par) Malabou', *Revue Philosophique de la France et de l'Étranger*, 188:1 (1998), 3–47 (p. 8).
13   Malabou, *L'Avenir de Hegel*, p. 32.
14   Raymond Bellour, *L'Entre-images: photo, cinéma, vidéo* (Paris: Éditions de la différence, 2002), p. 146. Jenny Chamarette reiterates this claim in *Phenomenology and the Future of Film: Rethinking Subjectivity Beyond French Cinema* (Basingstoke: Palgrave Macmillan, 2012), p. 68.
15   The most explicit example is Terry Gilliam's *12 Monkeys* (1995). On the relation of these two films, see Elena del Río, 'The Remaking of *La Jetée*'s Time-Travel Narrative: *Twelve Monkeys* and the Rhetoric of Absolute Visibility', *Science Fiction Studies*, 28:3 (2001), 383–98.

worldly materiality, the chance for (yet) another look. Travelling through time, as the Germanophone experimenter states, 'die Hälfte von ihm ist hier, die andere Hälfte, sie ist in der Vergangenheit' ('half of him is here, the other half is in the past').[16] Moving through memories and speculations, resisting the teleological path toward a future on which the film sets him, the man finds himself most literally in two times at once. After elucidating Malabou's plastic time as it relates to the brain, the philosophical text and the phantasmatic image across her work, I ask whether, facing the images of *La Jetée*, we too find ourselves in a doubled temporality. The interest of thinking the entre-deux of Marker's film and Malabou's voir venir together lies in opening a broader account of the plasticity of the photographic image, even in its seemingly most determined, stilled form. This serves in the second part of the chapter to frame our encounter with film differently from turns to, and away from, the body in phenomenological and cognitivist approaches, focused on bodily predeterminations. Being in two times at once with Malabou and Marker means instead finding an essential, ongoing potential for transformation in the cinema: a plastic relay between the eye that perceives and the mind's eye that creates.

Malabou's voir venir: Brain, body, image

If in my reading of *La Jetée* with Malabou, the arrival of the body at the image is essential to the latter's plasticity, this involves looking beyond the paradigmatic assimilation of the temporal passages of Marker's film to the impersonal Deleuzian time-image. Even though Deleuze himself does not discuss *La Jetée* in *Cinéma 2*,[17] D. N. Rodowick's important early volume on his film-philosophy indeed makes of Marker's film its principle example of 'modern cinema', where continuities of action across images are

---

16 My translation.
17 Gilles Deleuze, *Cinéma 2: l'image-temps* (Paris: Éditions de Minuit, 1985).

fragmented in favour of incommensurable passage.[18] Where the man of
La Jetée indeed moves from space to space, moment to moment, in the
absence of seamless logical linkage between still frames, 'time is fragmented
like so many facets of a shattered crystal'.[19] That the interruptive interstice
becomes more noticeably marked by the still frames of the photo-roman
makes acutely visible the outside into which the time-image pushes, taking
with it any familiar notion of subjectivity, its habitual 'movement' and the
limitations thereof: 'the opportunity to confront these constraints with an
inhuman potential that is outside us as the pure form of time'.[20] The film's
hurtling toward the incommensurable gap is ultimately matched by the
man visioning himself dying on the jetty in the moment that bookends
the film (Figure 1). Others decentre the importance of this frame, however, looking to the object of the man's pursuit and gaze, the woman, who
breaks from stillness in the film's second famous moment in opening her
eyes.[21] For Jenny Chamarette, a continual displacement occurs: 'Subjectivity [is] not rooted in the psychical temporal loop, but always moving,
always shifting, not even located specifically in a body in space and time,
but in the stuttering form of dynamism itself.'[22] As it splits subjectivity in
the interstice, and through its rhythmic displacements between stillness
and movement, the film nevertheless continually offers an insistent
reminder as we are faced with the man's image: 'le sujet ne meurt pas'. In
continually returning to the shot of the man, eyes covered (Figure 2), *La
Jetée* paradoxically insists on the dual possibility of identity and its dissolution, of the sensate witnessing of one's own evacuation from the image.
That the 'subject' might remain present to their own loss – in the cyclical
'death' of the film as much as in the broader gestures of twentieth-century

18   D. N. Rodowick, *Gilles Deleuze's Time Machine* (Durham, NC: Duke University
     Press, 1997). See also Bellour, *L'Entre-images*, p. 146.
19   Rodowick, *Gilles Deleuze's*, p. 3.
20   Ibid., p. 208.
21   For Chamarette, the opening eyes might be described as the film's 'pivotal scene'.
     See *Phenomenology and the Future of Film*, p. 88. See also Catherine Lupton, *Chris
     Marker: Memories of the Future* (London: Reaktion, 2005), p. 93, and Janet Har-
     bord, *La Jetée* (London: Afterall Books, 2009), p. 3.
22   Chamarette, *Phenomenology and the Future of Film*, p. 90.

poststructuralist thought[23] – forms my point of contact between (Marker's) film and Malabou's plasticity today. Importantly, this stretches, as I argue, beyond just an onscreen illustration.

Figure 1. The bookending 'death' of the film.

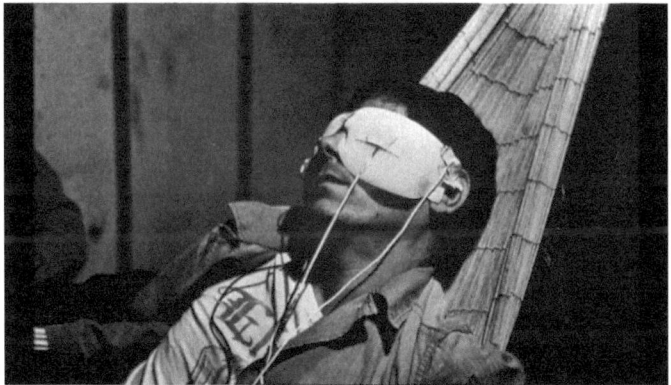

Figure 2. The man's witnessing of his own evacuation from the image.

23 See Nancy's indicatively entitled edited volume, which brings together French thinkers around a central question: Jean-Luc Nancy, Eduardo Cadava and Peter Connor, eds, *Who Comes after the Subject?* (New York: Routledge, 1991).

In *Que faire de notre cerveau?* Malabou does acknowledge Deleuze as
one of the few continental philosophers to take the brain and its plasticity seriously, having 'parfaitement analysé cette puissance en voyant en
elle la fonction cinématographique par excellence'.[24] Deleuze's reading of
Alain Resnais's *Je t'aime je t'aime* (1968), his prime example of the 'cinéma
du cerveau',[25] stands up, for Malabou, against other, tired metaphors of
the brain as a hardwired computer or telephone exchange.[26] In Resnais's
film, Claude Ridder (Claude Riche) travels through time in a montage of
the same events iterated differently, mirroring the capacity for synaptic
pathways to order and reorder themselves, in a logic pre-emptive of what
Patricia Pisters has called a Deleuzian 'neuro-image' in contemporary film.[27]
Malabou's thought, however, does not mine the kind of imitative parallel
at stake here, and which finds in cinema and philosophy a formulation
in sync with a scientific teaching. Where in *Qu'est-ce que la philosophie?*,
Deleuze and Guattari see the 'fonctions' of science and 'concepts' of philosophy as separate methods dovetailing in similar conclusions,[28] Malabou, like other materialist thinkers, finds ground for the possibility of
restless, creative interaction.[29] When she summarizes that the plasticity of
time between differentiation and determination is in fact the time-image

---

24   Malabou, *Que faire de notre cerveau?*, p. 105.

25   Deleuze, *Cinéma 2*, p. 268.

26   These are the two metaphors Malabou attacks in *Que faire de notre cerveau?*. Of
      course, not all computers are hardwired as AI shows: IBM's synaptic chip, for
      instance, exhibits some degree of plasticity akin to that of the human brain, lea-
      ding Malabou to nuance her position on the computer analogy in *Métamorphoses
      de l'intelligence: Que faire de leur cerveau bleu?* (Paris: Presses universitaires de
      France, 2017).

27   Patricia Pisters, *The Neuro-Image: A Deleuzian Film-philosophy of Digital Screen
      Culture* (Stanford, CA: Stanford University Press, 2012).

28   For Deleuze and Guattari, 'concepts' and 'fonctions' are complimentary but dis-
      tinct: 'il est toujours fâcheux que les savants fassent de la philosophie sans moyen
      effectivement philosophique, ou que les philosophes fassent de la science sans
      moyen effectivement scientifique', *Qu'est-ce que la philosophie?* (Paris: Éditions de
      Minuit, 1994), p. 152.

29   For a concise outline of the general difference of French new materialist thinkers
      to Deleuze and Guattari, see James, *The Technique of Thought*, pp. 15–54.

'inscribed in the brain',[30] she is directing her attention (as the title to her first book on the brain also makes clear) to what we might do with the knowledge science offers us when it becomes unshackled from normative or eliminative gestures and any resolutely scientific referentiality. The teachings of neuroplasticity reveal that the potential reordering, resequencing and reshaping of ourselves and the world is to be found in the paradoxical 'outside' onto which Malabou's philosophy but also Marker's film opens. That is, an outside found on the inside of the lived body. Recognizing the cinematographic function of the brain is to acknowledge its irreducibility to a singular image, metaphoric or otherwise,[31] and its reordering of the world speaks for a capacity we have, but may not realize: 'nous sommes peut-être toujours et nécessairement aveugles, dans un premier temps, à notre propre cinéma'.[32] It is in this inner cinema, the place of neuronal, philosophical, phantasmatic images, that both Malabou's philosophy and Marker's film make room for a subject against the grain of deconstruction and other poststructuralist philosophies, but one which is open to creative transformation, emerging, sometimes, in loss.

The two 'cinemas' I am suggesting are at stake here, literal and mental, accommodate no stable, viewing position. William Brown has shown how *La Jetée* and other films composed of still frames in their interstitial gaps make visible the necessary ellipses proper to vision that allow us, in the first place, to see. The eye's saccadic movements between fixations offer a moment of interruption, of 'blindness', which allows us to 'invent' the continuity of perception in the mind.[33] Mental activity is thus always at stake in perception, bringing with it the blindness to which Malabou specifically refers that structures the only illusory sense of a continuous subjective position. Drawing on theorists of the 'emotional brain', Joseph Ledoux

30   Catherine Malabou and Clayton Crockett, 'Plasticity and the Future of Philosophy and Theology', *Political Theology*, 11:1 (2010), 15–34 (p. 29).

31   She has indeed stated that 'cinema is not a brain reading' in Joanna Callaghan's *Love in the Post* (2014). I thank Laura Staab for making me aware of this film.

32   Malabou, *Que faire de notre cerveau?*, p. 107.

33   William Brown, 'In Order to See, You Must Look Away: Thinking about the Eye', in *Seeing into Screens: Eye Tracking and the Moving Image*, ed. by Tessa Dwyer et al. (London: Bloomsbury, 2017), pp. 15–27.

and Antonio Damasio, Malabou argues for the continuity of homeostatic, affective, emotional and rational activity that passes between the neuronal 'proto-Soi' and the 'soi conscient'.[34] For these thinkers, nothing pre-exists affective activity; as Malabou summarizes in *Self and Emotional Life*, 'consciousness, at its most elementary, is the awareness of a disturbance of the organism's homeostasis'.[35] Yet this relation of the self to itself is not causal or sequential. Any 'awareness' of subjectivity emerges in reality from no fixed entity feeling or viewing images reeling before the eye or the mind's eye. Damasio, known for his (tellingly entitled) book *Descartes's Error*,[36] writes rather that 'the owner of the movie-in-the-brain emerges within the movie'.[37] Ephemerally gathered, the 'viewer' appears with its conscious images, with no auto-affective or originary self antecedent to them.[38] This relation does not however reduce the subject to its homeostatic activity or introduce a determinism into how mental activity emerges. Malabou suggests, rather, 'il y a une tension entre le neuronal et le mental, il y a toujours la possibilité que telle ou telle trace ne se convertisse pas en image'.[39] Not only is perception always structured by mental activity as Brown and *La Jetée* show, then, but this mental activity maintains within it a precarious potentiality. As cases of 'plasticité destructrice' evince, where brain damage drastically and glaringly changes personality and affective capacity,[40] The

34   Malabou, *Que faire de notre cerveau?*, p. 161.
35   Catherine Malabou, 'Go Wonder: Subjectivity and Affects in Neurobiological Times', in *Self and Emotional Life: Philosophy, Psychoanalysis and Neuroscience*, ed. by Adrian Johnston and Catherine Malabou (New York: Columbia University Press, 2013), pp. 1–72 (p. 30).
36   Antonio Damasio, *Descartes's Error: Emotion, Reason and the Human Brain* (London: Papermac, 1996).
37   Antonio Damasio, *The Feeling of What Happens: Body and Emotion in the Making of Consciousness* (London: Vintage, 2000), p. 313.
38   Malabou does describe an 'autobiographical' self, but this is one continually maintained and reinforced through biographical narrativity. On the 'soi autobiographique', see *Que faire de notre cerveau?*, p. 143.
39   Malabou, *Que faire de notre cerveau?*, p. 181.
40   A significant portion of Malabou's œuvre explores the limit of plasticity in destruction. See *Les Nouveaux blessés: De Freud à la neurologie, penser les traumatismes contemporains* (Paris: Bayard, 2007) and *Ontologie de l'accident: Essai sur la plasticité destructrice* (Paris: Éditions Léo Scheer, 2009).

passage from trace to image, stimulus to feeling to thought, is not secured in always familiar ways. In the emergence of consciousness is the possibility of perceiving, creating but also losing images, and with that – as in the bookending moment of Marker's film – also the familiarity of the self.

The brain, for Malabou, is a surprising resource to think a 'changed' form of difference, one residing in potential between neurone and mind. This is the neurological version of the subjectivity she first outlined in purer philosophical terms with Hegel. In both, to be stuck in the temporal-psychical loop of our inner, bodily cinema heralds not the closure of difference that the eliminative gestures of science and Hegelian philosophy might seem to offer on the surface, but what Malabou calls '[un] avenir dans la clôture'.[41] In *La Plasticité au soir de l'écriture*, Malabou frames her whole philosophical project as one of closure, specifically in distinction to Derrida and Levinas whose conception of difference has recourse to an always excessive alterity tied to transcendence.[42] The epiphanic visage of Levinas, an ethical emblem that pierces formal presentation (as face or otherwise), or the formless trace of writing for Derrida, exceed the domain of presence, opening onto a messianic temporality, 'une attente sans attente' and the indefinite deferral of justice and democracy.[43] Malabou speaks instead of the 'forme-effet de l'autre', that reinstalls activity, anticipation: '[f]aire une expérience, c'est recevoir de l'autre une autre inflexion et une autre forme, les lui donner aussi en retour'.[44] It is this active or anticipatory dimension of plasticity and its syntagma, *voir venir*, toward which Derrida, her former doctoral supervisor, is unsurprisingly suspicious in response to her early work.[45] For Malabou, nonetheless, the return to Hegel, the subject (and the brain) does not announce an abandonment of deconstructive imperatives; she states repeatedly that there is no way to think as if in, or effect

41   Malabou, *L'Avenir de Hegel*, p. 255.
42   See Malabou, *La Plasticité au soir de l'écriture*, pp. 75–96.
43   Catherine Malabou, 'Postface à la seconde édition', in *L'Avenir de Hegel*, pp. 259–70 (p. 262).
44   Malabou, *La Plasticité au soir de l'écriture*, p. 79.
45   See Derrida's account in 'Le Temps des adieux'.

a 'regression' to, a time before the deconstruction of metaphysics began.[46] *Voir venir* carries the deconstructive impulse rather in a 'looking' for or 'seeing' differential resources within the plasticity of philosophical and neurological systems where the future otherwise appears foreclosed: 'The mutability of beings is what opens a future in the absence of any openness of the world.'[47]

This sensible register of *voir venir* comes to the fore in Malabou's readings, which form an explicit interpellation of the first person and 'the impossibility of fleeing oneself'.[48] Her proclaimed 'nouvelle méthode de lecture' is striking in how it works marginalia into a new image of the philosophy with which it deals,[49] whether it is '[en] "tombant" un jour sur le terme "plastique"' in Hegel's thought,[50] or, then, on the marginal and overlooked vocabulary of change, Wandel, Wandlung and Verwandlung that drive her later reading of Heidegger.[51] The interplay of teleological necessity and surprise or novelty she recovers through plasticity in its varying philosophical and neurological guises describes therefore also the position in which the first person finds itself in relation to the text. There is no masterful subjectivity here, but one exposed to stumbling upon motifs that propel thought beyond their localized textual occurrences and apparent determinisms, and whose agency collapses just as it gathers. As she writes of the plastic motif in Hegel, 'le "Moi" fut rompu à l'épreuve de sa découverte'.[52] Moving through the sensible space of the text, open not just to the foregone conclusions of philosophical history, occasions

---

46   See 'Postface à la seconde édition', in *L'Avenir de Hegel*, p. 264. See also *La Plasticité au soir de l'écriture*, where she writes, unequivocally, '[l]a destruction et la déconstruction ont eu lieu […] La lecture plastique voudrait être la métamorphose de la lecture déconstructrice', p. 98.

47   Catherine Malabou, 'Afterword', in *Plasticity at the Dusk of Writing: Dialectic, Destruction, Deconstruction*, trans. Carolyn Shread, pp. 65–81 (p. 78). This highly instructive afterword appears only in the English translation.

48   Ibid., p. 81.

49   Malabou, *La Plasticité au soir de l'écriture*, p. 97.

50   Malabou, *L'Avenir de Hegel*, p. 246.

51   See *Le Change Heidegger: Du fantastique en philosophie* (Paris: Éditions Léo Scheer, 2004).

52   Malabou, *L'Avenir de Hegel*, p. 246.

the transformation of surprising (and often unnoticed) plastic hooks into specular matter from which she can shape and change her expansive philosophical idiom, and thus, as she fascinatingly suggests, even herself.

In the visual register of *voir venir*, a novel conception of sight emerges. Malabou's metamorphic look runs counter to the metaphysical bind of sight to knowledge, as it may in the most 'ocularcentric' of philosophical discourse eschewed by twentieth-century French philosophy.[53] This is a vision that is always (possibly) troubled as it secures itself on any object. As Malabou states of reading, 'une interprétation est une production qui assume l'accident qui lui donne naissance et qui accepte du même coup de ne pas être définitive, mais promise elle-même à d'autres lecteurs'.[54] Donation and reception, perception and invention cannot be unshackled from one another in reading philosophical texts or in theorizing consciousness via the brain, and it is their intertwined relation that opens the subject to future accident and to change, as well as to others. The aporia of the impossible gift Derrida describes in *Donner le temps* thus persists,[55] but unlike him, Malabou embraces the economic relay of giving and receiving, in that this bespeaks not restitution to the identity of the subject but the 'form-effect' of mutability, of return to a self who is never unchanged. She makes this most clear in her readings of Heidegger. Her argument is that Heidegger's triad of change reveals 'une mise en image originaire': an originary metamorphosis (metabolè) in the schematization of a fantastic image without referent at the origin of Being and of thought. Put differently, in terms that clearly resonate with what she later finds in the movie-in-the-brain, '[p]enser l'expérience de la conscience comme metabolè implique alors de la comprendre comme un arrachement à soi, un lancer de soi qui produit l'identité au lieu de la présupposer'.[56] Echoing the surprising turn of her reading of Hegel, this thought emerges not from the familiar Heidegger (with his controversial biography), whose rethinking of the ontological

53   On the history and eschewal of sight in French philosophy see Martin Jay, *Downcast Eyes: The Denigration of Vision in Twentieth Century French Thought* (Berkeley: University of California Press, 1993).

54   Malabou, *L'Avenir de Hegel*, p. 246.

55   Jacques Derrida, *Donner le temps I: La Fausse monnaie* (Paris: Galilée, 1991).

56   Malabou, *La Plasticité au soir de l'écriture*, p. 55.

difference and turn from beings to Being is often considered only another metaphysical gesture, but the vestiges of a different one, found 'comme en un coffret tapi au fond du texte, inépuisable ressource fantasmatique'.[57] To look to the depths of the philosophical text or the neurological subject is not a gesture to reveal an originary truth locked away in a casket, or, in terms Derrida's whole project deconstructs, to disclose its truthful 'secret'.[58] Rather, in moving through the penumbra, a mode of sight is in operation that makes room for a new and different originary beginning, 'une enfance à venir dans le texte'.[59] In scoping out the liminal, obscure margins of texts to make space for such a surprising future, Jean-Paul Martinon suggests plasticity might even be better articulated as voir venir aveugle.[60] The texts' uncertain mode of visibility that fosters or indeed requires intertwined perception and invention and transformation of the originary referent comes together at the end of her original book on Heidegger, addressed directly to you throughout.[61] Coalescing the form and content of her text on 'le fantastique en philosophie', Malabou invites the reader, not simply to follow or to reject Heidegger's work (and her reading of it), but, crucially, to 'l'imaginer'.[62]

Malabou's thought more broadly might be said to effect such an interpellation. Not turning back before deconstruction to the rigid predeterminations of Hegel or the cognitive sciences, Malabou envisages a seeing and thinking that opens subject and image in their substantial, material form to their ongoing transformation – un lancer de soi – toward others and the future. This posture of the embodied subject, between its familiar self and an encounter with strangeness as the inner cinema meets an object of

57   Ibid., p. 65.
58   See Jacques Derrida, 'Comment ne pas parler: Dénégations', in *Psyché: Inventions de l'autre* (Paris: Galilée, 1987), pp. 535–95.
59   Malabou, *La Plasticité au soir de l'écriture*, p. 101.
60   Jean-Paul Martinon, *On Futurity: Malabou, Nancy and Derrida* (London: Palgrave Macmillan, 2007), p. 49.
61   She continually impels readerly activity in relation to the Heidegger change: '[f]aisons-le *nous*. C'est à dire vous et moi': see Malabou, *Le Change Heidegger*, p. 11.
62   Ibid., p. 369.

perception is found in *La Jetée* in its *mise-en-abyme*, but also, I suggest, on the other side of the screen in viewing. Thinking the body in this doubled temporality, *voir venir*, as it meets the image, allows in what follows for a different reflection on prevailing turns to and from the seeming determinisms of embodiment and perception in recent film theory.

La Jetée: The materiality of the future

That Marker's film does more than just illustrate the time of Malabou's creative mode of vision, but beckons it too, plays out in the experience of encountering or being caught by the hooks of its still frames. To lead into consideration of *La Jetée* as I did in the introduction through a fleeting glance is indeed to pause on a moment that may seem incidental or inconsequential in comparison to those of Hélène Chatelain and the film's nascent love story between her figure and the man. However, to pay attention to this glimpse is to recognize the film's continual oppositions of images that arrest and those that pass. Indeed, if *La Jetée* now has landmark film-historical status, the diegetic image of the man – 'marqué par une image d'enfance' – metabolizes a history of photographic iconicity; as his arm flails to the side at the moment of his death the frame recalls Jean Capa's photograph from the Spanish Civil War, 'The Falling Soldier' (1936), as many have noted.[63] Elsewhere the film bifurcates between more and less immediately striking or emblematic moments, showing statuary among arbitrary found objects like cats, pasture, bedrooms. Such distinctions between the iconic and the banal, the arrested and the moving, bleed throughout Marker's oeuvre. Despite being a photo-roman, many commentators indeed acknowledge a 'dynamism' inherent to all of the frames and not just the moving images of the woman's awakening through their

---

63   For a discussion of this photograph in relation to *La Jetée* and cinematic iconicity more broadly, see Libby Saxton, 'The Falling Soldier and Film', *Screen*, 57:3 (2016), 353–61.

affective charge.[64] This oscillation of stasis and movement, images fixed through time and those that pass are proper to the director's filmmaking more broadly, as Marker signals in resonant terms early on in his other masterpiece, *Sans soleil* (1983), through the ghostwriting narrator's lingering on ordinary images in Japan, Cape Verde and so on: 'seule la banalité m'intéresse encore'.[65] In *La Jetée*, the narrator describes the man's passage between times and between images in apposite terms: 'l'esprit humain achoppait'. This film's rhythm might be said to be one of achoppement, fostering, as in the man's turn to the banal materiality of the world, a stumbling movement that catches us as new images and a return to the woman ensue. The pull of images cleaves between lingering fascination, including our own (not necessarily for its headline images), and film time moving forward.

The asynchronous temporality fostered through the film's form sensitizes us to the profound ambivalence of what its images actually record. As the reference to Jean Capa's photograph already suggests, history pulses through these images, if indeterminately; the whispers of the torturous scientists in German and the ruined images of the city of Paris recall and reimagine the worst of the first half of the twentieth century. These remain allusive, however; as Patrick ffrench writes, 'this memory is not that of specific events, nor that of a specific subject'.[66] The memory of the image is loosened from the grip of individual personal history. The man is at once visibly resistant to the images but announced as 'doué d'images mentales très fortes', locating the frames somewhere between subjective recollection and imposition from without. Excessive, but inextricably bound to his own rememorative faculty, then, the images also bear a strangeness highlighted in their renewed encounters and passage from found object to found object, to feelings that iterate but produce something other: '[U]n bonheur, mais différent' is described as the man passes through the less terrifying images of the woman and the joy of

64   Patrick ffrench, 'The Memory of the Image in Chris Marker's *La Jetée*', *French Studies*, 59:1 (2005), 31–37 (p. 35).
65   Sarah Cooper suggests that stillness and movement might be a heuristic for the director's whole oeuvre. See *Chris Marker* (Manchester: Manchester University Press, 2010).
66   ffrench, 'The Memory of the Image', p. 37.

the museum of taxidermy animals. Yet this is not limited to narrated feelings, and the structure of the eye mask – wired up and ambivalent in its images like some kind of pre-cursor to a contemporary virtual reality helmet – speaks to how the film itself has been received. Janet Harbord draws on its inexhaustible critical history to suggest it functions like Derrida's understanding of the archive, open, directed to the future, rather than backward-looking.[67] However, this archive retains an element of the personal, where the personal is not unchanging, but traversed by the unfamiliar with the effects of time. As Harbord suggests, across screens and among different audiences, it fosters uncanny, individual and collective returns to its images: 'When we come to it again, in these various manifestations, it is changed and so are we.'[68] Registering horror as much as love, but also enduring fascination and critical imagination, 'promise elle-même à d'autres lecteurs' in both its form and posterity, the image moves into the doubled temporality familiar from Malabou's work. The film bears witness to history while, pointing us, without fixing us, beyond the image most manifestly or immediately present in a manner that is indeed always 'rétrospectif et prospectif',[69] at the same time.

Figure 3. The film's 'embalming' of the future beyond indexicality.

67   Harbord, *La Jetée*, p. 86.
68   Ibid.
69   Malabou, *L'Avenir de Hegel*, p. 32.

The film therefore offers an image not to be understood indexically, bound to a past moment of what was ('ça-a-été') as it is for Roland Barthes,[70] or serving to 'embaume[r] le temps', as André Bazin claimed.[71] As the man and woman move through a park, at one moment the man points beyond the lines of the sequoia tree trunk, to where he is 'from', beyond any mark made by time understood in a simple linear, historical or referential sense (Figure 3). Beyond this moment and the man's ahistorical origin, *La Jetée* is continually evoking such moves to and away from what lies beyond, in the capacious referentiality of its images that are directed toward what they might touch in their future, outside the binds of recognizable temporality and what its images 'embalm', also when we arrive at it.

It is in this temporal complication that the film speaks differently to how many recent theories have imagined our arrival at the image. Against the background of psychoanalytic film theory, both cognitive and pheno-menological theories are embedded in a certain temporality. The sensuous proximity afforded by tactile images serves as a resource to argue that the spectator brings something important with it to the cinema, as the image stirs 'embodied memory',[72] through the direct access to the material afforded by the indexical relationship of the pro-filmic, light and the eye.[73] Drawing on different schools of philosophy alongside scientific writings, cognitivist theorists, following David Bordwell's early work, have looked to the brain.[74] The neuronal body imagined here differs from Malabou's,

---

70   See Roland Barthes, *La Chambre claire: Note sur la photographie* (Paris: Cahiers du cinéma, 1980).

71   André Bazin, *Qu'est-ce que le cinéma?* (Paris: Cerf, 1999), p. 14.

72   For Laura U. Marks's Deleuzian account, proximity aids in 'converting vision to touch' see *The Skin of the Film: Intercultural Cinema, Embodiment and the Senses* (Durham, NC: Duke University Press, 2000), p. 159.

73   See Vivian Sobchack, *The Address of the Eye: A Phenomenology of Film Experience* (Princeton, NJ: Princeton University Press, 1992) and *Carnal Thoughts: Embodi-ment and Moving Image Culture* (Berkeley: University of California Press, 2004). Following Sobchack, Jennifer Barker details how cinematic touch is underpinned by (Barthesian) indexicality. See *The Tactile Eye: Touch and the Cinematic Expe-rience* (Berkeley: University of California Press, 2009), pp. 30–31.

74   For an outline of the aims and claims of this broad school, see David Bordwell, 'A Case for Cognitivism: Cinema and Cognitive Psychology', *Iris*, 9 (1989), 11–40.

with focus lying rather on how the 'biologically hardwired' dispositions of our brain facilitate comprehension, allowing us to be guided more or less down a fixed narrative path.[75] In Malabou, as in Marker, the relation of subject and image is not grounded solely in antecedence, whether passive or active, sensuous or cognitive. The man's gestures beyond what is there, our continual uncanny encounters with the film, as in the neuronal or philosophical 'fantastic', indexes also that distortive addendum within the image and the subject that meets it: '... mais différent'.

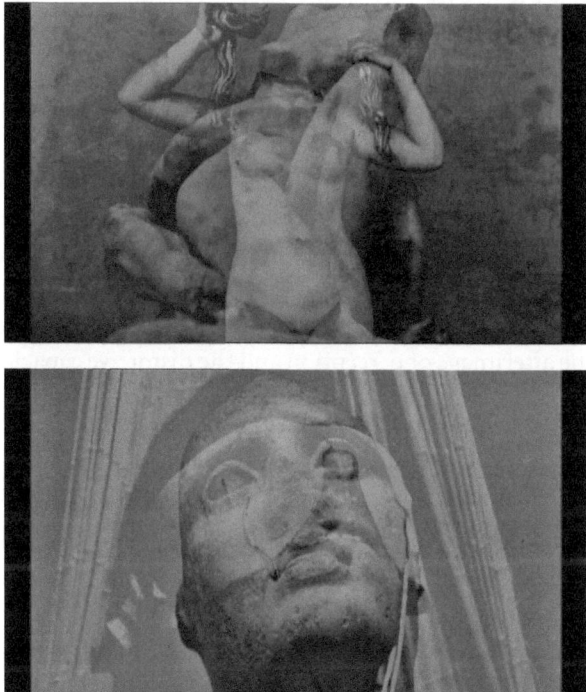

Figures 4–5. The tremulous emergence of a metamorphic impulse between images.

75 Torben Grødal, *Embodied Visions: Evolution, Emotion, Culture and Film* (Oxford: Oxford University Press, 2009), p. 28. For a hyperbolic example of how the brain is co-opted into discourses of 'control' effected by the image on the viewer, see also Uri Hasson et al., 'Neurocinematics: The Neuroscience of Film', *Projections*, 2:1 (2008), 1–26.

This subject imagined in and possibly with Marker's film and Malabou's thought thus nuances the main criticisms of spectatorial theories that make the image 'for-me', in Eugenie Brinkema's words.[76] Brinkema's polemical response to an overemphasis on the spectator in recent film theories and their implicit (re)instatement of a metaphysics of presence is to cut them off. She eschews overinvolved embodied feeling, said to congeal the myriad and infinite possibilities for reading film form contains. Yet to focus on the form of the image is to eschew other forms to which *La Jetée* and Malabou's plasticity are continually guiding us.

Even in their stillness, there is a continual distortive impulse traversing Marker's photographs. As frames of crumbling statuary are dissolved into one another, the images lose their object, morphing almost into something else, before, after a split second, we are taken to the solidity to a new frame and a new stone statue (Figure 4). The film similarly superimposes the man's masked face, layered, for a second over the preceding or following image (Figure 5). Like precarious sheets, figuring a flight through the fragility of the superimposed image to the immaterial, cut short, returning us always to the world of matter, the images appear as if at a precarious line between the afterimage of perception and the distortive capacity inherent in this (indexical) point of contact between viewer and image, without ever severing the two. Sarah Cooper's work on the imagination in film offers one important way to think contact of body and image without determinism in this vein, where (art) cinema makes room the 'duality of seeing pictures' in fostering labile mental images to appear in absence of, or sometimes alongside, those of the screen.[77] *La Jetée* does not quite offer the space for this splitting, but inflects rather what Cooper calls the 'reshaping' of images with its own insistent verbal and visual grammar between statue and sculpture.[78] Sound, too, is essential: commentary throughout on the frames gestures to the visible, but highlights, as objects are named,

76   Eugenie Brinkema, *The Forms of the Affects* (Durham, NC: Duke University Press, 2014), p. 36.

77   Sarah Cooper, *Film and the Imagined Image* (Edinburgh: Edinburgh University Press, 2019), p. 167.

78   Ibid., pp. 113–33.

a possible gap between seen and said, a figural depth rendered in the relay of eye and mind. To name but one indicative example, the narrator evokes the woman noticing the man's necklace, its emergence as a souvenir from war to come. In response, 'il invente une explication', the narrator suggests, in a gesture too to the work of the spectator, cued here and throughout by evocative words to append invention to the visible. 'Là, j'étais', as Carol Mavor refashions the title of Marker's film:[79] being there, arriving before the image, means (possibly) also distorting an image, être marqué(e) par une image means also marquer une image, thereby losing our grip on any fixed form or sensible impression that will last through time. *La Jetée*, like Malabou's voir venir, emphasizes the inextricable bind of these two motions, taking us in flight through the promised forms of its editing and image-sound interaction toward the immaterial and phantasmatic, without unshackling us for long from the mutating substance in the image or leaving an empty placeholder beyond it, infinitely open.

In light of film history, too, this mutability beckons the future while looking backward. Plasticity in film has a long and varied history in evocations of medium-specificity that lead back down an art-historical path. For early thinkers, cinema's plasticity was particular in displacing the work of the artist's hand to that of the viewer's mind through film's materiality. As the first theorist of film Hugo Münsterberg argued, the images of the screen are 'flat pictures which only the mind moulds into plastic things',[80] much like how French theorist Élie Faure spoke of film's 'cineplastic' capacity to stir 'des impressions plastiques neuves' for its audience.[81] The understanding of the generative movements of film form at stake here live on importantly in Malabou's work, as she explicitly recycles Faure's

---

79   See Carol Mavor, *Black and Blue: The Bruising Passion of* Camera Lucida, La Jetée, Sans soleil, *and* Hiroshima mon amour (Durham, NC: Duke University Press, 2012).

80   Hugo Münsterberg, *Hugo Münsterberg on Film: The Photoplay: A Psychological Study and Other Writings*, ed. by Allan Langdale (Florence: Taylor & Francis, 2013), p. 128.

81   Élie Faure, *Fonction du cinéma: De la cinéplastique à son destin social* (Geneva: Gonthier, 1963), p. 35.

'cineplasticity' as a means to think form – of the body, brain and text – not as fixed but as malleable and restless, carrying with it its substrate.[82] The distortive dissolves of *La Jetée*, as well as a soundtrack suffused with the incoherent German whispers of the experimenters, anticipates the accretion of matter, graininess and noise on the film stock over time. The narrative path also already pre-empts this registering of age and history. Indeed, as the man refuses looking beyond to the expanse of an almost science-fictional landscape of floating heads on blank backgrounds in his mission through time, the film rescales any forward-surging momentum away from infinite expanse. The passage into the future moves instead through images of matter, first patterns of recurring cellular diagrams (Figure 6), then abstract linear formations, suggested by the narrator to be an aerial view of Paris, fashioning a grooved texture across the image, shown in increasing close-up (Figure 7). As the man's refusal to pass into the empty opening is confirmed, his image again becomes textured by the superimposition of similar abstract patterns behind him, marking a turn away from the future both as a teleological end goal and also one totally formless and open (Figure 8).

82   The term shapes her reading of Heidegger in *Le Change Heidegger*. The term recurs through the history of film theory, from Bazin to Eisenstein with different meanings, from mise-en-scène to montage. For Deleuze, film is ultimately 'une masse plastique, une matière a-signifiante et a-syntaxique'. See *Cinéma 2*, p. 44.

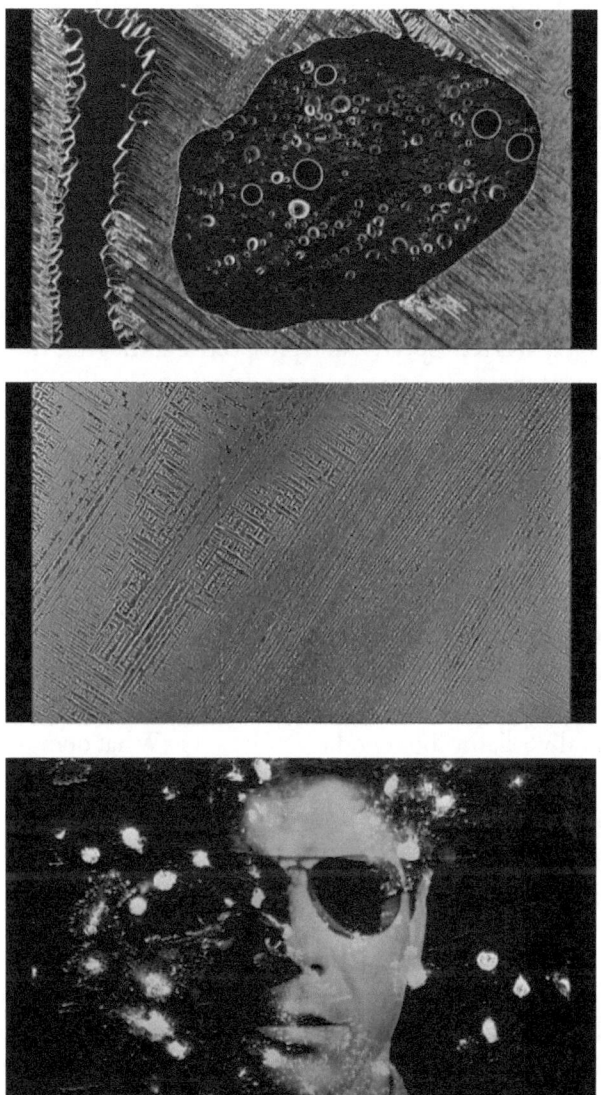

Figures 6–8. The materiality of the future, texturing the image.

This ending rounds off a complex *mise-en-abyme*, the film's interrogation of the image itself. It points to how the film's anachronisms – in its form and posterity – invite us to reimagine the relation of matter and mind as they are brought into contact by film. The man indeed turns back from the open 'future', in hope of returning to the childhood moment with which the film began, resulting in the realization of his own evacuation and an implicit return to the beginning of the cycle of the film. Yet this loss announces also *une enfance à venir*. Heralding a stream of other forms and other pictures to come as it ends, even today, Marker's film offers and fosters a look that is retrospective and prospective at the same time. Looking to the origin of the medium, to the most determined, stilled photographic frame, only to point through it to mutability, transformation to come as its very fabric, *La Jetée* sees the future coming not despite or without us there. Thinking film in plastic terms, as site of exchange between the mental and the material, means thinking the promise of a different history both for the image and the look it calls forth.

In a recent reflection on the stakes of thinking (or eliding) spectatorship in film theory, Brinkema worries that despite an increased attentiveness to the myriad forms of bodies onscreen, there remains one tacitly rigidified on the other side of the image. She writes, 'Any reading of a text is fundamentally a claim about bodies.'[83] She asks: 'What does your reading require and threaten, and what are you thereby willing to risk?'[84] If Brinkema's own work might risk, or indeed, remove the first person in favour of the possibilities of the text, then *La Jetée* and Malabou's imagining of the plastic neuronal and philosophical subject might be said to match such a gesture. However, as the terrifying experiment of Marker's film perhaps warns, this ought not to have to involve wrenching of the image away from the body indefinitely. Coming to a film like *La Jetée* today we may indeed be late, with its exegetic history already hanging over its paucity of frames, but, as I have shown, this only serves to affirm the chance it continues to offer for another look. Malabou and Marker find malleable openings in

83   Eugenie Brinkema, 'Of Bodies, Changed to Different Bodies, Changed to Other Forms', *Somatechnics*, 8:1 (2018), 125–36 (p. 135).
84   Ibid.

the depths of matter – be it neuronal or filmic – that might otherwise and in other accounts seem already determined. Looking back while looking forward, folding the mental into the material, thinking the image as plastic has meant here to think its indexing of fascination, mutability and change that we bring to it and take away. Beyond *La Jetée*, the plasticity of the image outlined here opens the possibility of reformulating broader questions of agency and of ethics in the cinema. For this, the forms of the body, brain and mind need not be excluded as loci of stasis, determinism or a return to the self as some may think, but reimagined themselves as sites of undoing, transformation, the future – one, indeed, que *l'on voit venir*.

SKY HERINGTON

'L'éternel recommencement': From infernal cycles to subversive spirals in Sony Labou Tansi's *Conscience de tracteur* (and beyond)

Africa has repeatedly been represented in terms of delay or exclusion in European thought, with political and philosophical discourse from the West positioning the continent as a place outside of time or, when not excluded completely, then always lagging behind. As recently as 2007, Nicolas Sarkozy, echoing Hegel's infamous claim that Africa has no history, stated that the African had not yet entered into history, being subject to 'l'éternel recommencement du temps' and following a rhythm of life marked by repetition that would not allow for progress or movement towards a future.[1] Such claims derive from the Enlightenment philosophy of the era of European modernity which fundamentally relied on Africa for its own historical formation. Situating Africans outside of supposedly universal humanity, characterizing them as incapable of reason or ethical conduct, allowed for the construction of the modern European in absolute contrast with this negated Other, and was used as a justification for the most horrific, inhumane treatment. In a painfully tangible way, it has been in its imperial dominion, through slavery and colonialism, that Europe has secured its place in its own, ethnocentric modernity. As the late

---

1   'France-Sénégal: extraits du discours de Dakar prononcé par Nicolas Sarkozy en 2007', *Jeune Afrique*, 12 October 2012, <https://jeuneafrique.com/173901/politi que/france-s-n-gal-extraits-du-discours-de-dakar-prononc-par-nicolas-sarkozy-en-2007> [accessed 2 January 2020].

Tejumola Olaniyan wrote, European modernity is a modernity from which Africa has been excluded despite having 'paid most of its bills'.[2]

From an African perspective, the issue of delay is relevant to understandings of the supposed timeframe of the colonialist project. Emmanuel Chukwudi Eze argues that in light of the West's 'yet-to-end exploitation and denigration of African humanity', the 'post' of 'post-colonial' and 'postcolonial' (since, despite their different emphases, both iterations describe the existence of a time-space after colonialism), fails to convey the 'unfulfilled dreams of the independence achievements of the 1960s'.[3] This had already been prophesied by Frantz Fanon in 1961 when he warned of the dangers of an anticolonialist movement driven by bourgeois nationalist ideology which would displace colonial structures only in the interests of its own political elite, creating a sense of immobilization after independence through ongoing collaboration with neocolonial powers.[4] This has played out, in the words of Olaniyan, through the continent's 'debt peonage to former colonisers, the chokehold of foreign-owned multinational corporations, and the invasion from irresistible weapons of Euro-American imperialism' which constitute ample proof that the colonial era is still far from over.[5]

These conceptions of delay reappear in discourse on Francophone theatre in Africa. On the one hand, while African theatre specifically in French emerged from the William Ponty school in 1930s Dakar, other forms of theatre, as well as drama and ritual, of course date back centuries.[6] Yet commentary from the West has tended to represent Francophone

2   Tejumola Olaniyan, 'Postmodernity, Postcoloniality, and African Studies', in *Postmodernism, Postcoloniality, and African Studies*, ed. by Zine Magubane (Asmara; Trenton: Africa World Press, 2003), pp. 39–60 (p. 56).

3   Emmanuel Chukwudi Eze, 'Introduction', in *Postcolonial African Philosophy: A Critical Reader*, ed. by Emmanuel Chukwudi Eze (Oxford: Blackwell, 1997), pp. 1–21 (p. 14).

4   Frantz Fanon, *Les Damnés de la terre* (Paris: La Découverte, 2002 [1961]).

5   Olaniyan, 'Postmodernity, Postcoloniality', p. 39.

6   John Conteh-Morgan offers an extensive overview of the history of ritual in Francophone Africa and its use in both theatre and its sub-species, drama. See *Theatre and Drama in Francophone Africa* (Cambridge: Cambridge University Press, 1994).

African theatre as an art form in its infancy, recalling Enlightenment discourse that fixed the continent in a state of perpetual immaturity.[7] The Concours théâtral interafricain, a competition for African radio plays in French opened in 1968 by France's Office de coopération radiophonique, later the Office de radiodiffusion-télévision française (ORTF), showed this tendency in some of its commentary. One entry to its first competition, for example, was described by French judges as, 'très, très primaire. Un devoir de CM2'.[8] On the other hand, the Concours, like other institutions such as the Institut français, and multinational corporations, positioned Western cultural figures as gatekeepers in deciding the criteria for selection for funding, broadcast and publication.[9] The continued involvement of these institutions in African arts today again raises questions about the extent to which colonial power can really be said to be confined to the past.

Against this backdrop, this chapter proposes an examination of a play by the Congolese writer Sony Labou Tansi (1947–95).[10] Celebrated for his originality, humour, innovative use of language and markedly avant-garde style, Sony is best known for his 1979 novel, *La Vie et demie*, often seen as the moment of his explosive entry into the literary scene at the end of what has been described by Lydie Moudileno as 'a rather slow and unexciting decade' in Francophone literature from sub-Saharan Africa.[11] The focus here is on *Conscience de tracteur* (1973), with some concluding remarks on *La Gueule de rechange* (1974), both of which were entered into ORTF competitions. By re-centring these plays which have received little

---

7   For an example of French discourse which positions African theatre as immature, see Jacques Scherer's panorama, *Le Théâtre en Afrique noire francophone* (Paris: Presses universitaires de France, 1992).

8   *Fiches critiques des œuvres envoyées pour le Concours théâtral interafricain 1968* (Paris: Université Sorbonne-Nouvelle, Théâtrothèque Gaston Baty (TGB)), p. 12.

9   For further discussion on the influence of the Concours on theatrical writing of the 1970s–90s see Céline Gahungu, *Sony Labou Tansi: naissance d'un écrivain* (Paris: CNRS Éditions, 2019) and Conteh-Morgan.

10 'Sony Labou Tansi' is the pen name that was adopted by Marcel Ntsoni. The author is hereafter referred to as 'Sony', following convention in the literature.

11 Lydie Moudileno, 'Magical Realism: "Arme miraculeuse" for the African Novel?', *Research in African Literatures*, 37:1 (2006), 28–41, <https://doi:10.1353/ral.2006.0009> (p. 29).

attention either in criticism or performance, the chapter aims to highlight, albeit belatedly, their contribution to both Sony's oeuvre and Francophone African literature more broadly, and to open up possibilities for locating multiple moments of literary explosion in Sony's writing career.[12] Despite *Conscience de tracteur* being amongst the winning entries to the competition in 1973, Sony did not benefit from the promised prize of publication, and the text was only printed in 1979 by another publisher.[13] Furthermore, it has only had a limited number of performances: following the original radio broadcast of winning plays in 1973 which was repeated in 1981, it was performed in Dakar in 1984 and then in translation in New York in 1987.[14] In addition to these time lags between writing, publication and staging, the lack of detail in the available records of these performances leave the play to be imagined as a staged performance, implying yet another instance of a fulfilment that is still to come.

Conscience de tracteur challenges the hegemony of Western modernity both explicitly in its subject matter and implicitly in the style and devices employed. This chapter explores Sony's creation of explosive end times and the possibility of new beginnings, and his uses of various forms of repetition, resurrection and revival as a means of disrupting the linear time of colonialist developmentalism and the finitude imposed in the form of massacre by

12   *La Vie et demie* undoubtedly brought Sony unprecedented international critical acclaim and commercial success. My aim is not to question this but rather to re-evaluate the literary merit of the earlier texts which, I believe, also mark significant moments in Sony's career and introduce some of the themes that reappear later in the novels.

13   Sony Labou Tansi, *Conscience de tracteur* (Dakar: Nouvelles Éditions Africaines/ CLE, 1979). This was his only work to be published by an African publisher.

14   Scherer presents *Conscience de tracteur* as, '[l]a pièce la plus connue et sans doute la plus souvent jouée de Sony Lab'ou [sic] Tansi', p. 95. The basis for these claims is unclear. My research has uncovered only very brief records of these two performances: at the Théâtre Daniel Sorano in Dakar, directed by Tola Koukoui and at the Ubu Repertory theatre in New York, with the English title, *The Second Ark*, directed by Fred Tyson. See Jean-Michel Devésa, *Sony Labou Tansi: écrivain de la honte et des rives magiques du Kongo* (Paris: L'Harmattan, 1996), p. 185; 'Ubu Repertory Theater Season Catalogue, February 1987', SLT 134/10 BA3, Limoges, Fonds Sony Labou Tansi, Bibliothèque francophone multimédia de Limoges.

the (post)colonial state. It begins by considering how the myth of European progress as universal is satirized in *Conscience de tracteur*, and explores its uses of resurrection as a potentially subversive device that delays the finality of death. It then introduces the play's revival of pre-colonial Kongo cosmology, art forms and ritual and figures of Congolese history which themselves engage in themes of the cyclical which undermine linear narratives of time. The determinism implied by repetition and circularity is addressed as potentially problematic, but this is drawn into question through attention to the symbol of the spiral in Kongo thought and the play's futuristic setting. Finally, the chapter examines Sony's insistence on the spectator's role in the unfolding of this future, a responsibility that is underscored by the play's emphasis on affect, before consolidating the conclusions drawn with a brief interrogation of the performance 'afterlives' of Sony's next play, *La Gueule de rechange*.

The Enlightenment myth of progress: 'Pourquoi n'y aurait-il pas une infinité de sortes de progrès?'[15]

Conscience de tracteur opens with a monologue by an old man, who, living beneath the city of a fictional African country, predicts a coming 'cosmo-cide' that will see the end of humanity.[16] His resolution, using a new form of science, is to save humankind by performing a rapture with a deluge of light, in which he will hold the bodies of selected citizens until, after a nine-year void, humanity can begin again. The action of the rest of the play takes place in the city ruled by a repressive military regime committed to the values of progressivism. As people begin to disappear, seemingly as part of the old man's plan, the regime finds it increasingly difficult to explain the disappearances, and soon its only way to combat what remains

15   Sony, *Conscience de tracteur*, p. 33.
16   The term 'cosmocide' would seem a typical example of Sony's neologisms, but fur-
      ther research is needed to determine whether it was in fact a fashionable term
      in the 1970s, a period of heightened nuclear threat and French nuclear testing, a
      flourishing science fiction scene, and the frequent use of the compound '-cide'.

a mystery is to put to death those it declares responsible for what it calls murders. One of the suspected is the protagonist Aleluya, whose name, in its reference to the biblical 'alléluia', positions her as a potential figure of salvation. She is however accused of killing her husband, the first victim of the mystery, and consequently imprisoned. Meanwhile, fearful that he will not live long enough to complete his project, the old man visits the country's president, General Leiso, but although Leiso's own scientists concede that the old man's science makes sense, the dictator refuses to listen and threatens to have him killed. In a final bid to discover the meaning of the missing bodies, Leiso, seduced by Aleluya's beauty, conducts an experiment, burying her alive to see what happens to the bodies. He is unable however to find her again, and the play is left unresolved: as yet, there is no catastrophe but with nobody, it would seem, left to save humanity, the threat of an imminent apocalypse remains.

While many of the themes of *Conscience de tracteur* recur across Sony's work, this play is an especially powerful parody of the myth of progress which underpinned the so-called *mission civilisatrice* of the colonial project, and the adoption of this concept of advancement in the scientific socialism of the president of the People's Republic of the Congo, Marien Ngouabi (1938–77), and his Parti Congolais du Travail (PCT), in power at the time Sony was writing.[17] The concern with 'catching up' which is mocked by the play is exemplified in the fear amongst the political elite that 'le monde sera peut-être fini que l'Afrique n'aura pas commencé!'[18] Time and again, the obsession with the idea of a single, all-conquering modernity is satirized, as when, at a ball celebrating the anniversary of the country's independence, two friends discuss the concept of progress:

> Dites-moi, vous voulez progresser pour aller où? … À la meilleure façon de tenir une fourchette? À la meilleure façon d'avoir faim ? Ah, ah ! Le progrès – Comme l'Europe … ou comme l'Amérique … Autrement ce n'est pas le Progrès … […] Le Progrès copie conforme – Le progrès soussigné certifié – Autrement, ce n'est pas le progrès![19]

17   The PCT continues to support the current president, Denis Sassou Nguesso (1943–).
18   Sony, *Conscience de tracteur*, p. 35.
19   Ibid., p. 32.

The rigidity with which the regime holds onto this notion of progress is taken to comic extremes which are heightened through repetition of the term until it rings hollow. The role of science in this quest for progress is underlined in the case of the disappearing bodies. There is no logical explanation for the mystery overwhelming the country which fits the epistemological system of the government's 'Révolution Rationnelle'.[20] As Leiso asks his scientists, who are employed to provide a rational explanation of what is happening: 'On ne va tout de même pas se mettre à croire à la résurrection des morts?'[21] Such is his determination to reject this possibility, that when the regional governor, colonel Ndolo-Bambara, himself begins to question the regime's thinking, Leiso's response is: 'Fusillez-moi tous ceux qui osent soutenir votre sale théâtre. Et quand vous serez sûr d'y croire vous-même, faites-vous fusiller vous aussi'.[22] Ironically, far from demonstrating the supposedly rational and democratic values of Enlightenment philosophy, the logic employed here is comically exposed as ridiculous, oppressive and profoundly irrational on its own terms: to engage here in real thinking is to risk getting oneself killed. It reveals the dangers of thinking as an individual rather than in line with an official doctrine that supposedly speaks for the collective progress of scientific socialism. At the same time, Sony's response to the dominance of Western rationalism is not a claim of the superiority of the irrational, and magic and scientific reason are not to be read in a movement of development, but rather as part of the same axis. As he writes in the play's preface: 'Qu'on ne vienne pas me dire: scientifiquement ce n'est pas possible. Car de quelle science parler quand il peut y avoir mille et une sciences?'[23] Similarly, in an interview, he highlights the importance of understanding the scope of the logical: 'Je me spécialise pas comme un Africain "illogique", non, c'est pas illogique, la magie a une logique profonde'.[24] *Conscience de tracteur*

---

20   Ibid., p. 84.
21   Ibid., p. 89.
22   Ibid., p. 73.
23   Ibid., p. 18.
24   'À voix nue – voix des pays du sud: Sony Labou Tansi', *France Culture*, 22 March 1996, <https://franceculture.fr/emissions/les-nuits-de-france-culture/voix-nue-voix-des-pays-du-sud-sony-labou-tansi-1ere-diffusion> [accessed 2 April 2019].

can be seen, then, as a play which bursts open categories of science and the logical against the 'Révolution Rationnelle' and its refusal to tolerate alternative voices, or 'une infinité de sortes de progrès'.[25]

Bodily resurrection as a subversion of state necropower

As the government becomes less and less able to satisfactorily explain the mystery of the disappearances according to its narrow epistemological system, its only way of precluding alternative explanations to retain power is to kill those who challenge its discourse, which includes, at the end of the play, the threat of death for the old man who has dared to propose an alternative form of science. In a phrase typical of Sony's innovative use of language which demonstrates the emphasis placed on extermination, Leiso tells Ndolo-Bambara that they will 'crever votre petit mystère'.[26] The emphasis on power over death can be understood using the concept of 'necropolitics' theorized by Achille Mbembe.[27] Mbembe develops Michel Foucault's notion of biopower, according to which the management of populaces in modern times is organized by control over life, arguing that the term is no longer sufficient to account for contemporary forms of subjugation where the killing of the enemy is the absolute goal. Although Mbembe gives as examples the cases of the slave plantation, colonialism and

---

Although there is not space for a discussion of generic readings here, it is interesting to consider, following Moudileno, how categorizations of African fiction, often read through the lens of magical realism rather than science fiction, might perpetuate the positioning of Africa as outside of modernity. See Moudileno, 'Magical Realism', pp. 35–36. For a similar argument in relation to the Afrophone novel, see Alena Rettová, 'Sci-Fi and Afrofuturism in the Afrophone Novel: Writing the Future and the Possible in Swahili and in Shona', *Research in African Literatures*, 48:1 (2017), 158–82, <https://doi.org/10.2979/reseafrilite.48.1.10>.

25   Sony, *Conscience de tracteur*, p. 33.
26   Ibid., p. 73.
27   Achille Mbembe, 'Necropolitics', trans. by Libby Meintjes, *Public Culture*, 15:1 (2003), 11–40, <https://doi.org/10.1215/08992363-15-1-11>.

apartheid, both past and present, as Sarah Arens points out, it is possible to see similar practices of destruction continuing into postcolonial contexts of dictatorship and state corruption.[28] Mbembe emphasises the sovereign's power over populations through the management of death: sovereignty, where its central project is 'the generalized instrumentalization of human existence and the material destruction of human bodies and populations', entails control over the disposability of humans, namely who dies, and how they must die.[29] It also involves the distribution of social death, that is, the exclusion and dissolving of the humanity of certain people through the creation of sub-divisions of humans, as is particularly evident in the cases he discusses. Necropower consists therefore in the practice of deciding and controlling who can be killed or abandoned, and conferring the status of 'living dead' upon certain people in 'death-worlds' created by the deliberate production of abject conditions of existence.[30]

Mbembe's analysis is useful for understanding the political landscape of *Conscience de tracteur*, where characters are subject to arbitrary and boundless killings, and where the sovereign, as under colonialism, 'might kill at any time and in any manner'.[31] The name given to the constructed enemy, 'les sulfatés', becomes an empty term used only to provide justification for the killings on the international stage, with both the indeterminacy of its application and its dehumanizing effect only further demonstrating the extensive and arbitrary ways in which the government wields its deathly power.[32] However, in the world of the play, the government's resolution to kill in order to maintain the superiority of a system of rationalism appears frustrated by the material body, since the bodies which the regime seeks to eliminate do not always – at least not immediately – disappear. The police chief, ordered to kill those who contradict the official doctrine, recounts the resistance of one teenager:

28 Sarah Arens, 'Narrating the (Post)Nation? Aspects of the Local and the Global in Francophone Congolese Writing', *Research in African Literatures*, 49:1 (2018), 22–41, <https://doi.org/10.2979/reseafrilite.49.1.03> (p. 28).
29 Mbembe, 'Necropolitics', p. 14.
30 Ibid., p. 40.
31 Ibid., p. 25.
32 Sony, *Conscience de tracteur*, p. 72.

> On a planté quatre chargeurs de P.M. dans son cœur. Il s'est effondré, mais il ne crevait pas. On a doublé la ration: même résultat. [...] il a saisi fermement le pied de mon pantalon. [...] Je lui ai foutu un coup de pied dans les yeux. Il a saisi le revers de mon pantalon entre les dents. Pour m'en tirer, il a fallu que je le coupe, que je lui laisse un bout de l'étoffe. Enfin, il est crevé.[33]

This stubborn determination to hold onto life, literally and metaphorically, challenges the omnipotence of the leader who dictates who dies and how. No longer is it the governor or president who decides. Bodies disappear on their own, and will, according to the old man's plan, be resurrected: indeed, the universe itself will be reborn. Comically, much to Leiso's anger, he himself is not amongst those chosen for the rapture. The disappearances also serve to complicate the status of 'living dead' conferred upon characters by the regime: although those who disappear do not die and remain in a state somewhere between life and death, waiting, or perhaps outside of time completely, this state is no longer inflicted by the government and might in fact prove a means of escape from the deathworlds which could be said to constitute daily existence under the violent authoritarian rule of the military regime.

The material body also (re)emerges in the testimony of state violence in the repeated final words of both those who disappear and those who are killed by the regime, which unnerves the government: '[c]e pays on pouvait bien le faire avec autre chose que du sang'.[34] This vision of a less violent society recalls the old man's proposal at the beginning of the play for the advancement of human flesh and of the human heart over scientific and technological progress.[35] That in both of these cases the language used makes reference to the flesh or blood of the characters, be it in its destruction or development, is significant in relation to the way in which characters disappear, which begins with an overwhelming 'démangeaison'.[36] Likewise, when governor Ndolo-Bambara begins to have doubts about the government's project, he exclaims, shocked: 'Ma raison me démange comme

33   Ibid., pp. 67–68.
34   Ibid., p. 62.
35   Ibid., p. 27.
36   Ibid., p. 71 (passim).

une chique'.[37] The body resurfaces to trouble this unrelenting attachment to a rationalism which, detached from the physical, fails to fully account for the state of the universe. The discussions of, and implied actions upon, the bodies on stage contribute to the affective force of the performance, which, as will be seen, is central to the play's engagement of spectators.

The affect of physical resurrection is emphasized through music in the play. At the ball, while the two men discuss concepts of progress, the orchestra plays the 1972 hit *Le Bûcheron* by the legendary Congolese musician, Franklin Boukaka. The soundtrack undermines this celebration of the anniversary of independence, with the lyrics questioning what liberation has achieved. It is a haunting song, not only in a context in which the promised freedoms of independence are distinctly lacking, but also given the musician's real assassination in the same year of 1972, just before, or during, Sony's writing of *Conscience de tracteur* for the 1973 competition. Through the performance of live music, Boukaka is himself, if only temporarily, brought back to life for audiences in a subtle tribute that escaped the censorship of Ngouabi's government that killed him, suggesting the power of resurrection through art both within the plot of the play and beyond its diegesis.

Kongo traditions and spiral time: Against the 'ligne droite'[38]

As well as using contemporary Congolese culture, Sony also draws on the culture of the historic Kongo Kingdom (1390–1914). He reinstates forms of performance subjugated under colonialism, demonstrating his concern with the reestablishment of a past erased in the interests of supposed progress. In his 'Congo' entry to the 1997 *World Encyclopedia of Contemporary Theatre*, published posthumously, he writes passionately about the history of Kongo theatre dating back centuries, and the 'various attempts

37 Ibid., p. 75.
38 Sony Labou Tansi, 'Donner du souffle au temps et polariser l'espace', in *Encre, sueur, salive et sang: textes critiques*, ed. by Greta Rodriguez-Antoniotti (Paris: Seuil, 2015), pp. 65–71 (p. 66).

by zealous missionaries to wipe out "heathen" forms and styles'.[39] The influence of the *kingizila* (theatre of healing), for example, can be seen in the play's general theme of a society gone mad, and the gesture towards the recreation of a free world via the healing of collective performance. The idea of moving between different worlds contained in this form seems also to influence the plot of the disappearing bodies.[40]

Just as the practice of subtly restoring these denigrated theatrical forms in his work is an act of revival, the very culture and cosmology upon which Sony draws are rooted in the cyclical, and distinctions such as life and death are blurred by the existence of a circular temporality. The open-ended nature of these performances is a recurring feature, their resolution often dependent on how the performance plays out and the participation of those present rather than on a pre-determined timeframe. A performance of the *kingizila*, for example, is dependent on the healing process: the whole village is involved 'pendant des lunes entières jusqu'à ce que le malade retrouve la place qui lui convient dans la société'.[41] The *lemba*, 'culte de la seconde naissance', as well as containing the notion of repetition in its very name,

39   Sony Labou Tansi, 'Congo (Overview)', trans. by Helen Heubi, in *World Encyclopedia of Contemporary Theatre: Volume 3 Africa*, ed. by Don Rubin (London; New York: Routledge, 1997), pp. 93–96 (p. 94). He clarifies that some of these forms might not be considered theatre in the European sense, but are 'nevertheless enacted ritual, rehearsed and repeated with a specific social goal in mind'. Ibid.

40   Similarly, although Sony does not himself mention the symbolism of the number nine in his discussion of Kongo culture, its significance in the play as the number of years that bodies are held by the old man might relate to its significance in some forms of ritual, as, for instance, the number of days and nights of reclusion in the initiatory academy of *kimpasi*. It also has biblical and mythological significance, in the death of Christ on the cross at the nineth hour, and in the origin myth of the figure of Mbangala Muanda with nine breasts, who gave birth to the nine ancestors of the Kongo people. Quentin Nolet de Brauwere, 'Les "nkita" comme pantomime des personnages extraordinaires chez les Kongo du Bas-Congo', *Anthropos*, 94:4/6 (1999), 401–18, <https://www.jstor.org/stable/40465011> [accessed 20 April 2020] (p. 407). Luc de Heusch, *Le Roi de Kongo et les monstres sacrés* (Paris: Gallimard, 2000), p. 131.

41   Sony Labou Tansi, 'Les Kongo: cinq formes de théâtre essentiel', in *Sony Labou Tansi: écrivain de la honte et des rives magiques du Kongo*, ed. by Devésa, pp. 353–55 (p. 354).

also involves initiates following what might be described as a circular path.[42] In their readings of texts by Fukia kia Bunseki and Pierre K. Luzolo, John Janzen and Wyatt MacGaffey clarify that this circular movement might in fact be better understood as a spiral shape:

> Time, in Kongo thought, is not linear but cyclical, or rather spiral, like the snail-shell Kodya used in magic. Man moves from this world to the other, and back again, but birth is not, as in many cosmologies, reincarnation. […] The structure of events in each generation is held to be the same, but in each generation a displacement occurs.[43]

This image stands in stark contrast with what Sony describes as the Western perspective, according to which progress and change follow a linear trajectory: 'l'art ne peut pas échapper à une certaine logique, ou en tout cas à une logique certaine, définie très souvent par la ligne droite'.[44] Art in Western culture follows a narrow logic of linear development similar to that of human progress discussed earlier, and, rigidly bound to a single conception of what constitutes theatre, is contemptuous of all that falls outside of this line.[45]

Sony also foregrounds history through the play's allusions to prophets. Aleluya, like the old man, prophesies, predicting that the authorities will not come before a dead body disappears. The world does not heed her warnings however and following her husband's disappearance, for which she is blamed, she is marginalized and not believed: '[…] la science ne m'a pas crue. La loi ne m'a crue'.[46] When her father, M. Sawa, becomes another victim of the mystery, the police commander's treatment of Sawa's wife and daughter is aggressive, mocking and humiliating, and although Aleluya is eventually saved by her beauty, her body bears the marks of state power: when she is

---

42   Ibid.; Kiatezua Lubanzadio Luyaluka, 'The Spiral as the Basic Semiotic of the Kongo Religion, the Bukongo', *Journal of Black Studies*, 48:1 (2016), 91–112 <doi. org/10.1177/0021934716678984> [accessed 20 April 2020] (p. 98).

43   John M. Janzen and Wyatt MacGaffey, *An Anthology of Kongo Religion: Primary Texts from Lower Zaïre* (Lawrence: University Press of Kansas, 1974), p. 34.

44   Sony, 'Donner du souffle', p. 66.

45   Ibid.

46   Sony, *Conscience de tracteur*, p. 54.

brought out of prison, she is barely alive, and 'presque méconnaissable'.[47] In both instances, the effect of witnessing this aggression and the bodily transformation of the protagonist brings her suffering firmly into the present for audiences. But her prophecies and brutal treatment recall the numerous prophets of Congolese history, including Simon Kimbangu and André Matsoua, and the theme of disappearance itself evokes the mystery surrounding the death of the latter at the hands of colonial authorities.[48] However, the female Aleluya most powerfully recalls the seventeenth-century prophet, Béatrice Kimpa Vita (1684–1706).[49] Like the government in *Conscience de tracteur*, obsessed with removing alternative voices, the Portuguese missionaries, determined to definitively put an end to both Kimpa Vita and the cult that followed her, burned her at the stake as a witch and heretic, even returning later to destroy her bones.[50] Her followers, however, collected any bones that were left, wearing them as charms, so that even after her violent execution Kimpa Vita lived on in the collective memory, strengthened by the material connection to her physical body, of the prophetic cult who continued to believe in her ongoing existence.

Repetition, determinism and waiting: A passive reading of history?

Georges Balandier contextualizes prophetism as a rational response to the colonial situation which reveals 'la prise de conscience d'un peuple qui se voit sans passé et sans avenir, qui réagit contre les atteintes à sa dignité'.[51] Its

---

47   Ibid., p. 56, p. 91.
48   The uncertainty about what disappearance might signify should be understood in the colonial context where 'troublemakers' might be imprisoned, exiled to other parts of the Empire, or killed.
49   Sony also wrote about this prophet in the play *Kimpa Vita*, which remains unpublished.
50   Martial Sinda, *Le Messianisme congolais* (Paris: Payot, 1972), p. 53.
51   Georges Balandier, 'Brèves remarques sur les messianismes de l'Afrique congolaise', *Archives de sociologie des religions*, 5 (1958), 91–95, <https://doi.org/10.3406/assr.1958.1966> [accessed 20 April 2020] (p. 95).

ambiguous role is however also suggested: born out of a moment of political struggle, prophetism might imply a certain passivity in the unfolding of the future of this emancipation. Although in his detailed history of Congolese messianism, Martial Sinda's description of Kimbangu's followers, for example, implies that this potential inaction is illusory since the colonial administration simply did not understand their 'attitude mystique' and 'ataraxie', he also refers to the sense of waiting involved: 'les fidèles sont dans l'attente de ses actes et de ses ordres'.[52] The uses of the past in Sony's play, especially the act of waiting implied by prophetism and his uses of repetition, might, therefore, rather than producing a subversive temporality, imply a deterministic vision of history in which the universe is locked into an infernal cycle of the same where subjects are not actors but objects. Mbembe argues that rather than recognizing the active part that has been played by Africans in shaping history, a narrative of Afro-radicalism, characterized by a tension between voluntarism and victimization in the construction of identity, subscribes to a current of thought according to which,

> Africa is said not to be responsible for the catastrophes that are befalling it. The present destiny of the continent is supposed to proceed, not from free and autonomous choices, but from the legacy of a history imposed upon Africans, burned into their flesh by rape, crime, and all sorts of conditioning.[53]

The play might risk being read as an exposition of this current of thought, a pessimistic portrayal of a country doomed to repeat the horrors of an imposed history, ad infinitum. Furthermore, in what Mbembe reads as another form of narrative on African identity, nativism, he links tradition to the principle of repetition, arguing that such nativist projects, in their struggle to emphasize Africa's cultural uniqueness, become stuck in the past and focus on looking backwards in order to overcome 'the phase of humiliation and existential anguish caused by the historical debasement of the continent'.[54] It is important to consider whether Sony might

---

52   Sinda, *Le Messianisme*, p. 90.
53   Achille Mbembe, 'African Modes of Self-Writing', trans. by Steven Rendall, *Public Culture*, 14:1 (2002), 239–73, <https://doi.org/10.1215/08992363-14-1-239> [accessed 20 April 2020] (p. 243).
54   Ibid., p. 254.

reproduce these fallacies through his insistence on the wounds inflicted on Africa and the necessity of reviving Kongo/Congolese culture.[55]

It is significant, however, that, on the one hand, in his evocation of pre-colonial cultures and historic prophets, Sony does not present a straight-forward replication. If resurrection draws on the influence of messianism, undercutting the Enlightenment's rejection of Christian eschatology, the characters resembling prophets are not only drawn from biblical and his-torical references. As much as she evokes Kimpa Vita, Aleluya is also a reincarnation of a character of the same name appearing in the unpubli-shed *Remboursez l'honneur* composed in 1972–73.[56] Indeed Sony's writing practice includes extensive intertextuality with his own work, in what Céline Gahungu calls a 'jeu infini de réécritures', which acts as a delay, a constant pushing back of any moment of ending, like the actions of the characters within the play who refuse to die.[57] Sony also no longer empha-sizes the role of the ancestors as intermediaries between the living and the dead as in the traditional order, in this sense using pre-colonial culture in a way that can be understood through Valentin-Yves Mudimbe's concept of 'reprendre', where an 'interrupted tradition' is taken up in an iteration that 'reflects the conditions of today'.[58] Sony's use of Congolese culture does not constitute what Arens calls an anachronistically nostalgic attempt to recover 'an imagined precolonial past' but rather is the selective adaptation

---

55   This discussion is limited to the period of the early 1970s. For discussion of Sony's relationship to his Kongo ethnic identity towards the end of his life see Phyllis Clark, 'Sony Labou Tansi and Congolese Politics: An Interview with John Clo-taire Hymboud', *Research in African Literatures*, 29:2 (1998), 183–92.

56   Céline Gahungu, 'Le Kongo de Sony Labou Tansi', *Continents manuscrits*, 4 (2015), 1–22, <https://doi.org/10.4000/coma.523> [accessed 20 April 2020] (p. 4).

57   Gahungu, *Sony Labou Tansi: naissance d'un écrivain*, p. 198. Study of the manus-cripts and genesis of Sony's writing by Nicolas Martin-Granel also suggests that he tended to rewrite rather than edit existing work through crossing out: see 'Sony Labou Tansi, afflux des écrits et flux de l'écriture', *Continents manuscrits*, 1 (2014), 1–11, <https://doi.org/10.4000/coma.260> [accessed 20 April 2020].

58   Valentin-Yves Mudimbe, ' "Reprendre": Enunciations and Strategies in Contem-porary African Arts', in *Africa Explores: 20ᵗʰ Century African Art*, ed. by Susan Vogel and Ima Ebong (New York: Center for African Art, 1991), pp. 276–87 (p. 276).

of history that has relevance for contemporary audiences.[59] Rather than merely turning back to the past, he adapts this past creatively in accordance with his own artistic and political vision, following the pattern of the spiral by introducing his own 'displacement'.

'Surtout, le monde c'est demain': Future setting and audience responsibility[60]

Furthermore, the futuristic setting, suggesting the malleability of what is to come, is significant in demonstrating that Sony does not subscribe to a deterministic view according to which Africans have no agency in their past, or indeed their future. The critical importance of imagining the future is expressed in theory on Afrofuturism. Art theorist Kodwo Eshun argues that Afrofuturist work must be read in the context of an African social reality 'overdetermined by intimidating global scenarios, doomsday economic projections, weather predictions, medical reports on AIDS and life-expectancy forecasts, all of which predict decades of immiserization'.[61] In the light of this borrowed argument, the positing of an alternative future – or any future at all – is a significant subversion of this (over)determinism: the future is no longer only drawn by either external neocolonial discourse or internal dictatorial powers presenting themselves as gods.

However, the ending of the play suggests that this vision of the future is only hinted at by Sony, and remains incomplete. Despite its biblical overtones suggested by the prophets, the deluge, the references to Noah, and the Bible-like book studied by the old man, in *Conscience de tracteur* Sony reveals his mistrust of the cult of the individual saviour

---

59   Arens, 'Narrating the (Post)Nation?', p. 26.

60   Sony Labou Tansi, 'Réinventer la logique à la mesure de notre temps', *Équateur*, 1 (1986), 33–35 (p. 33).

61   Kodwo Eshun, 'Further Considerations on Afrofuturism', *CR: The New Centennial Review*, 3:2 (2003), 287–302, <https://doi.org/10.1353/ncr.2003.0021> [accessed 20 April 2020] (pp. 291–92).

and the futility of waiting for redemption through another. While death is often delayed in the play, the regime does in fact succeed in using its necropower before salvation is possible. The teenager eventually dies and the old man himself will soon be killed or die of old age: without him the possibility of the rebirth of the universe, called for by the manifest failure of God's creation, appears defeated and the play is left on the verge of an imminent apocalypse. In the play's final image, the audience themselves are also positioned as waiting as the president orders a search for the buried Aleluya in a literal unearthing of the process of disappearance. But Sony does not allow Leiso, or the audience, a resolution to this final mystery. As the lights dim on the digging workers, Aleluya is neither found nor declared missing. The work simply continues, as the stage directions inform us with yet another instance of repetition that underscores the ongoing nature of this task: 'On creuse, on creuse, on creuse, jusqu'au soir, jusqu'à la nuit. On creuse toujours, puis: le rideau tombe'.[62] Although the open-endedness of this final tableau is not unusual in different forms of African theatre, it is particularly relevant to the questions about the future asked by Sony in the play which point to the implication of audiences.[63]

Indeed, it is significant that the future of the 1973 play is the near-future of 1995.[64] What is coming cannot be dismissed as distant and, more than this, in the theatrical context, and especially where violence is prevalent, its imminence is suggested by the presence, in every sense, of the live performance. In leaving the scenario unresolved, and in presenting on stage the violated bodies of innocent people, Sony invites spectators to participate in action for resolution and insists upon its urgency. As well as witnessing the sudden disappearances and deaths of the characters, the audience is in

62   Sony, *Conscience de tracteur*, p. 115.

63   See, for example, Osita Okagbue, *African Theatres and Performances* (New York; Oxon: Routledge, 2007), p. 95.

64   The sense of a crisis which is in fact already here, along with Sony's prescience regarding the treatment of the natural world link much of his writing to current concerns over the climate emergency. See Isaac Joslin, 'Sony Labou Tansi: Une écocritique équatoriale égalitaire', *Nouvelles études francophones*, 33:1 (2018), 210–25, <https://doi.org/10.1353/nef.2018.0014> [accessed 20 April 2020].

close proximity to the violence that takes place live on stage – 'on traîne des prisonniers saignant frais', 'on entend des rafales' – which brings them face to face, in the immediacy of affect, with a situation that off-stage, in the tumultuous decade of the 1970s, is already happening.[65] In this sense the play holds up an exaggerated, farcical mirror image of the present and reflects one's own contribution, or lack thereof, in the current unfolding of events and possible recreation of the future.

Conclusion

This chapter has sought to show how through parody, repetition, adapted cultural revival and the use of the near-future setting, Sony presents a vision which challenges notions of time as conceived in Western modernity and (post)colonial necropower and replaces them with the possibility of a forward movement of variation in repetition, symbolized by the spiral. However, his work is incomplete: Sony presents a play which both artistically and politically requires deconstruction from its audience, a demand which is emphasized through confrontation with the wounded and dying body. *Conscience de tracteur* is a call for the consciousness of a 'détracteur' that is active in a critical thinking that operates in place of the logic dictated by a state regime based on scientific socialism and putative collective progress symbolized by the 'tracteur'. But while 'conscience' was a fashionable notion of the decolonization period and the years that followed, the play contains none of the didacticism suggested by the term in its other uses of the time.[66] Its richness, complexities and open-endedness demand input from the spectator: the process of healing, of the saving

65   Sony, *Conscience de tracteur*, p. 67; ibid., p. 69.
66   Dominic Thomas makes this distinction clear with the extreme example of didacticism in the work of the 'official' writers of the Congolese state, such as Xavier Okotaka-Ebale in his collection of poems in *La pensée conscientisante d'un progressiste* published in 1982. See *Nation-Building, Propaganda and Literature in Francophone Africa* (Bloomington: Indiana University Press, 2002).

of humanity even, has been started, but not completed. But in contrast
to Sarkozy's claims, Sony's 'éternel recommencement' brings with it the
hopeful possibility of starting again differently through the collaborative
act of (re)imagining a future which might be made 'avec autre chose que
du sang'.[67]

A brief consideration of Sony's later work supports and builds on these
conclusions. *La Gueule de rechange*, Sony's 1974 entry to the ORTF competition, included many of the same themes as *Conscience de tracteur*, and
Sony even suggests that it was a rewriting of his earlier play.[68] Also set in
the near future of 1996, though this time in France, the play continues the
satire of progress imported from the West and constitutes, as he writes in
the preface, 'la place qu'il faut à tout prix prévoir pour une gueule comme
la mienne dans vos champs de progrès'.[69] Unlike *Conscience de tracteur*
however, this play was severely criticized by the judges: deemed lacking in
'construction dramatique', it was perceived to be a text 'qui risque fort de
n'être guère écoutable', its themes disparagingly likened to the science of
a Professor Nimbus.[70] But following its publication some forty years later,
the play was performed at the Mantsina-sur-scène festival in Brazzaville
in 2015 and again in 2019, directed by Harvey Massamba. The production
is still in the process of 'becoming', to use one of Sony's favourite words,
and for Massamba remains a work-in-progress, with each staging bringing
something new: 'quand je décide de reprendre *La Gueule*, j'essaie d'y apporter quelque chose de nouveau'.[71] While the location of the 2019 performance

67   Sony, *Conscience de tracteur*, p. 22.
68   In a letter to Sylvain Bemba in which he discusses his work on *La Gueule de
     rechange*, Sony writes, '*Conscience de tracteur*, entre nous, je te dis que l'œuvre n'est
     pas sortie avec les vraies dimensions du moule. Tout est resté en moi'. Sony Labou
     Tansi, 'Lettre à Sylvain Bemba', *Équateur* (1986), 26–28 (p. 27).
69   Sony Labou Tansi, 'La Gueule de rechange', in *La Chair et l'idée: théâtre et poèmes
     inédits, lettres, témoignages, écrits et regards critiques*, ed. by Nicolas Martin-Granel
     and Julie Peghini (Besançon: Les solitaires intempestifs, 2015), pp. 37–99 (p. 41).
70   *Fiches critiques des œuvres envoyées pour le Concours théâtral interafricain 1974*
     (Paris, Université Sorbonne-Nouvelle, TGB), p. 49.
71   Sony writes: '[…] le seul mot de la langue qui me séduise c'est devenir'. 'Lettre à
     Sylvain Bemba', p. 27; 'Mantsina 2019: Entretien avec Harvey Massamba, autour
     de *La Gueule de rechange* de Sony Labou Tansi – compagnie N'Sala', *Festival*

in Brazzaville's Institut français shows the continued involvement of French institutions in the African arts scene, these contemporary performances also challenge the influence of such institutions which considered the play impossible to produce, in a context where programming is no longer solely controlled by external gatekeepers.[72]

Fanon's claim that the artist, 'quand il utilise le passé, doit le faire dans l'intention d'ouvrir l'avenir, d'inviter à l'action, de fonder l'espoir', is as true for Massamba and other contemporary directors of Sony's work as it is for Sony himself.[73] As Fanon claimed, liberation had to be a 'recommencement': not a repetition of the same but, through invention, a moment of the new that would not be an imitation of Europe.[74] Sony, often described like Fanon as a prophet, and the avant-garde artistic style and political vision of his work, remain strikingly relevant today.[75] His continued pertinence depends however on the collaboration of future generations, of actors, directors and audiences alike, as demonstrated by the long lulls in publication and performance during which these plays have been largely forgotten. The subtle dialectical movement contained in spiral time, already present in the repetition within his writing and very practice of rewriting, demands the external input of theatrical team and spectators for both artistic and political change to occur, an input necessary so that, just like Sony's vision of the future, the future of Sony's work also 'has multiple pathways' and 'tells stories of change without presenting linear tales of progress'.[76]

Mantsina, 26 December 2019, <https://festivalmantsina.wordpress.com/2019/12/26/mantsina-2019-entretien-avec-harvey-massamba-autour-de-la-gueule-de-rechange-de-sony-labou-tansi/> [accessed 29 December 2019].

72 The festival was founded by a group of Congolese artists in 2003. The 2015 and 2019 editions were run by Dieudonné Niangouna and Sylvie Dyclos-Pomos respectively, both Congolese writers, actors and directors.

73 Fanon, *Les Damnés*, p. 221.

74 Ibid., p. 305.

75 'Mantsina 2019'.

76 This is part of Paul Zeleza's proposal for reading African history in 'Historicizing the Posts: The View from African Studies', in *Postmodernism, Postcoloniality and African Studies*, ed. by Magubane, pp. 1–38 (p. 25).

SANA ABDI

Al-ghurbah ou l'exil occidental comme pratique moderne du soufisme chez Abdelwahab Meddeb

Le tournant temporel qu'ont connu les sciences humaines et sociales ces dix dernières années a permis la conceptualisation de diverses configurations de temps ancrées dans des perspectives culturelles profondément enracinées. Le résultat est un ensemble de concepts qui déstabilisent la compréhension conventionnelle du passé, du présent et du futur. Ainsi, il a été possible pour des penseurs francophones issus de pays musulmans de revendiquer une double-généalogie transhistorique intellectuelle et spirituelle. Cette double-généalogie est à la fois islamique, remontant à plusieurs siècles, et européenne, plus récente et en rapport avec le passé colonial et le présent postcolonial du Maghreb. Les œuvres d'Abdelwahab Meddeb (1946–2014), penseur et écrivain tunisien de langue française, sont emblématiques de cette double généalogie. Elles harmonisent plusieurs références culturelles appartenant à des traditions littéraires diverses, à la fois anciennes et actuelles, au sein desquelles le soufisme détient une place centrale. Depuis le IXème siècle, le soufisme, courant mystique de l'islam, a occupé une place importante tant sur le plan spirituel qu'intellectuel avant d'être subséquemment persécuté en raison du privilège qu'il accordait à l'herméneutique des textes sacrés.[1]

---

1   Nous résumons dans cette note de bas de page l'histoire de la persécution du soufisme selon Meddeb. Peu après la mort du prophète Mohammed (570–632), de profondes divisions se créèrent, plongeant les musulmans dans des guerres interminables alimentées par les contestations de légitimité entre les différentes fractions. Afin d'y remédier, Ibn Hanbal (780–855) œuvra pour un retour à la lettre pure et à l'imitation du 'salaf'. Ceci implique la transposition du modèle médiéval médinois qui serait seul en mesure de guider les musulmans vers 'la vérité une et incontestable du Coran et de la tradition (la sunna)'. Cette interprétation du

Dans ce chapitre, nous démontrerons qu'à travers sa poésie, Meddeb emprunte un 'détour médiéval' soufi dans sa poésie afin de concilier le rapport à l'occident.[2] Plusieurs critiques ont abordé la question du déplacement ou du décalage spatial dans l'œuvre de Meddeb en termes de nomadisme ou encore d'errance.[3] Notre travail propose d'aborder cette pratique à travers le prisme de l'hétérogénéité temporelle. Nous nous pencherons donc sur le thème du décalage spatial en diachronie, dans des termes culturellement définis, et ce à travers le concept soufi de *ghurbah* ou 'exil occidental' qui remonte au moyen âge. En actualisant cet impératif médiéval de l'exil vers l'occident, Meddeb adapte la quête spirituelle soufie à une réalité contemporaine concrète où l'opposition orient/occident est devenue synonyme de conflit et d'antagonisme. Ce faisant, il sonde des problématiques actuelles relatives aux expériences modernes des musulmans. Les questions d'altérité, vécue ou imaginée, et d'attitude face à la modernité sont traitées sous le prisme de la mystique islamique dans le but d'esquisser une ligne de conduite qui guiderait le sujet de l'islam vers une praxis saine de la vie moderne:

---

message de l'islam se voulait absolument univoque. Au dix-huitième siècle, suite à l'invasion mongole, culminant dans le sac et la destruction de la ville de Bagdad en 1258, et la suspension du califat, *Ibn Taymiyya* (1263–1328), théologien et disciple 'radical' de Ibn Hanbal, à son tour, 'consacra sa vie […] à guetter la moindre saillie qui blesserait le regard jeté sur la surface lisse de la lettre, et il se donna pour tâche de polir cette lettre, de la débarrasser des divers sens qui ornaient son profil'. Ce faisant, il 'fustigea nombre de sectes ésotériques', dont principalement le soufisme. Ces sectes ont été 'décrétées hérétiques à cause du privilège qu'elles accordaient à l'herméneutique'. Abdelwahab Meddeb, *La maladie de l'islam* (Paris: Seuil, 2002), p. 54.

2   L'expression 'détour médiéval' est empruntée à Abdelwahab Meddeb, 'Le palimpseste du bilingue, Ibn Arabi et Dante', in *Du bilinguisme* (Rabat, Denoël, 1985), pp. 125–40 (p. 129).

3   Plusieurs articles abordent la question du déplacement dans le corpus poétique et romanesque de Meddeb notamment Bernard Urbani, 'Les errances d'Abdelwahab Meddeb entre orient et occident', *Multilinguales*, 3 (2014), 79–94 et Ronnie Scharfman, 'Nomadism and Transcultural Writing in the Works of Abdelwahab Meddeb', *L'Esprit Créateur*, 41:3 (2001), 105–13.

> Nature et sociétés sont malades. Elles sont corrodées par la laideur et la malignité. Pour combattre celles-ci, nous avons besoin d'une ligne de conduite éclairée et par l'esthétique – qui facilite l'avènement du beau – et par l'éthique – qui ouvre la voie à la réalisation de l'œuvre bonne, bénéfique, bienfaisante, qui reconstitue le site où est mis en scène l'accueil de l'autre, de l'étranger, sans condition. Or le soufisme est une chance pour nous d'élaborer cette ligne de conduite de la meilleure des façons.[4]

Afin de déterminer les modalités de ce décalage spatio-temporel, nous entamons notre réflexion par des éléments définitoires du concept de *ghurbah* en tant que quête spatiale et spirituelle, théorisé par les premiers théosophes soufis. Ceci nous permettra de considérer l'étendue de son évolution sémantique et pragmatique à travers les siècles et son application contemporaine chez Meddeb. Grâce à la mise en avant du décalage temporel, une telle pratique permettrait de réexaminer les conceptions dominantes et conflictuelles qui régissent la vision actuelle du monde. Des considérations d'ordre théorique nous passons aux dispositions pratiques que sous-tend le concept d'exil et que Meddeb œuvre à illustrer tant dans ses récits poétiques que dans ses essais politiques. Ces pratiques offrent une voie qui donne à voir et à vivre l'héritage arabo-musulman ancien tout en restant ancré dans l'actualité de la mondialisation. Défini par les premiers penseurs soufis comme une quête à la fois physique et spirituelle, *al-ghurbah* est un substantif arabe dérivé de *gharb* qui signifie 'occident'. Il évoque donc un mouvement vers un occident inconnu, *gharīb* en arabe, mettant en exergue le sème du voyage et de la distanciation. Notre intérêt réside principalement dans le mouvement temporel de ce concept à travers les siècles et son actualisation dans le contexte contemporain.

---

4   Abdelwahab Meddeb, *Instants soufis* (Paris: Albin Michel, 2015), p. 172.

La voie soufie: ses enjeux passés et présents

La *tarīqa* ou 'voie' soufie est une voie initiatique qui amène le 'postulant',[5] *al-murīd* en arabe,[6] à saisir le message ésotérique de l'Islam. Dans son article 'Le testament soufi de Abdelwahab Meddeb', Maya Boutaghou met en avant la spécificité de la 'voie' soufie et son importance dans le contexte postcolonial francophone actuel des sociétés arabo-musulmanes:

> La voie [soufie] rappelle des pratiques et des savoirs, mêlant poésie et éthique qui ont été éradiqués de la mémoire active des musulmans dans le cours destructeur des mondes soumis à la double peine de la colonisation et de la décolonisation.[7]

Boutaghou explicite ainsi la violence de la colonisation et de la décolonisation dans leur rupture avec certains aspects éthiques de l'héritage littéraire islamique précolonial. Plus qu'une référence littéraire pour Meddeb, le soufisme des XIIème et XIIIème siècles, constitue une pratique intellectuelle et spirituelle qu'il travaille à actualiser dans et par sa poésie francophone contemporaine. Connu pour son ouverture à l'altérité et sa capacité à accueillir d'autres perspectives sans chercher à les escamoter, Meddeb considère le soufisme comme une tradition intellectuelle et spirituelle riche dont on peut tirer des leçons pertinentes à des problèmes et défis actuels. Le soufisme représenterait pour l'auteur un véritable 'pari de civilisation' en ce qu'il recèle un message cosmopolite avant l'heure, facilement adaptable à la situation mondiale que nous vivons aujourd'hui:

> Sur le bord où je me situe, toutes les croyances méritent d'être considérées: c'est un enseignement que j'extrais du soufisme, notamment de la tradition akbarienne, élaborée dans le cadre de la foi islamique par Ibn 'Arabi […]'.[8]

---

5   Salah Stétié, 'Destin(s) du soufisme', *Expressions maghrébines*, 16:2 (2017), 25–42 (p. 27).
6   Le terme *al-murīd* en arabe porte dans sa racine trilitère le sème du désir et de la volonté.
7   Maya Boutaghou, 'Le Testament soufi de Abdelwahab Meddeb', *Expressions maghrébines*, 16:2 (2017), 135–53 (p. 136).
8   Meddeb, *La Maladie de l'islam*, p. 149.

Le substantif 'bord' ici pourrait renvoyer à la dichotomie géographique entre les rives nord et sud de la méditerranée comme à la dichotomie conceptuelle entre 'orient' et 'occident'. La place qu'accorde le soufisme au voyage comme stimulant de l'expérience religieuse revêt une importance toute particulière dans un contexte moderne où l'occident représente l'altérité par rapport au monde musulman. Un simple aperçu historique du temps d'Ibn Arabi (1165–1240), poète et philosophe soufi, démystifierait cette conception, produit de la géopolitique moderne.

Le 'détour médiéval' par le soufisme devient nécessaire pour réévaluer notre vision actuelle du monde. Dans son ouvrage, *Contre-prêches*, Meddeb nous rappelle que la division orient/occident n'est que formelle et que l'histoire est riche d'exemples qui la transcendent. Grâce à une perspective historique plus ample, il nuance la conception du mouvement vers l'occident:

> La mémoire du Maghreb a aussi été très active en direction de l'Occident, à travers sa participation à Rome et au christianisme. Saint Augustin (354–430), un des docteurs majeurs de l'Église catholique, est maghrébin. Et, tout autant qu'Ibn Arabi ou Ibn Khaldûn, tout maghrébin actuel est en droit de l'adopter comme ancêtre.[9]

En prenant Saint Augustin comme exemple, et en ancrant l'un des Pères de l'Église occidentale dans le contexte géographique du Maghreb, l'auteur transcende les contraintes conceptuelles et les dichotomies spatio-temporelles modernes. Il légitimise, grâce à ce précédent historique, l'adoption de l'héritage occidental par les maghrébins: 'Dès lors, à travers l'histoire, dans le lignage de nos pères spirituels, nous sommes à la fois d'Occident et d'Orient'.[10] Cette logique sera systématiquement appliquée aux théoriciens du soufisme au cours du XIIème et XIIIème siècles. Pour Meddeb, Ibn Arabi constitue une des figures historiques soufies qui mettrait le plus à mal la dichotomie conceptuelle d'orient et d'occident. Originaire de Murcie, il aurait été considéré aujourd'hui comme un occidental du fait de son appartenance géographique.

Ayant entrepris de multiples voyages à travers l'espace méditerranéen de Cordoue à La Mecque en passant par Fès et Tunis, il représente la nécessité

---

9   Abdelwahab Meddeb, *Contre-prêches* (Paris: Seuil, 2006), p. 13.
10   Ibid.

du mouvement et du dialogue entre civilisations. Le déplacement entre les deux rives était d'autant plus fluide à l'époque en raison de l'appartenance de certaines régions à l'empire arabo-musulman. Le voyage, selon Ibn Arabi, est une quête spatiale à la fois extérieure et intérieure. Pour Meddeb, qui, lui, est né à Tunis et a vécu en France, le même rapport subsiste. Les pérégrinations de ce voyageur avide, relatées dans ses récits poétiques, bouleversent les frontières entre l'orient et l'occident, le passé et le présent. Il s'établit ainsi un dialogue transhistorique entre les deux penseurs et écrivains. La pluralité des espaces physiques parcourus crée dans l'imaginaire poétique de Meddeb un espace conceptuel rappelant celui d'Ibn Arabi où différents éléments coexistent sans divisions. Par exemple, les transitions textuelles marquant le passage entre les espaces orientaux et les espaces occidentaux dans ces récits sont quasi-inexistantes. Les paysages aussi différents qu'ils puissent sembler, finissent par se complémenter et se transformer en un paysage figuré unifié:

> après que j'ai reçu
> comme une inspiration ton image
> à l'ombre fraîche d'un chêne
> si intense que son tronc ses branches nues
> avant de porter la frondaison
> se mettent à ressembler
> aux arbres peints par quelque peintre
> de Chine des siècles d'avant
> ça remet le chêne d'Occident
> en terre d'Orient
> d'un Orient qui n'est qu'un Occident
> pour cet extrême Occident[11]

C'est avec aisance, nous le voyons, que Meddeb superpose les deux espaces facilitant ainsi la circulation de l'imaginaire. Plus encore, il met en avant les points de convergences entre ces espaces par le biais du verbe 'ressembler' afin de brouiller tout repérage spatial. Ce dérèglement du sens de l'orientation guide le lecteur vers une réévaluation de ses repères spatiaux.

---

11   Abdelwahab Meddeb, *Portrait du poète en soufi* (Paris: Belin, 2014), p. 36.

En même temps, en invoquant des paysages d'appartenances diverses et la possibilité de transfert et de mouvement entre eux, Meddeb met en question l'hermétisme présumé de ces deux espaces conceptuels. L'expérience du corps entre orient et occident déclenche et guide l'expérience de l'esprit qui les réconcilie. Cette pluralité des perspectives spatio-temporelles inhérente à l'œuvre poétique de Meddeb participe à son projet de désenclaver la référence soufie et de la placer sur la scène mondiale dans un contexte contemporain. Sa voix poétique complexe et plurilingue actualise un rapport millénaire entre les histoires, les pensées, les langues et les traditions littéraires des deux rives de la méditerranée:

> Mais faut-il encore utiliser ces catégories (Orient/Occident) qu'une telle œuvre déborde en aval et en amont? Cette interrogation suggère de situer les produits venant de la civilisation islamique, sinon dans une histoire partagée avec l'Europe, du moins dans des diachronies, certes distinctes mais qui, en vérité, n'ont cessé de se croiser sur la même scène méditerranéenne et de se féconder en se frôlant et parfois en se projetant l'une sur l'autre.[12]

Ainsi, Meddeb ravive une conception du rapport orient/occident, conçu comme tumultueux dans l'histoire récente, et invite à une révolution conceptuelle en empruntant un détour médiéval. Cette révolution, à prendre au sens étymologique du terme, renoue avec l'essence même du soufisme: une vision du monde fondée sur une pensée esthétique, spirituelle et éthique qui permet un va et vient entre les rives et la propagation des idées. Il s'agit d'une pensée plurielle en soi:

> [Ibn Arabi] Le maître andalou [...] recommande d'être "de hyle pour qu'en vous prennent forme les croyances toutes." C'est-à-dire que, pour le soufi natif de Murcie, le sujet islamique a la capacité d'intérioriser toutes les formes de croyances et de cheminer avec leur vérité sans chercher à les réduire ou à les escamoter.[13]

---

12 Abdelwahab Meddeb, *Pari de civilisation* (Paris: Seuil, 2009), p. 86.

13 Meddeb explicite le terme 'hyle' de la manière suivante: '[...] c'est le même mot grec qu'utilise Ibn 'Arabi en arabe *(hayûli)* pour désigner la matière qui accueillera la forme', Meddeb, *La maladie de l'islam*, p. 149.

Au passage, Meddeb rappelle à son lecteur moderne que la tolérance est le maître-mot du soufisme. Le mouvement physique entre orient et occident enrichi par les perspectives médiévales soufies se trouve ainsi doublé d'un mouvement spirituel vers l'autre. Le sujet d'islam se doit d'être non seulement tolérant de toutes les croyances mais il se doit d'aller vers elle en suivant le modèle des soufis du passé. Le voyage, à travers l'espace et le temps, étant nécessaire, comment est-il conçu en rapport avec *al-ghurbah*, cet exil volontaire soufi vers l'occident? Dans ce qui suit, nous étayons la définition de *al-ghurbah* et nous interrogeons le rapport entre les mouvements du corps dans l'espace et les mouvements de l'esprit chez les soufis. De la définition de ce concept chez les premiers soufis, nous passerons à son actualisation et à son application dans un contexte postcolonial contemporain chez Meddeb.

Al-ghurbah au XIIème et XIIIème siècles selon Ibn Arabi et Sohrawardi

Al-ghurbah est un concept soufi dérivé du substantif *al-gharb* ou 'l'occident' en arabe. Il signifie littéralement le mouvement physique vers l'occident. Selon le glossaire arabe médiéval *Lisān al-ʿArab*, *al-ghurbah* renvoie à la fois au sème de la distance et du déplacement. Le mot englobe également un éventail de thèmes dont principalement le voyage et l'exil. Le voyage et l'exil sont des catalyseurs d'évolution et de changement: la séparation ou *al-buʿd* de son point d'origine, tourne le regard du sujet vers son intériorité et dote les paysages parcourus d'une valeur symbolique à déchiffrer. Cet état d'éloignement est compensé par l'expérience de proximité ou *al-qurbā* avec Dieu, objet de la quête spirituelle. Par un tel mouvement dialectique, les soufis parviennent à contempler les manifestations de l'unicité divine. Dans la mystique islamique, l'existence de tout un chacun est régie par un voyage universel qui ne connait ni bornes, ni frontières. Dans *Kitab al-issfar ʿan ntaʾij al-assfar* (Le dévoilement des effets du voyage) Ibn Arabi rappelle à son lecteur qu'il est 'à jamais voyageur' et qu'il 'ne peut s'établir nulle part' tant qu'il est à la recherche de la connaissance: 'cette connaissance intime de Dieu, la *ma'rifa*, ne s'acquiert pas par l'étude à l'instar de la science (*'ilm*) des juristes et des théologiens, mais elle est inspirée par Dieu à ceux qui ont su s'approcher de lui [...]'.[14] Il ajoute dans *Al-Futuhât al Makkiyyah* (*Illuminations de La Mecque*), que 'Le voyage (*safar*) est appelé ainsi parce qu'il dévoile (*yusfiru*) les caractères des hommes'.[15] *Al-ghurbah*, dans son dynamisme même, représente donc une expérience formatrice nécessaire à la découverte de soi, du monde et de Dieu. Ce type de connaissance 'par dévoilement' est intérieur et représente 'la plus haute des connaissances, celle de ceux qui sont proches de Dieu'.[16]

Dans son œuvre intitulée *Qissat al-ghurbah al-gharbia* (le *Récit de l'Exil Occidental*), Shahāb ad-Dīn Sohrawardi (1154–91), philosophe et mystique persan du XIIème siècle, a relaté sa propre *ghurbah*, un voyage allégorique de l'orient ou *Machreq* vers l'occident ou Maghreb. Le Maghreb, en tant qu'espace conceptuel, est assimilé au symbole de la caverne platonicienne par opposition à l'orient rayonnant. Cette conception grecque se trouve doublée, dans le récit, de ce que Meddeb appelle 'un symbolisme dualiste des ténèbres et de la lumière' hérité de la métaphysique perse:

> Ainsi réagissait au mot 'Maghreb' un penseur d'Islam, capable de croiser dans son texte la référence occidentale (grecque) et la référence orientale (mazdéenne), dans une trame profondément marquée par la réminiscence coranique.[17]

Les étapes de ce voyage riche en péripéties et tribulations correspondent aux étapes de la quête spirituelle soufie. Sohrawardi reconnaît, dans ce processus, un exil littéral au cours duquel le soufi quitte son pays natal

---

14 Rachida Chih, 'Sainteté, maîtrise spirituelle et patronage: Les fondements de l'autorité dans le soufisme' in *Autorités Religieuses en Islam* (Paris: Archives de sciences sociales des religions, 2004), pp. 79–98 (pp. 81–82).

15 Muhyi al-Din Ibn 'Arabī, *Al-Futūḥāt al-makkiyyah*, vol. 2 [Illuminations de La Mecque] (Le Caire: Organisation égyptienne générale du livre [Première édition: 1240], 1972), p. 190.

16 Rachida Chih, 'Sainteté, maîtrise spirituelle et patronage: Les fondements de l'autorité dans le soufisme', p. 82.

17 Meddeb, *Contre-prêches*, p. 13.

à la recherche de l'objet de sa passion, poussé par le désir de proximité avec Dieu. Le monde détient donc, chez les soufis, un sens profond, qui se révèle progressivement au cours de la quête dans des stations (*mawāqīf*) qui jalonnent le mouvement de la connaissance qui va de soi vers l'objet de la quête. Cette quête orientée vers l'occident est une nécessité. En ce sens, bien que le voyage soit effectif, il est aussi vécu dans l'intériorité des initiés. En tant que tel, le concept de *ghurbah* ou d'exil au XIIème et XIIème siècles, lui-même, transcende sa signification géographique restreinte pour devenir un état spirituel.

Si pour les premiers soufis, 'al-gharb', renvoyait à la région de l'Afrique du nord appelée actuellement 'Maghreb',[18] pour un.e maghrébin.e aujourd'hui, il réfère à l'Europe. En ce sens, l'écriture de Meddeb reprend l'impératif de l'exil et du voyage du corps ainsi que de l'esprit, et leur attribue de nouvelles connotations, de nouvelles directions, et par là-même de nouvelles dimensions:

> Mais l'itinéraire de l'exil a dévié. D'horizontal, il est devenu vertical […] L'occident ne se situe plus au Maghreb comme il l'était encore pour cet Oriental qu'est le Persan Sohrawardi […] Et c'est vers le nord qu'on continue d'appeler Occident que j'ai migré.[19]

L'expérience soufie de l'exil, malgré son anachronisme apparent, résonne chez l'auteur maghrébin. Bien que le monde ne soit plus divisé 'entre la demeure de l'islam et celle de la guerre',[20] il reconnait les similitudes de l'épreuve mentale et physique qu'est l'exil occidental dans une perspective transhistorique:

> Sur la rive septentrionale de la mer médiane, j'ai débarqué dans la ville dont les habitants sont injustes après avoir été balloté par les houles de la tempête dans une cale bondée, sombre, nauséeuse.[21]

18   Les substantifs 'Maghreb' et 'gharb' sont tous deux issus de la racine trilitère arabe (غ،ر،ب) (gha,ra,ba).

19   Meddeb, *L'exil occidental*, p. 75.

20   Ibid., p. 75.

21   Ibid., p. 76.

Cette comparaison entre l'exil de Meddeb et celui du mystique persan porte aussi sur les avantages d'une telle expérience, notamment la liberté de circulation entre le pays natal et le lieu de l'exil. Il faut noter ici que Meddeb est parvenu à la notion de *ghurbah* pour la première fois lors de la lecture du *Récit de l'exil occidental* (1976) de Sohrawardi traduit par Henry Corbin. Cette lecture a inspiré son propre projet de traduction de l'œuvre dont *Récit de l'exil occidental* (1993) est le fruit. Étant natif de la langue arabe, Meddeb a choisi d'aborder le texte dans sa langue d'écriture. Touché par la richesse poétique du texte, il a veillé à ce que sa traduction mime les inflexions rythmiques du texte source 'en suivant au plus près l'original arabe'.[22] Quelque dix ans plus tard, son ouvrage intitulé *L'exil occidental* (2005) marque le passage de la traduction à la conceptualisation.

Al-ghurbah au XXIème siècle selon Meddeb

Al-ghurbah chez les soufis du XIIème et XIIIème siècles, nous l'avons vu, a pour but l'expérience de *al-qurbā*, ou la proximité à Dieu. Elle se déploie sur deux axes: un mouvement réel, horizontal et un mouvement imaginé dans la profondeur des choses. Ces deux mouvements, apparemment paradoxaux, se réconcilient dans ce que les soufis appellent des révélations terrestres ou *tajalli*:

> La notion soufie de tajalli [...] décrit l'opération révélant l'invisible dans les choses concrètes ; il s'agit des visions et des révélations qui transfigurent les heures urbaines du promeneur et qui instaurent la poésie de la ville.[23]

Au fil des lieux, le soufi cherche dans ce qui est visible des révélations qui se dérobent aux regards superficiels (de *al-qishr*: écorce à *al-lobb*: noyau). Conformément à la notion chez les soufis, l'exil pour Meddeb 'n'est pas

---

22   Ibid., p. 57.
23   Meddeb, *La maladie de l'islam*, p. 139.

un châtiment mais une quête',[24] et ce malgré sa difficulté. Néanmoins, c'est le processus de transfiguration des signes et symboles rencontrés au cours de l'exil que Meddeb choisit de mettre en avant au détriment du but de la quête.

Dans son article 'Ésotérisme, modèle mystique et littérature à la fin du XIXème siècle', Lydie Parisse note qu'en France, l'appropriation du discours religieux par la littérature a ouvert la voie à une expression lyrique puis symboliste sans précédent:

> L'ésotérisme, approche intellectuelle du sacré et du mystère, […] ou recherche des clés cachées, se rattache à une tradition qui propose une lecture occulte de l'univers réservée aux initiés. Depuis longtemps, les écrivains y puisent, mais en cette fin de XIXème siècle, cette référence prend un sens particulier.[25]

Nous soutenons que, par le même processus de réappropriation de l'expression mystique islamique et de ses appareils symboliques, Meddeb s'appuie, à l'instar des poètes symbolistes du XIXème siècle, 'sur des traditions ancestrales pour affirmer une originalité radicale du message […]'.[26] Nous allons donc confronter la notion d'exil occidental et ses manifestations poétiques chez Meddeb à celles des mystiques médiévaux, et ce afin d'aboutir à une nouvelle conception de *ghurbah* en diachronie qui tienne compte de la double généalogie transhistorique de la notion chez l'auteur maghrébin. En effet pour les poètes mystiques médiévaux, les mots, images, et idées sont des voiles [*hijāb, niqāb*] qui s'interposent entre les hommes et la réalité. Le mystique persan Rûmi (1207–73) cite l'exemple du soleil dont la lumière est bénéfique mais qui observé de près serait synonyme de destruction:

> When god most high makes revelation through a veil [hijāb] to the mountain, it too becomes fully arrayed in trees and flowers and verdure. When however He makes revelation without a veil, He overthrows the mountain and breaks it into atoms.[27]

---

24   Abdelwahab Meddeb, *Phantasia* (Paris: Sindbad, 1986), p. 53.

25   Lydie Parisse, 'Ésotérisme, modèle mystique et littérature à la fin du XIXème siècle' in *Crises de vers*, éd. par Marie Blaise, Alain Vaillant (Montpellier: Presses universitaires de la Méditerranée, 2000), pp. 275–95 (pp. 275–76).

26   Ibid., p. 276.

27   Jalal al-Dīn Rûmi, *Discourses of Rumi* (Hove: Psychology Press, 1993), pp. 46–47.

Cette poétique partagée par les soufis du XIIème et XIIIème siècles va véhiculer le sens dans un mécanisme complexe de dissimulation. La suggestion devient alors le maître mot et veille à sonder les mystères du quotidien. Ces derniers sont la part de l'indicible que la suggestion cède au poème ou au récit. Ils se placent entre les mots et les choses. Par ailleurs, Rūmi et Ibn Arabi sont considérés comme les premiers poètes à apporter une dimension plus 'profane' au mysticisme. L'œuvre lyrique d'Ibn Arabi Turjumān al-ashwāq, que ses contemporains ont critiqué pour son aspect 'séculaire',[28] a établi pour chaque métaphore, chaque image, un concept mystique 'équivalent'. Dans cette perspective, Meddeb adopte et actualise la conception symboliste du mysticisme afin de codifier son expérience de l'exil tel qu'il le conçoit.

À la recherche d'une nouvelle articulation linguistique et littéraire, Meddeb puise dans sa généalogie plurielle et établie une figure féminine mystérieuse au nom d'Aya comme objet de sa quête. Aya représente, à la fois, le point de départ et la force qui maintient l'élan du poète :

> voyageuse qui fait voyager
> Aya donne le mouvement
> à qui reste immobile
> errant qui souffle le frisson
> à qui ne bouge pas
> emportant le corps ailleurs
> en esprit au péril du corps [...][29]

La figure d'Aya est un élément charnière qui unit le voyage physique au voyage spirituel. Les deux vers 'emportant le corps ailleurs/en esprit au péril du corps' ne sont paradoxaux qu'en apparence puisque le mouvement dans l'espace est toujours doublé d'un mouvement intérieur. Les qualités quasi-transcendantales qu'offre cette figure aussi mystérieuse qu'indiscernable dérive en partie de son nom. Le nom d'Aya est effectivement riche en significations religieuses et mystiques. Le mot 'Aya' en arabe signifie

---

28   Julie Meisami, *Structure and Meaning in Medieval Arabic and Persian Lyric Poetry: Orient Pearls* (Abingdon: Routledge, 2003), p. 392.

29   Meddeb, *Portrait du poète en soufi*, p. 76.

'signe' ou 'symbole' incarnant ainsi l'élément central de la notion soufie de *tajalli* de laquelle dépend le dévoilement des mystères cachés du monde. En étant en mouvement entre espaces et paysages divers, le poète se trouve littéralement et métaphoriquement à la recherche d'Aya, et par là-même à la recherche de signes révélateurs. Yasser Elhariry voit dans la sacralité sous-entendue du nom d'Aya le dépassement de la référence divine:

> While god may have ninety-nine names in Islam, Aya's name goes one step further toward suggesting the unsayable one-hundredth 'nom de l'absent' 'name of the absent'. (Meddeb, Les 99 stations 47).[30]

Il faut noter que le mot 'Aya' réfère aussi au verset d'un sourate coranique. En ce sens, Aya en soi ne peut être la référence recherchée, comme le suggère Elhariry, mais la trace qui mène à la référence. Nous voyons que le personnage poétique central détient une valeur foncièrement poétique: elle représente la muse du poète. En accordant à sa bien-aimée un nom qui regorge de symbolisme mystique, Meddeb s'inscrit dans une tradition poétique arabo-musulmane lyrique. Il explique ainsi la parenté entre sa poésie et celle d'un Ibn Arabi:

> Aya inscrit son nom sur les cahiers des amantes qui dictent le chant, en son actualité, elle ranime la médiévale Nidam, la jeune persane [...] dont s'éprit Ibn Arabi et qui fut l'inspiratrice de Torjoman al-achwaq, "interprète des ardents désirs", divan dont certains motifs voyagent d'une rive à l'autre, traversant les siècles et les langues, comme pour agréer la célébration de l'amour source du mouvement, sans quoi l'univers serait néant.[31]

Il n'est donc pas surprenant que la figure d'Aya soit omniprésente au fil des textes. Elle représente non seulement la 'source du mouvement' mais aussi sa finalité. Meddeb invoque religieusement son nom dans tout son corpus poétique notamment *Tombeau d'Ibn Arabi* (1987), *Les 99 stations de Yale*

---

30   Yasser Elhariry, 'Abdelwahab Meddeb, Sufi Poets, and the New Francophone Lyric', *PMLA* 131:2 (2016), 255–68 (p. 257).

31   'Nidham', le nom de la muse d'Ibn Arabi, est un mot arabe qui fait allusion à la 'beauté cachée' du monde à travers la notion d'ordre divin. Abdelwahab Meddeb, *Tombeau d'Ibn Arabi* (Montpellier: Fata Morgana, 1995), postface.

(1995), *Aya dans les villes* (1999) et *Portrait du poète en soufi* (2014). Ce retour incessant au nom d'Aya rappelle une pratique centrale du soufisme qui est celle du *dhikr*. La racine trilitère de ce mot (*dha,ka,ra*) désigne à la fois le souvenir (*al-dhikrā*) et 'la pratique qui avive le souvenir' (*al-tadhakur*).[32] Pratiqué souvent de manière collective et à haute voix, le rite du *dhikr* peut mener à un état de transe. Or, si pour les soufis, cette pratique consiste à répéter rythmiquement les 99 noms d'Allah, elle consiste chez Meddeb à répéter celui d'Aya. Lorsqu'elle est absente, l'évocation de son nom ranime le dynamisme de la quête poétique. Dans le chapitre 'La chouette et le djinn' extrait d'*Aya dans les villes*, par exemple, le désir de retrouvaille déclenche les pérégrinations du poète qui part, 'corps en dérive, à la recherche d'Aya'.[33] Cette 'recherche vaine d'Aya', à l'instar de la quête divine des soufis médiévaux, est un leitmotiv qui rythme les recueils de Meddeb.[34]

Par ailleurs, dans les rares instances de proximité avec sa bien-aimée, sa présence demeure fugace. Dans le premier chapitre d'*Aya dans les villes*, par exemple, le poète relatant un voyage en compagnie d'Aya, met en avant la précarité de cette proximité: 'Aya se détache',[35] ou encore 'Aya va explorer les parages'.[36] Le voyage, représenté d'abord comme un simple parcours touristique dans toute sa banalité, se meut en un voyage spirituel, ou les réminiscences déclenchées par le détachement d'Aya, trouvent leurs échos dans l'expérience du corps du poète dans l'espace. Cette quête alimentée par un désir de proximité toujours renouvelé semble avoir un pendant esthétique puisque le poète affirme dans *Aya dans les villes* que 'le culte de la beauté [...] ravive sur les sentiers du monde la recherche assidue d'Aya'.[37] La poésie meddebienne fait donc l'éloge des sens et donne au corps une place centrale dans la quête spirituelle. Selon Meddeb, la conception de l'espace doit être médiée par le corps sismographe, attentif, présent au monde 'dans

---

32   George Anwati, Louis Gardet, *Mystique musulmane: aspects et tendances, expériences et techniques* (Paris: Éditions Vrin, 1986).

33   Abdelwahab Meddeb, *Aya dans les villes* (Montpellier: Fata Morgana, 1999), p. 62.

34   Ibid., p. 63.

35   Ibid., p. 17.

36   Ibid., p. 30.

37   Ibid., p. 69.

ce que le lieu révèle ou dans ce qui se révèle entre la conjonction d'un corps et d'un lieu'.[38] En ce sens, Meddeb cherche à profaner *al-ghurbah* dans le sens agambenien du terme. Il 'restitue à l'usage commun ce qui avait été séparé dans la sphère du sacré'.[39] La structure symbolique de l'exil chez les soufis du XIIème et XIIIème siècle est donc transposée dans un contexte profane contemporain chez Meddeb qui, lui, met l'accent sur 'la présence intense d'un corps […] qui accueille et redonne au lecteur tout ce qu'il reçoit'.[40]

Nombreux sont les passages qui mettent en scène des expériences sensorielles:

> […] Le goût de la graine dont je reçois l'odeur m'envahit le palais et me déporte vers une halte de mes pérégrinations italiennes, dans une auberge toscane où j'avais croqué, en guise d'apéritif, des fèves crues accompagnées de grana, en buvant une grande rasade d'un vin blanc local, vif et fougueux.[41]

Notons la multitude des sens engagés dans cette scène. Les expériences olfactive et gustative déclenchent, telle la madeleine de Proust, une impression de réminiscence et ravivent le souvenir d'un voyage passé. Les impressions sensorielles, grâce à la personnification par le biais du verbe 'me déporter', agissent directement sur le corps du poète, le transportant physiquement en Italie, dans le lieu de son souvenir. Le lieu accueille ainsi le corps que l'expérience sensuelle et sensorielle transforme à son tour dans un va-et-vient permanent entre la représentation poétique imaginée

---

38   Meddeb, *L'exil occidental*, p. 13.

39   Agamben poursuit: 'Alors que consacrer (sacrare) désignait la sortie des choses de la sphère du droit humain, profaner signifiait au contraire leur restitution au libre usage des hommes', Giorgio Agamben, *Profanations* (Paris: Payot & Rivages, 2006), p. 95.

40   Il s'agit là des propos d'Abdelwahab Meddeb que nous avons transcrits à partir de l'émission de radio 'À voix nue' sur France Culture animée par Christine Goémé, enregistrée peu avant sa mort en 2014 et diffusée peu de temps après: voir par exemple 'Abdelwahab Meddeb (1/5) – Hommage', *A voix nue*, France Culture, 22 décembre 2014, émission enregistrée en ligne, France Culture Replay, <https://www.franceculture.fr/emissions/voix-nue/abdelwahab-meddeb-15-hommage> [consultée le 15 septembre 2021].

41   Ibid., p. 48.

du poète et l'expérience de son corps dans l'espace. Il replace ainsi la quête spirituelle soufie dans une réalité concrète et actuelle tout en laissant libre cours à l'imagination et à la réminiscence. Ceci s'écarte considérablement de la conception de ces homologues médiévaux qui, eux, visent l'anéantissement du corps connu comme 'al-fanā'. Si des soufis comme Ibn Arabi ou Sohrawardi cherchent la distanciation du corps du monde sensible afin d'acquérir des attributs divins, Meddeb ancre le corps au cœur de l'expérience mystique en célébrant les attributs humains.

Dans le chapitre intitulé 'Un tombeau pour l'exil' extrait du recueil *Aya dans les villes*, le poète relate ses pérégrinations dans plusieurs villes à travers le monde à la manière d'un récit soufi médiéval. Il s'attarde surtout sur la ville de Marseille qu'il définit comme la 'célébration de l'universalité méditerranéenne, à l'interstice où s'annule la différence entre la Grèce, Rome, l'Égypte'.[42] Dans la plupart des poèmes de Meddeb, la description d'un espace déclenche souvent ce qu'il appelle 'la mécanique du rêve'. En ce sens, il a une prédilection pour la lecture des paysages propices à la réflexion et à la méditation, et par là-même à l'acte poétique:

> c'est la ville des épiphanies
> qui se révèlent dans la marche
> et là je marche je marche
> en voyageant dans les pays de l'imaginal
> simultanément ici et ailleurs
> le lieu est aussi présent qu'aboli
> en éveil sur les perspectives des verticales
> de haut en bas rêvant à l'horizon de l'infini[43]

Dans cet extrait, le voyage physique se déploie sur l'axe horizontal et agit comme catalyseur du voyage symbolique qui, lui, se place sur l'axe vertical. La répétition du syntagme verbal 'je marche' met en exergue l'importance du déplacement et de la progression spatiale dans le dévoilement des symboles. La juxtaposition de termes antithétiques comme 'ici' et 'ailleurs', ou encore 'présent' et 'aboli' brouille les limites entre rêve et réalité,

---

42   Ibid., p. 95.
43   Meddeb, *Portrait du poète en soufi*, p. 42.

passé et présent, tout en gardant le corps et son interaction avec l'espace au cœur de l'expérience spirituelle. L'actualisation de la notion d'exil dans un contexte contemporain permet donc à Meddeb de délaisser les considérations théologiques et de profaner, dans le sens agambenien du terme, le symbolisme mystique de la quête. Il invite ses lecteurs à explorer et à considérer le monde avec curiosité. Ce faisant, il brosse une conception transhistorique d'*al-ghurbah* qui redéfinit les frontières actuelles, et qui encourage la contemplation et le mouvement vers l'autre. Cette conception trouvant son origine dans les écrits des soufis du XIIème et XIIIème siècle n'en n'est pas moins actuelle.

Conclusion

En définitive, Meddeb a su se réapproprier la notion de l'exil et lui attribuer des connotations relatives aux expériences physique et esthétique. Dans sa pensée, l'exil 'volontaire' est nécessaire pour pouvoir vivre l'expérience esthétique dans toute sa corporalité. La vision de Meddeb unit la pratique de la poésie à la pratique de la vie quotidienne dans un contexte contemporain. Le double décalage spatial et temporel permet la subversion de concepts longtemps perçus comme péjoratifs, tels que l'exil et la profanation. Dans son ouvrage *Qu'est-ce que le contemporain*, Agamben définit le contemporain comme étant 'celui qui ne coïncide pas parfaitement avec [son temps] ni n'adhère à ses prétentions, et se définit, en ce sens, comme inactuel; mais précisément pour cette raison, précisément par cet écart et cet anachronisme, il est plus apte que les autres à percevoir et à saisir son temps'.[44] Nous soutenons qu'en raison de cette non-coïncidence, la pensée de Meddeb a pu capturer et ancrer l'expérience spirituelle dans le contexte contemporain en redonnant à la quête soufie

---

44   Giorgio Agamben, *Qu'est-ce que le contemporain* (Paris: Payot & Rivages, 2008), p. 10.

toute sa 'physicalité'.[45] Meddeb recentre l'expérience spirituelle sur le corps et sur la poésie et guide son lecteur vers la connaissance de soi et la reconnaissance de l'altérité puisque le mouvement entre orient et occident conduit inévitablement à la rencontre et au dialogue. Cette manière d'aborder l'espace et le temps, inspirée d'un passé islamique pluriel et de figures rayonnantes comme Ibn Arabi et Sohrawardi, s'inscrit dans un projet intellectuel plus grand contre l'obscurantisme religieux.

45   Nous avons emprunté le terme à l'anthropologue Philipe Descola qui oppose la 'physicalité' à 'intériorité' dans son ouvrage *Le monde, par-delà la nature et la culture* (Paris: Société d'éditions scientifiques, 2004).

REBECCA COURTIER

Reading 'in-between' the lines of *La Fille du comte de Pontieu* and *Peau noire, masques blancs*

La Fille du comte de Pontieu is an early nouvelle, dating from the 13th–15th centuries.[1] The tale establishes a 'family romance' for the House of Ponthieu; it seeks through a (fictional) matrilineal affiliation with the eponymous Fille to weave the Muslim warrior, Saladin, into a 'French' genealogy, as a figure of mixed/multiple backgrounds.[2] While this initiative retroactively colonizes the (Christian) loss of Jerusalem to Saladin's forces (1187 CE) through narrative, this favourable retelling of events goes beyond (re)presentations of (pseudo-)Muslims, devolved to the fictive 'race' of 'Saracens', as absolute alterity.[3] Staking claims on both sides of the crusades, the text paradoxically intimates an embrace

---

1   *La Fille du comte de Pontieu: conte en prose, versions du XIIIe et du XVe siècle*, ed. by Clovis Brunel (Paris: H. Champion, 1923), p. vii. I focus on the thirteenth-century versions; unless otherwise stated, quotations refer to the version corresponding to BnF MS fr. 25462 (top of page). Translations are my own.

2   Donald Maddox, *Fictions of Identity in Medieval France* (Cambridge: Cambridge University Press, 2000), pp. 166–200 (pp. 192–93), which extends Donald Maddox, 'Domesticating Diversity: Female Founders in Medieval Genealogical Literature and *La Fille du Comte de Pontieu*', in *The Court and Cultural Diversity*, ed. by Evelyn Mullally and John Thompson (Cambridge: D. S. Brewer, 1997), pp. 97–107.

3   On Saladin and Jerusalem, see Maddox, 'Domesticating Diversity', p. 103. Among medievalists, the word 'Saracen' is contested; though a fictional marker of religio-racial identity, sometimes used synonymously with 'pagan', or even referring to anyone construed as 'other' to Latin Christendom, it derogatorily (mis)represents Islam and is mobilized to discriminate against Muslims, even today. Considering all cases, I use (pseudo-)Muslim and 'Saracen'. On these points, see Shokoofeh Rajabzadeh, 'The Depoliticized Saracen and Muslim Erasure', *Literature Compass*, 16:9–10 (2019), 1–8, esp. the third endnote (p. 7), and Jeffrey J. Cohen, 'On Saracen

of cross-cultural contact.[4] In turn, Frantz Fanon's seminal work, *Peau noire, masques blancs* (1952), is an auto-theoretical exploration of lived experience in the wake of decolonization, attacking the origin myths of (French) colonialism.[5] Fanon exposes cultural discrimination against and the marginalization of the Black male subject, here personified as the Franco-Antillean. Fanon examines how the Franco-Antillean is caught between colonialist stereotypes and an assimilationist upbringing in Martinique: between epidermal Blackness and discursive markers of French identity, signalled by the work's title. Fanon sheds light on the false narrative of racial hierarchies which provokes endemic miscommunication and alienates the individual from his very self, offering a corrective for cultural constructions of selfhood and narrative. While the concerns of *La Fille* and *Peau noire* seem different, a co-reading reveals the texts' mutual illumination in shared considerations of cultural identity and figures of difference: what it means to be 'French' across the ages.

In form and content, both texts are set against a context of (mis) appropriation and/or misreading that leaves them in a state of betwixt and between. In their academic reception, medieval and postcolonial literatures have been traditionally subjected to various turns of prejudice, being misconstrued as 'substandard' for their temporal distance (the medieval), delayed emergence (the postcolonial), or allegedly 'primitive' use of language.[6] There is a misperception that these literatures are structurally 'inferior' due to some cultural difference. What is more, applications of postcolonial and critical race studies to the Middle Ages, or inversely, the very presence of premodern ideas of 'race' and their significance for

---

     Enjoyment: Some Fantasies of Race in Late Medieval France and England', *Journal of Medieval and Modern Studies*, 31:1 (2001), 113–46 (pp. 114–15).

4   Maddox, 'Domesticating Diversity', p. 107.

5   Frantz Fanon, *Peau noire, masques blancs* (Paris: Seuil, 1971).

6   The power (relations) of terminology ('French', 'Francophone', or the 'Francosphere') are here activated; on linguistic debates, see, e.g., Maria Candea and Laélia Véron, *Le français est à nous!: petit manuel d'émancipation linguistique* (Paris: La Découverte, 2019).

modern-to-contemporary times, have been met with heated debate.[7] As Geraldine Heng, whose important work greatly informs this chapter, has noted, there is a false notion that cross-temporal comparisons lend to inherent acts of misreading, while practices of gatekeeping and erasure in this respect remain real and detrimental.[8] Today, such inquiry acquires new urgency, given the resurgence of interest for the Middle Ages along with (neo) colonial discourses of sameness/difference and a racialization of religion, in the popular imagination. (Or put differently, in times when 'cultural race and racisms, and *religious* race, jostle alongside race-understood-as-somatic/ biological determinations'.[9]) As scholars have observed, the medieval is paradoxically regarded as the backwards 'Dark Ages' of our past, while this simplicity is mythologized for cultural purity: an all-White Christian Europe of clear-cut hierarchies and unified meaning through universal

---

7   For applications of postcolonial and/or critical race studies to the Middle Ages, along with the surrounding debates, see, for example, the following titles: *The Postcolonial Middle Ages*, ed. by Jeffrey J. Cohen (Basingstoke: Macmillan, 2000); *Postcolonial Approaches to the European Middle Ages: Translating Cultures*, ed. by Ananya Jahanara Kabir and Deanne Williams (Cambridge: Cambridge University Press, 2005); Geraldine Heng, *Empire of Magic: Medieval Romance and the Politics of Cultural Fantasy* (New York; Chichester: Columbia University Press, 2003); Geraldine Heng, *The Invention of Race in the European Middle Ages* (Cambridge: Cambridge University Press, 2018); Cord J. Whitaker, *Black Metaphors: How Modern Racism Emerged from Medieval Race-Thinking* (Philadelphia: University of Pennsylvania Press, 2019), as well as these special issues: Thomas Hahn, ed., 'Race and Ethnicity in the Middle Ages', *Journal of Medieval and Early Modern Studies*, 31:1 (2001); Cord J. Whitaker, ed., 'Making Race Matter in the Middle Ages', *Postmedieval*, 6:1 (2015); Dorothy Kim, ed., 'Critical Race and the Middle Ages', *Literature Compass*, 16:9– 10 (2019); Mary Rambaran-Olm, M. Breann Leake, and Micah James Goodrich, eds, 'Race, Revulsion, and Revolution', *Postmedieval*, 11:4 (2020).
8   Heng, *Invention*, p. 4.
9   Ibid., p. 20, *emphasis in original*. Heng highlights the shift (from 9/11) in how race is now understood, and racism weaponized, i.e., also against communities from West Asia, especially speakers of Arabic and/or Muslims. Though this 'uncannily renews key medieval instrumentalizations in the ordering of human relations' (ibid.), I wish to underline the impact of distortions of the Middle Ages and in various processes of differentiation.

adherence to an unquestioned status quo.[10] These gross mischaracterizations
of the Middle Ages are (mis)appropriated to further hate and discrimination against currently minoritized and marginalized populations, with
false narratives including crusade rhetoric to legitimize interventionism
in the 'Middle East', or this white-washed Europe for alt-right ideology
and hate speech.[11] One example that unites all elements is the 2016 inci-
dent when 'Saracen go home [sic]' and the crusade motto, 'Deus vult', was
graffitied onto a mosque in Scotland, in a racist and Islamophobic hate
crime. Considering this cultural (re)production as misproduction, along
with widespread misrepresentation, the need for further critical reflections
that offer more appropriate dialogues between medieval and (post)colo-
nial discourses is pertinent.[12] As scholars, it is our duty to address these
issues from the academy outwards, especially as our environment is being
politicized through various 'culture wars': multinational projective attacks
on critical race studies ((mis)deemed divisive and unfounded), and an in-
quest into (so-called) 'islamo-gauchisme' in France, matched by systemic
defensiveness or denials of (the roots of) racism and its enduring legacies.
In all cases, lies are used to further others, while being directed at, and even
projected to (so-deemed) 'others'.[13]

Yet these entanglements of the academic and cultural invite an unravelling (in its two definitions) of relations between fiction and reality, medieval and modern: a (re)visionary approach that traces alternative 'genealogies', or 'lineages', to arrive at a fuller view of the past and our positions to
texts and with each other, now and in future, as part of ongoing anti-racist

10   See Amy S. Kaufman and Paul B. Sturtevant, *The Devil's Historians: How Modern Extremists Abuse the Medieval Past* (Toronto: University of Toronto Press, 2020), pp. 6–7, p. 146.

11   Ibid.; see also *Whose Middle Ages? Teachable Moments for an Ill-used Past*, ed. by Andrew Albin, Mary C. Erler, Thomas O'Donnell, Nicholas L. Paul, and Nina Rowe (New York: Fordham University Press, 2019).

12   For an example of a medieval/Fanon combination, see Robert S. Sturges, 'Race, Sex, Slavery: Reading Fanon with *Aucassin et Nicolette*', *Postmedieval*, 6:1 (2015), 12–22.

13   This technique recalls the constructionism used by medieval European Christendom, which falsely regarded 'Saracens' as a (pseudo-)Muslim 'race' of liars in an exact subterfuge, as Heng explains; see *Invention*, pp. 111–12.

work.[14] This anachronic vision owes much to Carolyn Dinshaw's emphasis on the 'contingent' (situated yet 'indeterminate') under her concept of '[t]ouching on the past': a method that collocates medieval and modern works for enhanced reciprocal understanding, and an underscored heterogeneity (understood as 'fissured', 'contradictory' and 'multiple'), within and across these periodic markers, as sole shared variable.[15] Despite her criticism of Homi K. Bhabha's apparent disregard for the Middle Ages in his theory, as found in his *Location of Culture* (1994), Dinshaw's touch can surely sit alongside Bhabha's: '*touch[ing] the future on its hither side*'.[16] Considering all time(s) contemporaneously, both authors challenge dominant narratives or *histoires* (cultural, formal) – their revisionism and reticence around full representation – through a dual process of reckoning that moves beyond these relational and interpretative impasses.[17] For Bhabha, to be 'in the "beyond"' is to see the whole picture, to appreciate the liminal in all its senses.[18] So, treating the aforementioned issues as theme(s) and critical methodology, a conjoined reading of *La Fille* and *Peau noire* helps facilitate an understanding and a comparison of these respective cultures and literatures (as well as of how fiction feeds into culture and cultural ideas

---

14   On alternative 'genealogies' or 'lineages' (temporal, cultural, scholarly) and/ as PCRS ('premodern critical race studies'), as opposed to PRS ('premodern race studies'), see Margo Hendricks, 'Coloring the Past, Rewriting Our Future: RaceB4Race', *RaceB4Race*, 2 (2019), <https://www.folger.edu/institute/ scholarly-programs/race-periodization/margo-hendricks>. Hendricks' discussion is furthered in Dorothy Kim, 'Introduction to Literature Compass Special Cluster: Critical Race and the Middle Ages', *Literature Compass*, 16:9–10 (2019), 1–16. See also: Mary Rambaran-Olm, M. Breann Leake, and Micah James Goodrich, 'Medieval Studies: The Stakes of the Field', *Postmedieval*, 11:4 (2020), 356–70 (pp. 361–62); Heng, *Empire*, pp. 14–15, *Invention*, p. 3.

15   Carolyn Dinshaw, *Getting Medieval: Sexualities and Communities, Pre- and Postmodern* (Durham, NC; London: Duke University Press, 1999), pp. 1–54 (p. 1, pp. 2–3, pp. 11–12, pp. 15–16). Dinshaw examines queer *histoires*, but her method is useful for this chapter.

16   Dinshaw, *Getting Medieval*, pp. 16–21; Homi K. Bhabha, *The Location of Culture*, 2nd edn (London; New York: Routledge, 2004), p. 10, *emphasis in original*.

17   Dinshaw, *Getting Medieval*, pp. 2–3, p. 5, pp. 11–12; Bhabha, *The Location*, p. 3.

18   Bhabha, *The Location*, p. 2, p. 10.

permeate through fiction). Only through this belated process will we appreciate the works in their full volume, exposing similar yet distinct systems
of hierarchical thinking across the centuries in their complex paradoxes,
as contingent fictions that have lasting 'material effects', while suggesting
possible re-conceptualizations of this liminal state, within and beyond
the narratives.[19]

But first, a brief note on Bhabha's theory of 'in-betweenness', or 'reading
between the lines', which offers a particularly productive framework for
an examination and reformulation of structural relations and liminality in
Peau noire and *La Fille*.[20] Bhabha's 'in-between' space refers to a symbolic
position at the interstices, wherein binary distinctions for social formation
and means of signification are undone. Bhabha contends that (neo)colonial
cultures are but inherently ambiguous, being constructed on a 'discursive
and affective ambivalence' that produces the marginal subject of the (post)
colonial situation as *'neither the one nor the other'* (not same nor other).[21]
Bhabha re-inscribes the 'in-between' as a '[site]' of cultural resistance and
theoretical critique.[22] He argues that all interactions are mediated by an
'on-going', contested process of misreading; yet these 'negotiation[s]' hold
emancipatory potential.[23] Bhabha's insights, therefore, give special nuance
to considerations of sameness/difference, (mis)appropriation, delay or
belatedness.

Inspired by this theory, this chapter aims to demonstrate patterns of differential identification across bodies, space, time and text(s), with/in structures that are variable in configuration but constant in process. Specifically,
this chapter focusses on portraits of 'inside-outsiders', comparing culturally marginal figures in medieval French literature with twentieth-century
(post)colonial subjects, as drawn out by Franco-Antillean anti-colonial(ist)
polemics, through a common liminal status. In what follows, *La Fille* and

---

19   Cf. Heng, *Empire*, p. 14: 'Race itself, after all, is a fantasy with fully material effects
      and consequences.' In relation to the context laid out herein, see ibid., p. 15.
20   Bhabha, *The Location*, p. 35. Note: Bhabha is an avid reader of Fanon; see, for ex-
      ample, pp. 57–120.
21   Ibid., p. 188, p. 37, *emphasis in original*.
22   Ibid., p. 2.
23   Ibid., p. 3, see also p. 37.

Peau noire's figures of difference – who fall between the gaps of discursive constructions of medieval genealogies and (post)colonial racism – are identified and explored. A shift in focus showcases individuals who use this self-negating space to rewrite their narratives. Throughout, the question raised is whether these figures end up supporting or revising the normative (albeit fallacious) discourses from which they endeavour to diverge. I contend that these representations and their alternatives depend upon a certain delay, to various effects, and I consider the implications of such belatedness within the narratives and in their readerly consumption.

Discourses of difference and stereotypes

Before investigating figures of difference in *La Fille* and *Peau noire*, a further clarification of Bhabha's theories of the 'in-between', ambivalence and stereotypes, and their pertinence to the discursive networks that spur the works, is needed.

Bhabha's 'in-between' or 'Third Space' hovers at the limits of identity and language; it is an interstitial or 'borderline condition': a heterogeneous, third term that sits or falls between binary categories, glimpsed through the cracks of cultural structures.[24] Bhabha contends that claims by (neo)colonial cultures to an essentialist identity or origin narrative, being unique and exclusive in its articulation, are pure mythogenesis.[25] He unseats this foundationalism and locates an inherent ambivalence in culture. This means that a (neo)colonial culture is not self-evident nor self-originating but self-authorizing, defining itself in recourse to an 'in-between' subject to whom it imputes its contradictions and through whom it supplements its uncertainty. It is 'a defence against the anxiety of difference, and itself *productive* of differentiations'.[26] The 'in-between'/'third' space of culture

24   Ibid., pp. 53–56, p. 11.
25   Ibid., p. 3.
26   Ibid., p. 188, *emphasis in original.*

entails a 'splitting [...] at the moment of its enunciation of authority'.[27] Its disassembling nature is conveyed to differentially identified subjects, who, through a process of retroactive transferral, are produced, construed and (mis)treated as 'inferior' figures. (As previously explored, this is projection that is also a discursive (re)production.) Bhabha looks at such negative images of difference (stereotypes) for their cause-effect relation, drawing on Fanon's concept of 'sociogénie' whereby (neo)colonial discursive networks precede and dictate lived experience, which becomes an iterative effect of this subjection.[28] For Bhabha, the stereotype is an ambivalent process of 'recognition and disavowal': it marks the (post)colonial subject as endemically '"other" [...] yet entirely knowable and visible' (intelligible) to preserve the integrity of the culturally colonizing enunciator, while rendering the stereotyped individual *less than one and double* or *almost the same but not quite*.[29] This discrimination is not directed at a reconciled conceptualization of alterity; rather, the supposed inferiority of the stereotyped individual stems from the 'in-betweenness' of a neither/nor construction: neither self-same nor unknowable other. Bhabha endeavours to delink the 'copula' – the essentializing connection – between the stereotype and its image; through this cause-effect analysis, the 'contingency', and thus the constructedness, 'of cultural [sameness/]difference' is exposed.[30]

Bhabha's theory, despite Dinshaw's reservations, does allow for connections between discursive constructions of medieval genealogies and modern forms of racism.[31] The common thread, or what arguably carries bidirectionally in mutual communication(s), is, paradoxically, the very ambivalence – the discontinuity, displacement, or breaches in discourse – upon which structural relations are based, being extended to its manifestation(s) in various stereotypes. As Heng asserts, in ways resonating with Bhabha's theory, '[race is] *produce[d]* [...] at need', and 'it is possible to identify and locate the discontinuous traces and marks of racial thinking, and

27   Ibid., p. 187.
28   Bhabha, *The Location*, p. 95; Fanon, *Peau noire*, p. 8.
29   Bhabha, *The Location*, pp. 100–01, p. 139, p. 127, *emphases in original*.
30   Ibid., p. 102, p. 280.
31   Dinshaw, *Getting Medieval*, pp. 16–21; Bhabha, *The Location*, pp. 226–27, pp. 356–60.

race-making, in premodern historical periods, by studying the *effects, uses,* and *targets* of discourses of power'.[32] The question is not of culture solely in its historical specificity (and certainly not its chronology), but rather of the construction and operation of cultural ideas, as varying circumstances dictate; as Heng states, '*race is a response to ambiguity*, especially the ambiguity of identity [...] answer[ing] to the ambitions and exigencies of the historical moment'.[33] So, feudal lineage structures and colonialism/imperialism can be read as analogous systems of thought, showing similar exclusionary processes in elaborations of cultural identity, dressed differently. To underline the point, this piece compares processual elements underpinning medieval and modern cultural discourses, following scholarship that observes transtemporal connections between forms of 'race-thinking' or 'race-making', to demonstrate, especially, how '*[r]ace-making* [...] *through a variety of practices and pressures,* [...] *construct[s] a hierarchy of peoples for differential treatment*' and how '*race is a structural relationship for the articulation and management of human differences, rather than a substantive content*'.[34] This co-presence of cultural discursivities in 'heterogeneous assemblage' (to borrow from Bhabha), seeks, to (re)turn to Dinshaw, to 'make [...] partial connection[s] (not [...] full identification[s]) [...] across time' through 'a process that engages all kinds of differences, though not all in the same ways', with implications for relations at micro/meso/macro levels, revealing their 'temporal dimension'.[35] What is crucial is that paradigms of cultural/textual sameness/difference are not clear-cut forms of binary

32   Bhabha is influenced, in part, by the Foucauldian concept of 'genealogy'; see Michel Foucault, 'Nietzsche, la généalogie, l'histoire', in *Hommage à Jean Hyppolite*, ed. by S. Bachelard (Paris: Presses Universitaires de France, 1971), pp. 145–72. Foucault's theoretical blind spots (re. race and racism) are addressed by Ann Laura Stoler, *Race and the Education of Desire: Foucault's History of Sexuality and the Colonial Order of Things* (Durham, NC; London: Duke University Press, 1995); 'Racial Histories and Their Regimes of Truth', *Political Power and Social Theory*, 11 (1997), 183–206. Heng is here drawing on Stoler's reading of Foucault, *Empire*, p. 71, *emphases in original*.

33   Heng, *Invention*, p. 33, *emphasis in original*; see also *Empire*, p. 14.

34   Heng, *Invention*, p. 3, *emphasis in original*; see also Whitaker, *Black Metaphors*.

35   Bhabha, *The Location*, p. 61; Dinshaw, *Getting Medieval*, p. 21.

thinking, but that the 'French' experience – its expression and reality –
across the ages is more complex. Yet these periods are mutually informing
in their paradoxes; though the nuances differ, their contingency and heterogeneity obtain as key structural features. Taking Bhabha's theory and
Dinshaw's work further, I shall emphasize a perceptible heterogeneity – a
contingent 'touch', an 'in-betweenness' – within 'dynastic representation'
itself, in dialogue with modern presentations of race, highlighting areas of
possible overlay, but not perfect tracing.[36]

One element common to *La Fille* and *Peau noire*, therefore – as repre-
sentatives of medieval and modern *histoires* of 'Frenchness' – is a discourse
that is executed through differentiation from, discrimination against, and
an ever-delayed recognition of the 'inside-outsider': the internally subjugated, or soon-to-be subjugated individual, whether by their (fictional)
culture or narrator. For the medieval characters, these discursively condi-
tioned images are bound up with questions of aristocratic rank, access to
power and furthering lineage (a retroactive narrative response to events of
the crusades),[37] while for Fanon, issues of race (around somatic difference)
and its associated cultural differences dominate, as within the (neo)colonial
scenario. As Heng says, 'differences selected for essentialism […] vary in
the *longue durée* – perhaps battening on bodies, physiognomy, and somatic
attributes such as skin color in one location; perhaps on social practices,
religion, and culture in another'.[38] Yet, across both works, the stereotype
is a construct that appears temporally motivated and mobilized: being assigned before adulthood, it is implicitly institutionalized and performed,
while having psychological and material effects on the liminal subject. These
'inside-outsiders', being within but without, are excellent candidates for, or
even perfect embodiments of, the contradictions inherently characteristic
of such discourses of collective identity. The contours of these discourses
and stereotyping processes, as articulated in each text, are fleshed out next.

La Fille traces the fictional trials and travails of Tiebaus and his wife,
the daughter of the Count of Ponthieu, referred to only as 'La Fille'. The
couple seem a good match, but they suffer from their inability to conceive.

36   Bhabha, *The Location*, p. 227; Dinshaw, *Getting Medieval*, pp. 18–19.
37   Cf. Maddox, 'Domesticating Diversity', p. 103.
38   Heng, *Invention*, p. 3.

A pilgrimage for a child goes awry, for which Tiebaus repudiates the Fille, and her father expels her from France. The Fille marries a 'Saracen' Sultan; she converts, and conceives two heirs. When her French family fall prisoner to the Sultan, the Fille orchestrates their reconciliation and they escape to France. The Fille remarries Tiebaus and they have two sons. Through her daughter by the Sultan, the Fille is ancestress to Saladin. As outlined previously, *La Fille*'s narrative goal is the creation of a matrilineal graft to connect two cultures.[39] This framework, fantastically crafted around the figure of Saladin, combines ideas of 'blood-lines' (noble lineage) and 'blood-races' (religio-racial identity, or racialization of religion); or, what has been explored as 'genetic race' and 'religious race' in 'hybrid', medieval unions.[40] As Heng affirms, 'Cultural fantasy does not evade but confronts history [...] engag[ing] with lived event, crisis and trauma, and conditions of exigency[,] [...] render[ing] intelligible [...] the incalculable and the incommensurate.'[41] She continues: '[F]antasy is unusually conducive to conceptualizations of race and race discourse.'[42] And indeed, the medieval-Christian family romance emerges as paradigmatically (proto)colonial, if read through Robert J. C. Young's interpretation of 'hybridity'.[43] 'Hybridity' (per Young) is germane to the construction of cultural (especially, colonial) identity, being characterized by tensional forces that shift to-and-fro between 'desire and aversion' – desire for difference to supplement an internal lack, and aversion to such difference(s) to retain separateness – in alternating movements for fusion and demarcation.[44] This (productive) fantasy for a sense of wholeness is thus attained by dual operations of extension

39   Cf. Maddox, 'Domesticating Diversity', p. 98, p. 100.

40   On bloodlines, see Robert Bartlett, 'Medieval and Modern Concepts of Race and Ethnicity', *Journal of Medieval and Early Modern Studies*, 31:1 (2001), 39–56; on 'blood-races', 'genetic race' and 'religious race', including for the literary Saladin, see Heng, *Invention*, p. 7, pp. 138–50. On whiteness, Christianity, and ruling class ideologies, see Madeline Caviness, 'From the Self-Invention of the Whiteman in the Thirteenth Century to *The Good, The Bad, and The Ugly*', *Different Visions: A Journal of New Perspectives on Medieval Art*, 1 (2008), 1–33.

41   Heng, *Empire*, p. 14.

42   Ibid.

43   Robert J. C. Young, *Colonial Desire: Hybridity in Theory, Culture, and Race* (London; New York: Routledge, 1995), pp. 1–26.

44   Young, *Colonial Desire*, p. 18, pp. 3–4. On 'desire' and 'disgust' in relation to the 'Saracens', see Cohen.

and containment, incorporation and self-preservation, that constitute and cut across the lines of race, gender and class.[45] An internal form of such 'colonization' appears first in *La Fille* and repays elucidation.

From *La Fille*'s opening, a discriminatory discourse is at work against the young, married couple, Tiebaus and the eponymous Fille, within the borders of Latin-Christian territory. Arguably, one medieval definition of 'race' is a 'group [...] [formed by] common [...] descent', combining biological and cultural factors of birth, blood-line and land inheritance; it is an internal structure founded on ideas of sameness/difference.[46] This might be termed a '*racializing discourse*' or process (if not racial): establishing degrees of being and belonging.[47] As Heng clarifies, this is a 'hierarchical discourse of power that prioritizes among peoples on the basis of a taxonomy of essences – that is, what we would today understand racial discourse and racial thinking to position in culture'.[48] Historically, the medieval aristocracy privileged the kinship-lineage or dynastic system, which enacted (cultural) eugenics through controlled alliances between select individuals from a set number of noble Houses.[49] (This exclusionary code of 'descent groups', with certain *gentes* making up the *natio*, is thus 'genealogical' in multiple senses/uses of the word.[50]) It meant that, as Georges Duby says, the eldest living male of the House was with whom political power lay.[51] Within this

---

45   Young, *Colonial Desire*, p. 18. For a summary of this turn inwards and outwards for medieval identities (esp. thirteenth century onwards), see Sharon Kinoshita, *Medieval Boundaries: Rethinking Difference in Old French Literature* (Philadelphia: University of Pennsylvania Press, 2006), pp. 2–3, who cites Heng, *Empire*, p. 70. On 'race' including (critical) Whiteness, and as a 'socioeconomic process (colonia[l])', see Hendricks, 'Coloring the Past' esp. second paragraph under section entitled 'Premodern Critical Race Studies'.

46   See Bartlett, 'Medieval and Modern Concepts', p. 45. For a more comprehensive definition of race in the Middle Ages, see Heng, *Invention*, p. 3.

47   Heng, *Empire*, p. 70, *emphasis in original*.

48   Ibid., p. 71.

49   Georges Duby, *Medieval Marriage: Two Models from Twelfth-century France*, trans. by Elborg Forster (Baltimore, MD; London: Johns Hopkins University Press, 1978), pp. 1–23 (p. 4).

50   Bartlett, 'Medieval and Modern Concepts', p. 42, p. 44.

51   Duby, *Medieval Marriage*, p. 12.

aristocratic system of *paterfamilias* and primogeniture, a type for internal subjugation emerged, identified by Duby as young men (or knights, despite 'the chivalric ideal') who, stymied as 'bachelors' awaiting marriage or land inheritance in notable numbers, came to embody the breach, 'fissure', or 'cleavage' of the structure: as almost elite(s) but not quite.[52]

Initially, Tiebaus personifies this type, inhabiting an entirely contingent (localized yet unsure) social condition. As Karen Lurkhur's work confirms, even if Tiebaus is named heir of his maternal uncle (the Count of St-Pol), he stays a 'povres bacelers' [poor bachelor] while his uncle can sire an 'oir de se car' [heir of his flesh], and he is unmarried.[53] This familial stagnancy is juxtaposed with the House of Ponthieu, whose Count marries twice and has two heirs (the first being the Fille), signalling his fecundity and social clout.[54] Tiebaus' 'in-between' status is clear; he is raised as a part of chivalric society, but his fate rests precariously with aristocratic elders of quasi-colonial authority: paradoxically, on his uncle's failure, and on a '*pactum conjugale*' with the Fille through her father.[55] Tiebaus' internalization of this marginalization is seen in his negotiations, following a 'tournoiement' [tournament], with the Count of Ponthieu for the Fille's hand ('je sui .j. povres bacelers' [I am a poor bachelor]), demonstrating deference to his authority.[56]

Within this cultural schema, a woman's situation was doubly inflected by misogyny: valued for her 'blood' (heredity and reproductive function), she was no more than a passive actor – silent, virginal, without authority – for homosocial alliances through marriage.[57] An 'in-between' figure *par excellence*, the aristocratic woman was exalted only as a material support for patriarchal aspirations: her body's capacity to enhance

---

52 Ibid., pp. 11–12.
53 *Fille*, p. 1; see Karen Lurkhur, 'Policing the Boundaries of Masculinity in *La fille du comte de Pontieu*', *The Romanic Review*, 103:1–2 (2012), 175–90 (p. 178).
54 Lurkhur, 'Policing the Boundaries', pp. 179–80.
55 Ibid., pp. 178–80; Duby, *Medieval Marriage*, p. 4.
56 *Fille*, p. 2, p. 3; cf. Lurkhur, 'Policing the Boundaries', p. 179.
57 Duby, *Medieval Marriage*, pp. 4–5, p. 11, p. 15; see also: Kinoshita's chapter on *La Fille* in *Medieval Boundaries*, pp. 176–99 (p. 183); Lurkhur, 'Policing the Boundaries', esp. p. 178, p. 181. On female noble 'blood' and marginality, see Maddox, *Fictions*, pp. 166–200 and his 'Domesticating Diversity'.

masculine identity and social status. This is how the Count of Ponthieu and Tiebaus, as father and potential suitor, view the unnamed Fille; she is other, yet intelligible, because her worth is constructed and determined by a medieval-patriarchal gaze. Tiebaus hopes to improve his circumstances by securing a hypergamous alliance with the Fille, whom he describes as the proverbial jewel in the Count's crown: 'mais de tous les joiaus de vostre terre je n'ameroie tant nul o damoiselle vostre fille' [but of all the jewels in your land, I desire nothing more than your daughter].[58] Through the Fille, Tiebaus is granted access to a potential second inheritance: a legacy to be sealed by an heir conceived by the Fille's nobler blood, establishing him as feudal patriarch. While the Fille does consent to the union, the Count's response ('beneois soit vostre cors et l'eure ke vous fustes nee' [blessed be your body and the hour of your birth]) underlines that the Fille is but a commodity to be exchanged for male gain.[59] The Fille's absent name indicates a position of subordination within the narrative: to supplement Tiebaus' social impotence and further her father's influence. It implies an appropriation of a female body that is reworked to produce a literary corpus, presenting her body as text and giving form to a narrative, in keeping with the work's aims, and even shown by its title to which her anonymity is lent. But above all, the Fille is representative of gender problematics: she stands in metonymically for the noble woman's typical fate in dynastic society.

This notion comes to bear on the Fille when, after the marriage is arranged and despite much domestic bliss, the alliance remains without children: 'Et a grant deduit vesquirent bien .v. ans ensemble, mais ne plut a Diu qu'il eüsent nul oir, dont molt pesa a cascun' [And five blissful years passed, but it was not God's will that they should have a child, which heavily weighed on them both].[60] The delayed arrival of offspring is nothing short of a 'genealogical crisis'.[61] While Tiebaus is legitimized in marriage, the Fille is delegitimized by this failure to conceive.[62] As medieval audiences

58 *Fille*, p. 3; Lurkhur, 'Policing the Boundaries', p. 179.
59 *Fille*, p. 3, the 'reworked' version (bottom of page), corresponding to BnF MS fr. 770 and BnF MS fr. 12203.
60 Ibid., p. 4.
61 Kinoshita, *Medieval Boundaries*, p. 176.
62 Cf. ibid., p. 188.

would attribute barrenness to a shortcoming on her part, she is subjected to severer, misogynistic discrimination.[63] With the Fille's worth in aristocratic society delayed until motherhood, she embodies the ultimate liminal state – not entirely *fille* nor *femme* – of 'less than one and double'. She is almost a noble mother, but not quite. Together, Tiebaus and the Fille's differential identifications and ever-deferred integrations into medieval society are significant; they reside in an 'in-between' limbo, perpetually held at the margins of a culture that recognizes and disavows them.

Similarly, for Fanon, the Franco-Antillean is 'sur-déterminé de l'extérieur'; though, the discursive formation and fragmentary effect of (neo)colonial French culture – racism in its modern-to-contemporary sense, differentially classifying groups according to biological characteristics (namely, skin colour) – is addressed.[64] Fanon broaches the social causation of the Black man's alienation: through the proliferation of (neo)colonial discursive structures, he emerges enchained to his image.[65] This is the issue at stake – 'ce que nous voulons, c'est aider le Noir à se libérer de l'arsenal complexuel qui a germé au sein de la situation coloniale' – a (self-)extrication from a (cultural) genealogy that has been implanted, cultivated and taken root within the (post)colonial subject, a phenomenon that Fanon approaches 'sur le plan [...] des "ratés", au sens où l'on dit qu'un moteur a des ratés'.[66] Fanon thus endeavours to cast off or 'secouer les racines vermoulues de l'édifice' and facilitate the 'désaliénation du Noir'.[67] As Gwen Bergner underlines, 'le Noir' denotes the experiential reality of men of the (neo)colonial situation, rather than a transcendental (universal) subject.[68] Fanon's focus is the subjectification of this group, collectively embodied by the Franco-Antillean.

---

63   For how the medieval text might suggest Tiebaus' (not the Fille's) delayed fertility, from the outset, see Lurkhur, 'Policing the Boundaries', p. 180.

64   Fanon, *Peau noire*, p. 93.

65   Ibid., see also p. 8, p. 27, cf. p. 156.

66   Ibid., p. 24, p. 18.

67   Ibid., p. 9, p. 8.

68   Gwen Bergner, 'Who Is That Masked Woman? Or, the Role of Gender in Fanon's *Black Skin, White Masks*', PMLA, 110:1 (1995), 75–88 (p. 76); see Fanon, *Peau noire*, p. 11.

From childhood, the Franco-Antillean faces an ingrained narrative of racial difference, seen in its various disseminations through multiple fictions across mass media: 'le Blanc […] m'avait tissé de mille détails, anecdotes, récits'; 'Le nègre doit […] endosser la livrée que lui a faite le Blanc'.[69] (Neo)colonial society thus negatively constructs Blackness – and as Fanon emphasizes, the Black man – with long-held yet mutable (contingent, heterogeneous) stereotypes in fictive narratives that reinforce, or even virtually repeat, acts of (White, European) colonization: 'C'est que le nègre doit se présenter d'une certaine manière, et […] on retrouve cette stéréotypie. Oui, au Noir on demande d'être bon négro ; ceci posé, le reste vient tout seul'.[70] Coupled with the politics of a colonialist education, which speaks of the glories of the Hexagon and the French language, including the myth of the *roman national* (encapsulated by 'nos pères, les Gaulois'), the Antillean child, in life and fiction (though hard to distinguish between them), associates with the (neo)colonial subject, developing a 'White' unconscious.[71] The Antillean is culturally rendered 'less than one and double', but his 'in-between' space is uniquely interstitial, given the subjective overlay of the titular 'masque blanc': a pathology that recognizes and disavows his own 'peau noire', through a dissociative process by which 'le Noir' is other yet intelligible to himself.[72] Upon reaching manhood, the Franco-Antillean has this aforementioned White mask ripped off in a perverse rite of passage, experiencing the *anagnorisis* that Blackness, understood as a (neo)colonial, social marker rather than *le fait d'être noir*, represents an (and is to become his) epidermal barrier to the world. This 'épidermisation' of the stereotype is effectuated when the Franco-Antillean, having journeyed

69   Fanon, *Peau noire*, p. 90, p. 27, cf. p. 5.
70   Ibid., p. 27.
71   Ibid., p. 120; as Fanon writes, 'Il y a identification, c'est-à-dire que le jeune Noir adopte subjectivement une attitude de Blanc' (ibid.). On these points more generally, see pp. 118–21.
72   Ibid., p. 124.

to metropolitan France, lives among a majority-White population, in an internal (or central) subjugation.[73]

This vertiginous experience is portrayed by the Franco-Antillean's (much-glossed) non-reciprocal encounter with the White, male child: 'Maman, regarde le nègre, j'ai peur!'.[74] This act of racial interpellation disassembles the Franco-Antillean *imago*, threatening its disintegration and reducing him to '[une] objectivité écrasante'.[75] The Franco-Antillean's sudden hyper-awareness of his body is couched in terms of dismemberment: 'Qu'était-ce pour moi, sinon un décollement, un arrachement, une hémorragie qui caillait du sang noir sur tout mon corps?'.[76] He internalizes the stereotypical practices of racialization that he located (projected) elsewhere.[77] He is made to encounter the empirical fact of his 'noirceur', forcibly placed 'en face de sa race' in a distorted, racist construal.[78] This marks an instant of violent oppression, with a burden heretofore unfamiliar.[79] As Fanon summarizes, later in the text:

> Le nègre s'aperçoit de l'irréalité de beaucoup de propositions qu'il avait faites siennes, en référence à l'attitude subjective du Blanc. Il commence alors son véritable apprentissage. […] [P]our le nègre, il y a un mythe à affronter. […] Le nègre l'ignore, aussi longtemps que son existence se déroule au milieu des siens ; mais au premier regard blanc, il ressent le poids de sa mélanine.[80]

The significance of this traumatic process lies in the disconnect between the Franco-Antillean's (crafted) self-image and, in this episode, the image externally imposed upon him by the child.[81] The Franco-Antillean had

---

73 Fanon, *Peau noire*, p. 8, pp. 120–21. On this point, see also Henry Louis Gates Jr., 'Critical Fanonism', *Critical Inquiry*, 17:3 (1991), 457–70 (p. 468). On this psychodynamic, see Bergner, 'Who Is That Masked Woman?', p. 78.

74 Fanon, *Peau noire*, pp. 88–93 (p. 90); see, for example, Bhabha, *The Location*, pp. 72–74.

75 Fanon, *Peau noire*, p. 88; cf. Bergner, 'Who Is That Masked Woman?', p. 78.

76 Fanon, *Peau noire*, p. 91; cf. Bergner, 'Who Is That Masked Woman?', p. 79.

77 Fanon, *Peau noire*, pp. 120–21.

78 Ibid., p. 90, p. 10.

79 Ibid., p. 89: 'Une lourdeur inaccoutumée nous oppressa'. See also p. 90.

80 Ibid., p. 122.

81 Cf. Fanon, *Peau noire*, pp. 156–57; Bergner, 'Who Is That Masked Woman?', p. 78.

previously identified with the White child; here, he hoped to see a reflection, at least of his subjectivity. This pivotal moment of ontologico-
epistemic violence is one of apperception, when the Franco-Antillean,
alienated from his understanding of society and his very self, is realigned
with the dominant, White world; having 'repens[é] son sort', he now in-
habits the interstitial state of 'less than one and double' in the eyes of all.[82]
The effects of the encounter go further: the Franco-Antillean's 'schéma
corporel' is overtaken by a 'schéma historico-racial [et/ou] épidermique
racial', consigning him to a 'triple' space.[83] Going beyond the Franco-
Antillean's internal division, seeing himself 'en troisième personne', he
carries the burden of his 'corps', 'race' and 'ancêtres', in this sense occu-
pying Bhabha's 'Third' or 'split-space'.[84] The Franco-Antillean emerges
as a cipher standing in synecdochally for the entire Black (male) experience: he is not just stereotyped, but made into a type, through racism.[85]

Like the 'in-between' figures of *La Fille*, the Franco-Antillean's liminality is demonstrated by his place within and outside of 'French' society: all
are made to believe they are firmly within, but are ultimately without.
Across both texts, the positions of these liminal figures are constructed
on various fictions or acts of misreading, yet their belief in the lies told to
them by social powers – the contradictory interpretations imposed upon
their bodies by which they are culturally categorized or 'racialized' in the
spaces they occupy – implies participation (no matter how unwitting)
in such meticulously crafted narratives. (In short, they are produced and
construed as 'inferior' subjects, while taking on the discrepancies of their
cultures.) So, these subjects are illusorily persuaded of their integral contribution to their respective cultures, or even of their (supposed) essential,
'French' identities. Yet specific, discriminatory criteria are installed by
social authorities to hold these 'almost but not quite' subjects in abeyance,
as 'inside-outsiders', and maintain the status quo, or rather, elite interests
and power, be it paterfamilial, or to uphold a system of White supremacy.

82   Fanon, *Peau noire*, p. 121, see also p. 88.
83   Ibid., p. 90.
84   Ibid.; Bhabha, *The Location*, p. 56, see also p. 115.
85   Cf. Fanon, *Peau noire*, p. 110.

This common technique of infantilizing paternalism is bound (up) with the passage of time, resonating in part with, in Heng's words, a '[r]acial logic of the evolutionary kind' that 'promise[s] (or even mandate[s]) progress, yet […] [this] goal of […] civilizational maturity which will guarantee […] equality […] is never attained, but merely floats as a vaunted possibility on an ever-receding horizon'.[86] Or put differently, a 'not-yet of racial evolutionary logic [that] becomes perpetual deferment'.[87] With the stereotype's full articulation delayed until a critical moment of 'individuation' and cultural integration – the cusp of adulthood, when venturing into the world – problematic interpersonal relations arise as the ripple effect of these structural relations on the marginalized individual, who, 'always catching up', thus fails in 'toucher l'autre, [ou] sentir l'autre'.[88]

(Re)producing difference

The internalization of the stereotype implies a withdrawal into the self, a blinkered view due to concern with one's own victimhood, and one effect of this discursive (re)production is a secondary transference of cultural bias: in these texts, by marginalized men to women. As Bergner's piece demonstrates, the cracks in Fanon's premise show up in his nonrecognition of how hierarchies of differential identification also traverse gender and class.[89] A problem that attends readings of *Peau noire* is its unequal, even inequitable, treatment of the Black female experience, with Fanon's investigations into interracial relationships, as portrayed in works by Black authors, evincing his disregard for the socioeconomic difficulties and psychosexual desires of the Antillean woman in a White

---

86   Heng, *Invention*, pp. 38–39. We might consider how this is bound up with the 'elusive[ness]' of 'race' itself; see Heng, *Empire*, p. 71.

87   Heng, *Invention*, p. 39. On this paternalistic dynamic, see also Fanon, *Peau noire*, p. 95.

88   Heng, *Invention*, p. 21. Fanon, *Peau noire*, p. 188; on 'individuation', see p. 156.

89   See Bergner, 'Who Is That Masked Woman?'.

man's world.[90] Writing from a male, middle-class position, Fanon seemingly cannot accept that the Black woman would also strive for upward social mobility in marriage; he foregoes the triple disadvantage she suffers (racially, sexually, economically) within this social structure through wilful omission of her experience: '[sur] la femme de couleur [...] [,] [n]ous n'en savons rien'.[91] Fanon's presentation of White women is problematic, too, with the White female body seen for its use-value, materially affording access to a closed area of society. This body is the matter from which the Franco-Antillean moulds a cultural identity and upon which he builds his status: 'En m'aimant, elle me prouve que je suis digne d'un amour blanc. [...] Dans ces seins blancs que mes mains ubiquitaires caressent, c'est la civilisation et la dignité blanches que je fais miennes'.[92] Yet as signalled by 'amour blanc', a third party – the White man, the authoritarian (neo)colonial subject – is implicated in this system of desire, and is where Fanon's ideological interest and investment lie.[93] This is supported by Fanon's assertion that interracial relationships represent, in an allegory between female body and nation, a revenge narrative against that of colonial expansionism.[94] Fanon's false adulation of the White female form, refigured as a sign of his perceived desires, echoes the hypergamous alliance system in *La Fille*: how the heroine's body is shaped by the male gaze, used for patriarchal gain, and mobilized for the production of narrative. This founding paradigm of male relations also situates the (neo) colonial experience within a homosocial economy.[95] In both texts, it is a case of competing masculinities – between *seniores* and *juvenes* in *La Fille*, colonizing and colonized man in *Peau noire* – an identity conflict negotiated through symbolic and literal circulation(s) of female bodies.[96]

---

90   Ibid., pp. 81–84.
91   Fanon, *Peau noire*, p. 145; Bergner, 'Who Is That Masked Woman?', pp. 82–83, p. 85.
92   Fanon, *Peau noire*, p. 51.
93   See ibid., p. 125.
94   Ibid., p. 56.
95   Bergner, 'Who Is That Masked Woman?', pp. 80–81, p. 85.
96   Duby, *Medieval Marriage*, pp. 11–12; Bergner, 'Who Is That Masked Woman?', pp. 80–81.

This notion takes full form in the works' 'primal scenes' of difference, to borrow from Bhabha's terminology.[97] In *Peau noire*, the Franco-
Antillean's momentous encounter with the child highlights an utmost
definition against the White male colonizer, against whom any 'résistance
ontologique' is futile.[98] In this self/other dialectic, the Franco-Antillean's
'in-betweenness' is compounded as he occupies the position, as Bergner
explains, of (self-)negating alterity usually assigned to women.[99] With this
effeminization creating dysphoria within the Franco-Antillean regarding
his subjective identifications on the level of race and gender – as almost
White and almost man but not quite – doubly thwarting his desire to
partake in society, the Franco-Antillean redraws the battle lines in his
encounters with women, as exemplified by a subsequent exchange with a
White woman.[100] The dialogue shows that while White male enactments of
stereotypical discourse cause total alienation, the White female's ambivalent
recognition and disavowal in racial interpellation evokes an assertion of a
mythologized (and fetishized) Black masculinity.[101] The riposte indicates
a supplementary act of agency, in face of repeatedly denied desire(s) for
acknowledgement and affective relations:

> Alors que [je] [...] ne désirais qu'aimer, on me renvoyait comme une gifle [...] mon
> message. Le monde blanc [...] me refusait toute participation. D'un homme on
> exigeait une conduite d'homme. De moi, une conduite d'homme noir – ou du moins
> une conduite de nègre. [...] On me demandait de me confiner, de me rétrécir. [...]
> Je décidai, puisqu'il m'était impossible de partir d'un *complexe inné*, de m'affirmer
> en tant que NOIR. Puisque l'autre hésitait à me reconnaître, il ne restait qu'une so-
> lution: me faire connaître.[102]

And yet the Franco-Antillean becomes, or is restrained as, the very
(stereo)type from which he hopes to disassociate, closing the gap with

97   Bhabha, *The Location*, p. 108.
98   Fanon, *Peau noire*, p. 89, see also p. 88.
99   Bergner, 'Who Is That Masked Woman?', p. 80.
100   Ibid., see also p. 82.
101   Fanon, *Peau noire*, p. 92.
102   Ibid., pp. 92–93, *emphases in original*; see also p. 91; cf. p. 6, p. 177. For this dy-
      namic, see also Bhabha, *The Location*, pp. 63–64.

its cultural articulation and (re)producing fallacious hierarchies of difference, through which he is (re)marginalized simultaneously. This is in
keeping with the 'orders of colonial temporality', to use Kara Keeling's
words, by which the Franco-Antillean is entrapped in 'the Black's temporal cage'.[103]

Regarding *La Fille*, a discursive (re)production of hierarchies within a
genealogical system has been intimated by the inversely proportional value
of Tiebaus and the Fille in marriage and their childlessness. It crystallizes
during a pilgrimage to Santiago de Compostela (for a child),[104] when relations break down between Tiebaus and the Fille in the text's scene of
difference. While journeying through Galicia, the couple is ambushed
by robbers: Tiebaus is bound and thrown into a thorn-bush, the Fille is
gang-raped. A different conflict of masculinities is rendered onto the Fille's
body, with the rape, as Sharon Kinoshita underlines, being motivated by
revenge on Tiebaus, who dispatched members of the gang; the common
bandits' identity incorporates a supposed 'racial' and class 'otherness' to
this traumatic encounter.[105] Poignantly, the assault removes Tiebaus' claims
of paternity to a child borne by the Fille following the pilgrimage,[106] in a
symbolic castration. The couple break ties when Tiebaus fixates on his
emasculation, symbolized by thorns in his flesh, overlooking, therefore,
the Fille's own trauma: 'Dame, […] desliés me, car ces ronses me grievent
molt' [Lady, untie me, for these thorns hurt me so].[107] The Fille, however,
attempts to murder him by the sword; phallic object in hand, she figures
an overbearing reminder of his already compromised masculinity, disinte-
grating the last vestiges of his self-image.[108] Tiebaus cannot grasp the Fille's
fear of (medieval) cultural bias around issues of consent (or lack thereof),

---

103   Kara Keeling, *Queer Times, Black Futures* (New York: New York University Press,
        2019), p. 102.

104   On this pilgrimage route, see Kinoshita, *Medieval Boundaries*, pp. 79–80,
        pp. 179–80.

105   Ibid., p. 179.

106   Ibid., p. 180.

107   *Fille*, p. 11; Lurkhur, 'Policing the Boundaries', p. 182.

108   Cf. Lurkhur, 'Policing the Boundaries', p. 178, p. 181.

which explains her actions.[109] Tiebaus does not subscribe to this misogyny, but he attempts to reassert a husbandly authority; under the appearance of normality, he avoids intercourse with his wife, precluding any positive outcome of the pilgrimage and guaranteeing its non-fruition,[110] keeping the couple within the 'in-between' space from which they endeavoured to escape. Arguably, a mutual misreading of the cultural ramifications of their shared trauma is afoot; yet Tiebaus' enforced position of lack, like the Franco-Antillean's experience, propels an exercise that repeats cultural (mis) appropriations of his difference (elsewhere), while undermining himself.[111]

This shared misproduction reorients our perspective to the contextual issues with which this chapter opened: the popular and critical (re)productions that unite medieval and (post)colonial discourses, and their weaponization for further discrimination today. Notably, Young exposes a problem of belated 'structural repetition' – a meta-production or reproduction of pernicious ideologies – in contemporary cultural theory, ventriloquizing construals of people as 'inferior' (on the levels of race, gender and class), even within deconstructive critical vocabularies, and thus upsetting distinctions between past/present, (neo)colonial/postcolonial in ways that still have real, harmful effects.[112] If the phenomena of retroaction – revisionism and reticence around representation – in themselves demonstrate a paradox of recognition and disavowal, or to borrow from Dorothy Kim, a 'denialism', then what's germane to current 'critical genealogies' is, to return to Heng, '[a] reissuing of the [...] past in ways that admit the ongoing interplay of [the] past with the present [...] [to] recalibrate the urgencies of the present with greater precision'.[113] In other words, scholarship that calls out and responds to various problems of (re)producing/repeating difference, in order to move past them, instead of 'sustain[ing] the reproduction of a certain kind of past, while keeping the door shut to tools, analyses, and

---

109 On consent, see Nancy Virtue, 'Rereading Rape in Two Versions of *La fille du comte de Pontieu*', *Fifteenth Century Studies*, 27 (2002), 257–72. For the heroine's explanation, see *Fille*, pp. 36–37. Cf. Lurkhur, 'Policing the Boundaries', p. 182.

110 Kinoshita, *Medieval Boundaries*, p. 180.

111 Cf. Lurkhur, 'Policing the Boundaries', p. 182.

112 Young, *Colonial Desire*, pp. 24–26 (p. 25).

113 Kim, 'Introduction to Literature Compass Special Cluster', p. 4; Heng, *Invention*, p. 5.

resources that can name the past differently'.[114] Thus, to combine Dinshaw and Fanon, we redress the failure to touch (across) each other in different instants: 'to touch across time'.[115] With regard to applying this method (so far) to *La Fille* and *Peau noire*, as framed by Bhabha's theory, it is clear that the texts' discourses of difference and split in the marginal subject typify a cultural ambivalence that is occluded as it is articulated in the stereotype. A cause-effect analysis of differential identification, though used to shore up claims to essential identities (sameness/difference), reveals their inherently constructed and self-producing nature. This (re)production is reinforced by stereotyped individuals (in embodiment, internalization, and/or translation), as they are laid or stuck with the burden of their cultural contradictions, in forward movements that are not really so. To go beyond would entail 'a process of [...] "unpicking" and [...] relinking': an undoing that has already been initiated by the preceding analysis, especially in the contingent authority of the dominant discourse as it hinges on the 'in-between' figure; and a breaking free that emerges in the liminal individual's capacity, as heterogeneous subject, to (re)produce this discourse differently, by which the re-inscription of the 'in-between' space is enabled.[116]

Rewriting the 'in-between'

A different kind of discursive (re)production is found in Bhabha's theory of a performative 'mimicry', which, poised between mimesis ('partial [...] identification') and masquerade (superficial imitation), 'between mask and identity, image and identification', offers space for subversion.[117] If, as previously explained, the (re)production of discourse responds to cultural desires and imperatives, validating certain subjective and symbolic systems of representation – meeting what Bhabha calls the (neo)colonial

---

114   Heng, *Invention*, p. 4.
115   Dinshaw, *Getting Medieval*, p. 3.
116   Bhabha, *The Location*, p. 265.
117   On 'mimicry', see Bhabha, *The Location*, pp. 121–31, citations from ibid., p. 3, p. 91.

'demand for narrative' – then mimicry takes on the function of counter-sense.[118] Mimicry is a counter-discourse of recognition and disavowal that is mobilized by the marginal subject: with liminality figuring cultural contradictions (or fictions), it inherently becomes a subversive practice that speaks back against false *histoires*, doing myth-busting work. So, the liminal individual, by interpreting stereotypical practices (even cultural narratives) in an unintended fashion, reclaims the fraught 'in-between' space in subversive citation, that is, through repetition with difference. For Bhabha, the (post)colonial subject blindsides the culturally colonizing enunciator by uncannily 'enter[ing] upon the dominant discourse and estrang[ing] the basis of its authority – its rules of recognition,'[119] with destabilizing effects. The essentialist claims of (neo)colonial cultures are dispelled by a shift in the status of its ideology 'from symbol to sign': the symbol pretends to unitary and universal meaning, whereas the sign is operative and open to multiple uses/interpretations.[120] This is Bhabha's 'hybridity': ambivalence, 'but effective in a different form.'[121] This different kind of (re)production that (re)appropriates the contingency and heterogeneity of (internal) difference is observed in *La Fille* and *Peau noire*, on the level of language, subjectivity and corporeality. Such instances are highlighted to show, to trans-contextualize Heng's words (or repeat them differently), 'the careful disarticulation of [...] identity-in-flux from its founding genealogies [...] and the securing of new moorings.'[122] In so doing, we move beyond '[t]he dominance of a linear model of temporality deeply invested in marking rupture and radical discontinuity [that] eschews alternate views', gesturing to

> a view of history [...] as a field of dynamic oscillations between ruptures and reinscriptions, or historical time as a matrix in which overlapping repetitions-with-change can occur, or an understanding that historical events may result from the

118 Ibid., pp. 141–42 (p. 142).
119 Ibid., p. 162.
120 Ibid.
121 Ibid., p. 161; on the difference of Bhabha's 'hybridity', see Young, *Colonial Desire*, pp. 21–24.
122 Heng, *Invention*, p. 33.

action of multiple temporalities that are enfolded and coextant within a particular historical moment.[123]

In *La Fille*, the return process of 'recognition and disavowal' follows further misogyny and trauma: when the Count of Ponthieu gets wind of events, he exacts pitiless justice on his daughter; at 'Rue sur le mer',[124] he hollows out a barrel, forces the Fille inside, seals it watertight and abandons her to the sea. The Fille's expulsion to the liminal sea-space represents her firm displacement to the fringes of Latin Christendom: the margins of its genealogical narrative. This boundary state, in which markers of identity are unsure – as Kinoshita says, the Fille is '[u]nmoored from all family connections' – is visualized by the undulatory expanse of open water, and demonstrated by the abjection rendered on the Fille when the barrel is pried open by Flemish merchants: 'col gros, et vaire enflé, et les iex lais […] elle n'eut pooir de parler' [her body, face and eyes were swollen; she couldn't speak].[125] Marking her physically, mentally and linguistically, this trauma is compounded by the Fille's subjection to another economy of corporeal exchange (different, yet still homosocial), being passed between the merchants and (pseudo-)Muslim Sultan of Almería for the former's trade rights.[126] Nevertheless, these experiences inaugurate the Fille's resurrection; when probed by these men to reveal her identity, her response is elective mutism: 'Ele nule verité n'en vaut dire' [she didn't want to reveal the truth].[127] Here, identification is a question of lineage (or *gens*), so with the Fille's family history being indistinguishable from her own (life-)story, her non-disclosure attests to a renunciation of this cultural identity and its patriarchal bias; as Kinoshita writes, 'she turns the tables on the feudal patriarchy that had discarded her. Declining to reveal the lineage she is now rejecting, she reinvents herself *ab nihilo*.'[128]

123   Ibid., p. 21.
124   *Fille*, p. 18.
125   Kinoshita, *Medieval Boundaries*, p. 183; *Fille*, p. 20.
126   On links with medieval trade and enslavement, see Kinoshita, *Medieval Boundaries*, pp. 181–83.
127   *Fille*, p. 23.
128   Kinoshita, *Medieval Boundaries*, p. 184; see ibid., more generally, for Latin-Christian identification within a kinship-lineage system.

Only the Fille retains the trace and recognizes the impact of her 'cruel aventure' until this point.[129] Remaining impenetrable to male 'demand[s] for narrative' – that is, validation of the image that men have of her, or even for their (self-)image – the Fille henceforth (re)writes her story with the sign of self-erasure: she adopts the self-negating (even contradictory) status, in the medieval sense, of the noble woman of unknown lineage.[130] Likewise, Kinoshita sees this entrance into 'Saracen' society as 'a self-cancelling act', with the Fille perhaps 'abandon[ing] the last vestige of her former identity'.[131]

This (different) (re)production of a medieval, discursive ambivalence across the lines of 'race', gender and class is conjoined with an acquired cultural hybridity; in so doing, the Fille 'pushes [...] questions of identity and cultural difference to their limit'.[132] This is illustrated by the Fille's conversion to Islam and marriage to the Sultan, which prove active choices devoid of inner conviction, signalling 'strategic self-interest': 'mix li valoit faire par amours que par force' [it was better to do it out of love rather than by force].[133] After multiple traumas,[134] her position is wilfully ambiguous: an 'in-betweenness' flitting between outward imitation of an Islamicate Sultana and covert manipulation of this station. '[T]he line between performance and mimicry seems too close to call' – though in reference to a different narrative moment, Kinoshita's words on the Fille here apply.[135] Indeed, the Fille's mimicry is engaged by her chameleonic assimilation: to paraphrase Kinoshita, her proficiency in the fictional language 'sarrasinois' is wedded to the royal couple's successive production of heirs; she (re)constitutes herself in better form, as wife-mother 'type', within half the duration of

---

129   *Fille*, p. 21.
130   Kinoshita, *Medieval Boundaries*, p. 184.
131   Ibid.
132   Ibid.
133   Ibid.; *Fille*, p. 23.
134   Kinoshita, *Medieval Boundaries*, p. 183.
135   Ibid., p. 189; the title of Kinoshita's chapter pays homage to Bhabha's 'DissemiNation: Time, Narrative and the Margins of the Modern Nation', pp. 199–244, and it is interesting to draw explicit links between their work.

her marriage to Tiebaus.[136] If, as Young argues, hybridity is best perceived in sexual and linguistic reproduction coevally,[137] then this medieval inter-lacement of bilingualism and motherhood is the means by which the Fille's mimicry ultimately earns its counter-sensical quality. Effectively, the Fille's cultural hybridity speaks the 'language' of 'lineage' as conceptualized by the Latin-Christian genealogical system, yet (re)produces it elsewhere, with a religio-racial 'other' as male contributor.[138] As a repetition with difference (and excess), the Fille's second marriage tears the 'French' kinship-lineage model asunder. Rather than appearing as an impregnable 'symbol' of an essential, Latin-Christian identity, it is demoted to the status of cultural 'sign': relative in meaning, arbitrary in power. This is reinforced by the Fille's appropriation of multiple identities: an ambiguous 'French' heritage to save her first family, who fall prisoner to the Sultan ('je sai françois'; 'jou sui françoise' [I know/am French]), then the 'Saracen' Queen type ('[j]e sui Sarrasine' [I am 'Saracen']) as camouflage before her relatives until their reconciliation.[139] The Fille places herself between two marriages, languages and cultures, with her body as the site of interchange: an 'in-betweenness' that moves beyond (cross-)cultural divides in a self-propelled narrative. To reinforce Kinoshita's argument, the Fille reinscribes 'the either/or binary' (or rather, neither/nor construct) with an 'unsettling logic of the both/ and'.[140] Her hybridity writes heterogeneity and contingency differently, as a 'radical indeterminacy' that moves between and spans multiple spaces

136   *Fille*, p. 23. Kinoshita, p. 185: '[H]er successful assimilation is marked by her im-mediate fecundity, inseparable from her quick mastery of the Saracen tongue[.]'; 'Since lineage was the language in which the feudal nobility articulated its legit-imacy, [...] the two children the lady bears in such quick succession (in contrast to her five barren years with Thibaut) eloquently confirm the "felicity" of her new marriage.'

137   Young, *Colonial Desire*, p. 5.

138   Kinoshita, *Medieval Boundaries*, p. 185.

139   *Fille*, pp. 28–29, the second referring to the 'reworked' version; *Fille*, p. 34; Kinoshita, *Medieval Boundaries*, p. 188: 'Her declaration [...] is part of a carefully crafted performance that plays on stereotypes of the foreign sorceress'.

140   Kinoshita, *Medieval Boundaries*, p. 186, see also p. 199.

and embedded temporalities in ways that touch across the categories of 'self' and 'other'.[141]

The Fille's activities in Almería, and her cultural hybridity, amount to 'catachresis', also defined as the subversive 'appropriation' of (neo)colonial signifiers, bringing about the 'self-determination [of] the [(post)colonial] subject'.[142] Bhabha takes up Gayatri Chakravorty Spivak's understanding of catachresis – as 'reversing, displacing, and seizing the apparatus of value-coding' – with 'words or concepts wrested from their proper meaning'.[143] For Bhabha, catachresis means 'the coextensive, contingent boundaries of relocation and reinscription' that 'constitut[e] the return of the subject agent, as […] interrogative […] in […] a disjunctive space of temporality'.[144] While Heng has connected catachresis with the 'symbolism of reproductive maternity' for (medieval) collective identities, she also sees constructions of 'race' as 'catachrestical instant[s]' that must be read differently and uniquely in particular 'moments' (and thus, texts).[145] Turning to *Peau noire*, then, the re-inscription of the 'in-between' space entails dislodging or uprooting (neo) colonial racism at its (self-)authorizing source. Fanon reframes the primary relation between culturally colonizing and colonized subject, showing the Black man to only be 'Black' in the White man's eyes, as different characters of White fictions; he writes: 'Le nègre n'est pas. Pas plus que le Blanc'.[146] For Fanon, 'Blackness' has been crafted and acted upon by White subjects; the Franco-Antillean has no identity, language, or (hi)story of his own: 'Il n'a pas de culture, pas de civilisation, pas ce "long passé d'histoire"'.[147] All

---

141 Ibid., p. 185.

142 Bill Ashcroft, Gareth Griffiths and Helen Tiffin, *Post-colonial Studies: The Key Concepts*, 2nd edn (London; New York: Routledge, 2007), p. 30.

143 Gayatri Chakravorty Spivak, 'Poststructuralism, Marginality, Postcoloniality and Value', in *Literary Theory Today*, ed. by Peter Collier and Helga Greyer-Ryan (Cambridge: Polity, 1990), pp. 219–44 (p. 228); Bhabha, *The Location*, p. 263.

144 Bhabha, *The Location*, p. 264, p. 265.

145 Heng, *Empire*, p. 210, p. 13, p. 71. See also Heng, *Invention*, p. 5, *emphasis in original*: 'the invention of race in medieval Europe […] is always a *re*invention'.

146 Fanon, *Peau noire*, p. 187; cf. Keeling, *Queer Times*, p. 62. See also Fanon, *Peau noire*, pp. 10–11.

147 Fanon, *Peau noire*, p. 27.

have been levelled from enslavement through to the colonial enterprise, with liberationist movements, even decolonization, being knots weaved into this false narrative.[148] Like *La Fille*, the question is how to throw off enslavement to the past when this essentializing narrative (or mythology) still carries such weight. Here too, a counter-recognition and disavowal of a paternalist(ic), genealogical context emerges.[149] Fanon acknowledges the burden of this (hi)story, but breaks all ties:

> La douleur morale devant la densité du Passé ? Je suis nègre et des tonnes de chaînes, des orages de coups, des fleuves de crachats ruissellent sur mes épaules. Mais je n'ai pas le droit de me laisser ancrer. Je n'ai pas le droit d'admettre la moindre parcelle d'être dans mon existence. Je n'ai pas le droit de me laisser engluer par les déterminations du passé. Je ne suis pas esclave de l'Esclavage qui déshumanisa mes pères.[150]

Fanon invokes the 'nègre' type, but renounces enslavement to (t)his image; while he muddies and oscillates between partial identification and superficial imitation, the disconnect between 'nègre'/'esclave', in heterogenous and contingent disjunction, is counter-sensical. Yet at stake is not just the concept of 'Blackness', but also the categories of the 'human' and 'humanity', which have been determined and policed by White subjects. Wresting all terms from the grip of (neo)colonial discourse, Fanon's catachresis comes through in his proposed 'nouvel humanisme',[151] taking on liberal humanism, an origin myth bound with the *mission civilisatrice*. It is the *faux* rationale of the freedom of the subject that seeks to justify but actually jars with brutal conquest and oppression, down to within the corporeality of the colonized (internalized oppression). By demonstrating their amenability to free manipulation, Fanon shifts these (neo)colonial denotations 'from symbol[s] to sign[s]', used by all equally 'French', and more generally, human subjects: 'nous refusons de considérer le problème

148   Ibid., pp. 178–79.
149   For a different reading of disavowal and Fanon's new identifications in a 'family romance', see Françoise Vergès, 'Creole Skin, Black Mask: Fanon and Disavowal', *Critical Inquiry*, 23:3 (1997), 578–95 (p. 581).
150   Fanon, *Peau noire*, p. 186, see also p. 94; cf. Bhabha, *The Location*, p. 363.
151   Fanon, *Peau noire*, p. 5; Bhabha, *The Location*, pp. 339–40.

sur le mode: ou bien, ou bien ... [...] Je suis Français'.[152] Fanon's alternative liberatory narrative proffers a relational politics '[qui tend] vers l'universel',[153] but is grounded in common humanity. His 'new humanism' refers to a potential site of exchange that rises above Manichean binaries, a ceaseless dialogue that deconstructs intersubjective 'caesura[s]', with all free to speak their truth in quest of 'authentique communication'.[154] (In the process, the Black man moves from 'une série d'aberrations affectives' to 'l'amour et [...] la compréhension', where subjecthood is taken as starting point.[155]) Like *La Fille*, the hybridity of 'new humanism' is shown in its open-ended approach to identity, placing itself between and reading across embodied and symbolic forms of difference, over time(s).[156] Both texts, in their different kinds of structural (re)productions, hint at processes of re-cognition, an alternative inside-outside movement (and 'inside-outsiderness' itself): 'an oppositional and an insider definitional gaze', to borrow from Margo Hendricks.[157] This fresh perspective or 'bi-directional gaze, [...] that looks inward even as it looks outward' holds implications for us, as scholars, both interpersonally and in our critical encounters with texts.[158]

Conclusion: Hybrid (hi)stories

The conclusions to be drawn from movements towards alternative representations of selfhood and narrative are heterogeneous and, in themselves,

---

152 Fanon, *Peau noire*, p. 164. Fanon here reverses the linguistic power hierarchies described in his first chapter, pp. 13–32.

153 Ibid., p. 160.

154 Fanon, *Peau noire*, p. 148, p. 187; Bhabha, *The Location*, p. 340.

155 Fanon, *Peau noire*, p. 6; see also p. 177.

156 Cf. ibid., p. 64.

157 Hendricks, third paragraph under section entitled 'Premodern Critical Race Studies'.

158 Ibid., second paragraph in the same section.

contradictory. Bhabha argues that hybridity, as repetition with difference, proves the 'conditionality of [(neo)]colonial discourse'.[159] '[T]he
hybrid [...]', Bhabha writes, 'breaks down the symmetry and duality of
self/other, inside/outside.'[160] Thus, the culturally colonizing enunciator
and (post)colonial subject are multiplexly interdependent, each one con-
stituted through partial recognition of the other in an ever-interlocking
lattice of misrecognition. While the 'in-between' space operates through
this circular relation of endemic displacement and (mis)differentiation, it
is also the site of constant 'negotiation[(s)]' through which emancipation
and changes in ideas about identity and difference can be envisaged.[161]
This is Bhabha's theory of 'time-lag', which 'signif[ies] [...] a position that
is an effect of the "intersubjective"'.[162] In turn, Bhabha considers how the
hybrid nature of the 'in-between' allows for an 'agency' that is 'contiguous
with the social and yet contingent, indeterminate, in relation to it': how
it shares a border with normative discourses, but remains unarticulated in
its own right.[163] Indeed, Bhabha says, 'The contingent is contiguity, [...]
the touching of spatial boundaries at a tangent, and [...] the contingent
is the temporality of the indeterminate and the undecidable.'[164] What
Bhabha's theory suggests for the works treated is that such representations of culture and their alternatives depend upon delay that is also not
delay (a re-inscribed 'not-yet' and temporal flattening),[165] with the result
that the potentiality of these hybrid (hi)stories is imminent yet ever-
elusive. This implies, to draw on Dinshaw, a 'touch across time' that lies
beyond the 'pseudo-genetic', but one that, to invoke Keeling, remains 'an

159   Bhabha, *The Location*, p. 163.
160   Ibid., p. 165, also cited by Dinshaw, p. 16. Cf. Bhabha, *The Location*, p. 263; Young,
       Colonial Desire, p. 19.
161   Bhabha, *The Location*, p. 3, see also p. 263. Cf. Kinoshita's citation (pp. 198–99) of
       Samia Mehrez, 'Translation and the Postcolonial Experience: The Francophone
       North African Text', in *Rethinking Translation: Discourse, Subjectivity, Ideology*,
       ed. by Lawrence Venute (London: Routledge, 1992), pp. 120–58 (p. 122).
162   Bhabha, *The Location*, p. 264.
163   Ibid.; cf. Young, *Colonial Desire*, p. 25.
164   Bhabha, *The Location*, p. 267, also cited by Dinshaw, *Getting Medieval*, p. 39.
165   Heng, *Empire of Magic*, p. 39.

impossible possibility within our shared reality': it 'might be perceived, yet not recognized'.[166]

In *La Fille*, the heroine's cultural hybridity is revealed to be the 'conditionality' of the family romance; with her heart moved, or even touched ('si li atendri li cuers' [her heart was softened]), when she reconciles with her French relatives, the text's use of the medieval motif, identified by Kinoshita, of the 'Saracen' queen (even if in name only) choosing a (supposedly) 'superior' Latin-Christian culture out of love (here, familial, and to the Sultan's detriment), is made possible.[167] Returning to France with her former family and son by the Sultan, the Fille is culturally (re)purified through reconversion, remarriage to Tiebaus and penance. An orthodox reestablishment of cultural order and narrative structure is perceived, as the Christian couple has sons that will fall heir to Saint Pol and Ponthieu. The text's recurrent deferrals show that the Fille must go through the various traumas bound up with the Christian kinship-lineage system to make it work, giving new dimension to Young's gloss of Spivak in the assertion that the 'historically muted subject of the subaltern woman' can 'only [become] a productive agent through an act of colonial violation'.[168] Misogyny prevails. Yet through an actual religio-racial hybridity – the Fille's children with the Sultan, Guillaume and la Bele Cetive – the 'potential[(ity)]' for a new discourse is glimpsed: one that both resides in and moves beyond the exclusive 'genealogical' (its structure, fissures and supplements), as

---

166   Dinshaw, *Getting Medieval*, p. 3, p. 44; Keeling, *Queer Times*, p. 83, see also p. 102.

167   *Fille*, p. 38; Kinoshita, *Medieval Boundaries*, p. 188, p. 194.

168   Gayatri Chakravorty Spivak, 'Can the Subaltern Speak?', in *Marxism and the Interpretation of Culture*, ed. by Cary Nelson and Lawrence Grossberg (London: Macmillan, 1988), pp. 271–313 (p. 295); Young, *Colonial Desire*, p. 18. See also Kinoshita, *Medieval Boundaries*, p. 64, for literary moments of sexual violence against women as 'internal colonization[s]' and the 'Saracen' female royal as an 'external' counterpart, rewriting 'courtly love' dynamics, and writing out supposed unseemly female (Christian) behaviours; on the genealogical system, see p. 194. Cf. Heng, *Invention*, p. 5: 'conditions of crisis […] witness the harnessing of powerful dominant discourses […] to make fundamental distinctions among humans in processes to which we give the name of race'.

conceived by the Latin-Christian imagination.[169] (Indeed, this 'remix[ing] [of] motifs and genres in a provisional and unstable balance' – this genetic and geopolitical contiguity and 'indetermina[te] [...] ending' – all signal the text's contingency.[170]) La Bele Cetive is grandmother to the 'courtois Salehadin', whose tale is *La Fille*'s sequel; while the historical loss of Jerusalem and figure of Saladin are problematically and ethnocentrically reworked, *La Fille* gestures towards further engagements in (though perhaps not wholehearted embraces of) cross-cultural relations, within and beyond the text.[171]

Regarding *Peau noire*, Fanon's 'new humanism' risks falling (back) into an unequivocal dialectic; this theoretical-universal project threatens to subsume his portraits of real, deterministic struggles in the Antilles, of 'le Noir *chez lui*'.[172] In a similar vein, Fanon's (re)appropriation of the humanist model veers into uncomfortable perpetuation of the universalist genealogy to be overturned: a 'masculine universal' that also absorbs (and absolves) his own eclipse (and misreading) of race, gender, and/or class differences across the work's chapters.[173] While these thorny issues persist, Fanon's hybrid model promises a deconstruction of racist discourse(s), 'a rupture from within history that also breaks from history',[174] through variant

---

169   Maddox, 'Domesticating Diversity', pp. 106–07 (p. 107); cf. Kinoshita, *Medieval Boundaries*, p. 194, pp. 198–99.

170   Kinoshita, *Medieval Boundaries*, p. 199, p. 194.

171   *Fille*, p. 50; Maddox, 'Domesticating Diversity', p. 107. Cf. Kinoshita, *Medieval Boundaries*, pp. 192–94. For Saladin's tale, see *Saladin : suite et fin du deuxième Cycle de la Croisade*, ed. by Larry S. Crist (Geneva: Droz, 1972). On Saladin's hybridity in this sequel, see the chapter, 'Outsiders in the Story: Galehot, Palamedes, and Saladin', in *Outsiders: The Humanity and Inhumanity of Giants in Medieval French Prose Romance*, ed. by Sylvia Huot (Notre Dame, IN: Notre Dame University Press, 2016), pp. 197–236.

172   Fanon, *Peau noire*, p. 11, *emphasis in original*. On frameworks of 'intermixture', see Young, *Colonial Desire*, p. 18. On Fanon, see: Gates, 'Critical Fanonism', pp. 469–70; Bergner, 'Who Is That Masked Woman?', pp. 76–77.

173   Bergner, 'Who Is That Masked Woman?', pp. 82–83 (p. 82); Keeling, *Queer Times*, p. 90.

174   Keeling, *Queer Times*, p. 82. For Keeling's reading of Fanon's conclusion, see pp. 81–90.

processes of disalienation. As hinted by its prefix, disalienation demands a different work of abolition, radically undoing and doing away with racial hierarchies in dual forms of reckoning. It upsets the 'self/other' dialectic, unravelling differential identifications of/by the individual or collectives (as per dominant *histoires*), while bringing all together at the most elemental level of commonality: being human.[175] (This is a question of gaining (basic) recognition as a human subject, instead of bodies being over-determined as repositories for any and all value-systems; as Fanon declares in his conclusion: 'Ma peau noire n'est pas dépositaire de valeurs spécifiques'.[176]) To 'disalienate' is to move (into the) beyond, to regard all simultaneously, from a different point, in steps toward progress; it breaks away from being mired in the contingent paternalism of the past (its 'pseudo-[genealogies]'), and starts afresh, at the grassroots.[177] In laying the groundwork for offering the (post)colonial subject the mere 'possibilité d'exister', Fanon looks to the conception of a timely, alternative relational practice.[178] For Fanon, this horizon is perceptible, but in the absence of real reciprocity, remains speculative and preparatory, calling for the subject that is '*actionnel*', referring to 'celui qui, après avoir réfléchi, s'apprête à agir'.[179] In sum, Fanon's 'new humanism' hints at a dual 'effort de reprise sur soi et de dépouillement' by which 'les conditions d'existence idéales d'un monde humain' are made possible.[180] It implies a death to categories of difference – the end of things as they are, a recognition of such as myth – and, in turn, an existence for each other.[181] Re(-)versing the hybrid paradigm (per Young), Fanon invokes a

---

175 On 'authentique désaliénation', see Fanon, *Peau noire*, p. 9, see also p. 187, cf. pp. 175–76.

176 Ibid., p. 184.

177 Ibid., p. 186. See also: p. 148; pp. 187–88: 'Un homme, au début de son existence, est toujours congestionné, est noyé dans la contingence. Le malheur de l'homme est d'avoir été enfant'; and p. 187: 'La densité de l'Histoire ne détermine aucun de mes actes. Je suis mon propre fondement. Et c'est en dépassant la donnée historique, instrumentale, que j'introduis le cycle de ma liberté'.

178 Ibid., p. 81, see also p. 10.

179 Ibid., p. 180, *emphasis in original*, see also pp. 176–77.

180 Ibid., p. 188.

181 Ibid., p. 182, p. 184, see also p. 64.

new double movement (per Hendricks) in the cultural unconscious: from self-regard to introspective reflection, from acquisitive extension to 'toucher l'autre'.[182] Like *La Fille*, Fanon's hybrid model proffers a rethought conceptualization of cultural identity, even if its utility extends beyond the frames of its surrounding text, and its reality remains indefinitely deferred. Just as promised by *La Fille*'s sequel, Fanon leaves hybridity as a (textual) token for the reader (if in a more directly apostrophic pledge) that reaches across bodies, space, time and text(s).[183]

Overall, *La Fille* and *Peau noire* end with an image of latency, opening up alternative possibilities within the space of the text even as they are foreclosed. Such alternate (self-)representations prove equally fraught and ultimately heuristic. Yet these hybrid (hi)stories create an imagined space that suggests movement towards change, and encourages, in turn, continual reappraisals of medieval and (post)colonial discourses going forward, within and then outside academia.[184] This futurity returns us again to the critical context with which this chapter began. To summarize, this chapter has dealt with neither substandard literatures nor simple *histoires*, nor even essential(ist) cultural identities, but rather with discourses over time that are self-producing, based on fiction, myth, or misidentifications that are ever changeable and have multivalent afterlives. By speaking to the falsehood of discriminatory processes, but recognizing the realness of discrimination today, we undo the power of the former and gesture beyond the latter. In this manner, we break through '[t]hat cognitive hesitancy, that lag' of race as a disavowed ground within the Middle Ages, redressing simultaneously any reticence around representation and popular, retroactive revisionisms, and therefore, our current relationships with temporality.[185] A refusal to

182   Young, *Colonial Desire*, p. 18; Fanon, *Peau noire*, p. 188, cf. p. 152.

183   Fanon, *Peau noire*, p. 188.

184   On the importance of imagined futures, see Keeling, *Queer Times*, pp. 15–16, pp. 33–34; on the scope and impact of PCRS, see Hendricks (first paragraph under section entitled 'Premodern Critical Race Studies'). See also Rambaran-Olm, Leake, and Goodrich, p. 362: 'the faces and voices that we acknowledge in our readings of texts manifests in the faces and voices that we acknowledge in our individual and communal realities'.

185   Heng, *Empire*, p. 13.

reckon appropriately with our past(s) leaves us stagnant – it keeps us stuck within critical genealogies (and cultural holds of their conceptual dispensations) – paradoxically, both tied to yet othered from the past(s), which remain(s) similar but different to us (and if favourably so, then for entirely wrong reasons). Instead, regarding all times contemporaneously, to here extend Heng's argument (through Dipesh Chakrabarty) on '[t]he "contemporaneity of the medieval" with our time[s], and the nonidentity of medieval time with itself, [...] grants a pivot from which the recloning of old narratives can be resisted'.[186] Heng's emphases on the co-temporal and 'nonidentical' recall to mind the importance of contingency (as contiguous yet indeterminate, in Bhabha's formulations) and heterogeneity, within and across historical periodizations. Such a reformed scholarly method unfixes past fictions of the 'self' to better recognize difference in hybrid formations, wherein languages of subjectivity, embodiment, culture and temporalities touch, leaving its trace in ongoing questioning and conversations.[187] Thus, it is hoped that this chapter advocates its own forms of response, through different kinds of (scholarly) (re)production in further readings of contingencies, speaking to processes and effects of various discursivities, while suggesting potential reformulations. That is, readings that are inherently contingent, touching upon the issues (in their contradictions and uncomfortable truths) and moving '"in the beyond"', 'a space of intervention in the here and now'.[188] Or, put differently, readings that are 'concern[ed] [...] with the terms of reconciliation and evaluation of the here and now, the meanwhile of theorizing and imagining otherwise'.[189] Our inability to enter the debate at hand from a position of exteriority means that this combination of *déchiffrer* and *défricher* writes back and

---

186 Heng, *Invention*, pp. 22–23 (p. 23); here, she draws on Dipesh Chakrabarty, *Provincializing Europe: Postcolonial Thought and Historical Difference* (Princeton, NJ: Princeton University Press, 2000), p. 109.

187 Cf. Heng, *Invention*, p. 22; Fanon, *Peau noire*, p. 188.

188 Bhabha, *The Location*, p. 10; for Bhabha's 'vision of the future', see p. 367.

189 Keeling, *Queer Times*, p. 90; see also p. 84. This process could create answers for the question of 'how [to] [...] live Other-wise', Bhabha, *The Location*, p. 91.

(re)writes in an anti-racist mode.[190] It is only through (critical) dialogue that has knowledge of, and acknowledges, such (structural) liminality that its different sense, as inchoative stage of new interpretative and relational processes, can begin to be more authentically conceptualized. These kinds of alternative discursive and critical practices remain emergent, in the sense of being (appropriately) understood and taken up universally. Yet the presence of such 'genealogies' or 'lineages' among BIPOC (Black, Indigenous and People of Color) – as scholars and in community – alongside a more general conceivability, bring these particular practices into full view and herald their possible inception(s), touching (upon), or even catching up, with the future, now.

Acknowledgements

I would like to thank the Open-Oxford-Cambridge AHRC Doctoral Training Partnership for supporting my research. Thanks, as ever, to my supervisor, Prof Sylvia Huot. Special thanks to the volume's readers and editors for their constructive criticism and guidance. Thanks also to Dr Giulia Boitani and my fellow PhD candidate, Cat Watts, for their feedback on and recommendations for this chapter in its early versions.

190   Cf. Keeling, *Queer Times*, p. 82, p. 86; in the latter, Keeling speaks of a 'temporality' that 'might disrupt common habits of apprehension and perception to clear a path for something else'. See also Bill Ashcroft, Gareth Griffiths, and Helen Tiffin, *The Empire Writes Back: Theory and Practice in Postcolonial Literatures*, 2nd edn (London; New York: Routledge, 2002).

Notes on contributors

SANA ABDI a obtenu son Agrégation de Lettres à L'École Normale Supérieure de Tunis et La Faculté des Lettres de la Manouba en 2013. Elle a enseigné au département de français à la Faculté des Lettres et des Sciences Humaines de Kairouan, Tunisie. Elle est actuellement doctorante et Teaching Assistant à l'Université de Virginie. Sa recherche porte sur la poésie maghrébine francophone et le soufisme.

DOMENICO CAMBRIA a obtenu son doctorat en Humanisme contemporain à la Faculté de Philosophie de l'Institut Catholique de Paris et à l'Università di Roma – Lumsa, et il est titulaire d'un master en Théologie Fondamentale. Actuellement est chargé de cours à l'Institut Catholique de Paris. Sa thèse porte sur l'écriture biographique de Roger Laporte et de Jacques Derrida, avec des références à l'influence littéraire exercée sur les deux par Maurice Blanchot. Ses recherches ont pour thème la pensée de Derrida et ses interactions avec la phénoménologie française, les romans de Blanchot et la réflexion sur l'écriture (Roger Laporte, Mathieu Bénézet, Edmond Jabès).

CHIARA COLLAMATI est Docteur en Philosophie, spécialiste de la pensée de Jean-Paul Sartre. Elle a mené ses études entre l'Italie (Université de Sienne et Université de Padoue), la France (Université de Paris I et Université de Toulouse) et la Belgique. Elle est actuellement Boursière postdoctorale et Maître de conférences en Philosophie Politique à l'Université de Liège (Belgique), ainsi que membre du Conseil d'Administration du Groupe d'Études Sartriennes. Ses travaux actuels concernent la théorie des temporalités multiples dans la pensée de Marx et dans l'horizon des marxismes 'hérétiques' (Ernst Bloch, Walter Benjamin, Jacques Derrida). À partir du mois de janvier 2020, elle mènera un projet de recherche de trois ans dans le cadre d'une 'Marie-Curie Global Fellowship' impliquant l'Université de Liège, l'Université de Californie à Santa Cruz et l'École des Hautes Études en Science Sociales (EHESS) de Paris.

REBECCA COURTIER is a PhD candidate at the University of Cambridge. Her project, funded by the Open-Oxford-Cambridge AHRC Doctoral Training Partnership, considers ideas of cultural identity (sameness and difference) across the centuries, through comparisons of portraits of marginal and/or migrant figures in medieval and modern-day French literature, as well as through applications of modern critical theory to the European Middle Ages.

MICHAEL GRACE is a PhD candidate at King's College London working between French philosophy and film studies. His doctoral project focuses on plasticity in materialist philosophy and film theory in dialogue with the work of contemporary French directors. He has published on Claire Denis and Catherine Breillat and has forthcoming work on Bruno Dumont in *Screen*.

SKY HERINGTON is a PhD candidate in the French department at the University of Warwick. Her doctoral research investigates the relationship between performances of power and embodiment in the theatre of Sony Labou Tansi. She works on published and unpublished texts alongside contemporary performances of the plays. Her broader research interests include Francophone African theatre, (post)colonial French cultural policy and the phenomenology of performance. She holds an MA in comparative literature from the ENS de Lyon where she wrote her dissertation on violence and resistance in novels by Sony Labou Tansi, Dambudzo Marechera and Maryse Condé.

ASHWINY O. KISTNAREDDY is Director of Studies and Bye-Fellow in Modern and Medieval Languages at Lucy Cavendish College and Affiliated Lecturer in the MMLL Faculty at the University of Cambridge. Her most recent monograph, *Migrant Masculinities in Women's Writing: (In)Hospitality, Vulnerability, Community* (2021), was published by Palgrave Macmillan. She has published widely on contemporary women's writing. She is currently completing a monograph focusing on Vietnamese Diasporic Writing, *Refugee Afterlives* (Liverpool University Press).

ALICE LAUMIER prépare sa thèse de doctorat à la Sorbonne-Nouvelle sous la direction de Bruno Blanckeman. Sa thèse s'intitule 'Le motif de l'après-coup dans la littérature française au tournant du XXIème siècle' et prolonge un mémoire de Master également consacré à l'événement et l'après-coup poursuivit sous la direction de Tiphaine Samoyault. Ses divers travaux et activités universitaires au sein de l'umr THALIM interrogent de manière critique la notion de trauma et réfléchissent à la question de la violence, notamment en littérature contemporaine.

DIANE OTOSAKA recently completed her PhD in French Studies at the University of Leeds, which was funded by a WRoCAH Network Studentship. Her doctoral research examined contemporary French and Francophone Holocaust literature and explored questions of memorialisation of the Holocaust for those who come *after* this traumatic event.

LILI OWEN ROWLANDS completed her PhD thesis at Murray Edwards College, Cambridge, where she studied the emergence of autotheory – a genre describing texts that blend autobiography with theory – in the contemporary French context. She is a regular contributor to the *London Review of Books*.

ALICE ROULLIÈRE is an early career fellow in early modern French literature at St John's College (Oxford). She did her PhD thesis in Cambridge on Ronsard's poetry, epic ghosts and the construct of nation. Her research interests include Neo-Latin funeral poetry, representations of gender and sexuality in Renaissance poetry. Her postdoctoral research focuses early modern Franco-Peruvian relations and the literary implications of imagined colonialism.

Index

Modern French Identities
Edited by Jean Khalfa

This series aims to publish monographs, editions or collections of papers based on recent research into modern French Literature. It welcomes contributions from academics, researchers and writers worldwide and in British and Irish universities in particular.

Modern French Identities focuses on the French and Francophone writing of the twentieth and twenty-first centuries, whose formal experiments and revisions of genre have combined to create an entirely new set of literary forms, from the thematic autobiographies of Michel Leiris and Bernard Noël to the magic realism of French Caribbean writers.

The idea that identities are constructed rather than found, and that the self is an area to explore rather than a given pretext, runs through much of modern French literature, from Proust, Gide, Apollinaire and Césaire to Barthes, Duras, Kristeva, Glissant, Germain and Roubaud.

This series explores the turmoil in ideas and values expressed in the works of theorists like Lacan, Irigaray, Foucault, Fanon, Deleuze and Bourdieu and traces the impact of current theoretical approaches – such as gender and sexuality studies, de/coloniality, intersectionality, and ecocriticism – on the literary and cultural interpretation of the self.

The series publishes studies of individual authors and artists, comparative studies, and interdisciplinary projects and welcomes research on autobiography, cinema, fiction, poetry and performance art and/or the intersections between them.

Volume 97   Florian Grandena and Cristina Johnston (eds): New Queer
             Images: Representations of Homosexualities in Contemporary
             Francophone Visual Cultures.
             246 pages. 2011. ISBN 978–3-0343-0182-4

Volume 98   Florian Grandena and Cristina Johnston (eds): Cinematic
             Queerness: Gay and Lesbian Hypervisibility in Contemporary
             Francophone Feature Films.
             354 pages. 2011. ISBN 978–3-0343-0183-1

Volume 99   Neil Archer and Andreea Weisl-Shaw (eds): Adaptation: Studies
             in French and Francophone Culture.
             234 pages. 2012. ISBN 978–3-0343-0222-7

Volume 100   Peter Collier et Ilda Tomas (éds): Béatrice Bonhomme: le mot, la
             mort, l'amour.
             437 pages. 2013. ISBN 978–3-0343-0780-2

Volume 101   Helena Chadderton: Marie Darrieussecq's Textual Worlds: Self,
             Society, Language.
             170 pages. 2012. ISBN 978–3-0343-0766-6

Volume 102   Manuel Bragança: La crise allemande du roman français, 1945–
             1949: la représentation des Allemands dans les best-sellers de
             l'immédiat après-guerre.
             220 pages. 2012. ISBN 978–3-0343-0835-9

Volume 103   Bronwen Martin: The Fiction of J. M. G. Le Clézio: A
             Postcolonial Reading.
             199 pages. 2012. ISBN 978–3-0343-0162-6

Volume 104   Hugues Azérad, Michael G. Kelly, Nina Parish et Emma Wagstaff
             (éds): Chantiers du poème: prémisses et pratiques de la création
             poétique moderne et contemporaine.
             374 pages. 2013. ISBN 978–3-0343-0800-7

Volume 105   Franck Dalmas: Lectures phénoménologiques en littérature
             française: de Gustave Flaubert à Malika Mokeddem.
             253 pages. 2012. ISBN 978–3-0343-0727-7

Volume 106   Béatrice Bonhomme, Aude Préta-de Beaufort et Jacques Moulin
             (éds): Dans le feuilletage de la terre: sur l'œuvre poétique de
             Marie- Claire Bancquart.
             533 pages. 2013. ISBN 978–3-0343-0721-5

Printed by
CPI books GmbH, Leck